SUISSE ET ITALIE

G
265

SUISSE & ITALIE

NOTES DE VOYAGE

PAR

L'Abbé PILLE

AMIENS
ROUSSEAU-LEROY, IMPRIMEUR-ÉDITEUR
40, Rue des Jacobins.
—
1895

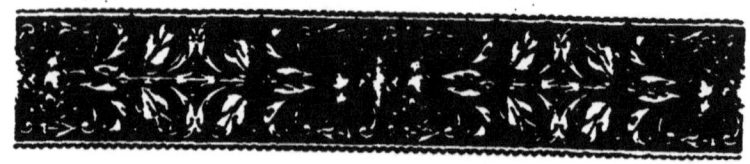

SUISSE ET ITALIE

Première Partie

LA SUISSE

CHAPITRE PREMIER

Départ. — Mon goût d'être seul. — Les merveilles de Laon. — De Reims à Belfort. — La Frontière. — La Suisse gracieuse. — Nargue de la politique ! — Une avalanche.

Je suis parti pour l'Italie le 20 septembre 1880. Mon itinéraire me faisait passer par le Saint-Gothard, pour de là arriver à Milan. Très « touriste » de ma nature, j'avais résolu de passer le Saint-Gothard à pied ; et, par occasion, je me proposais de visiter le mieux possible le coin de la Suisse que j'avais à traverser. J'ai fidèlement et très-agréablement rempli ce programme (1).

J'étais seul. Je suis un solitaire de premier ordre. Il s'était bien rencontré aux abords de ma voie quelques occasions où j'avais été sollicité d'accepter des compagnons de voyage. Je les avais refusés. De confier au papier mes impressions après en avoir joui, j'aime assez cela, et je l'ai fait avec une certaine étendue cette fois-ci ; je voudrais bien en avoir agi de même lors de mes autres excursions en France et à l'étranger. Mais tel est mon amour du *seul*, mon horreur de laisser voir au moment même ce que j'éprouve, ma répugnance à parler et l'effort qu'il me faut faire sur moi-même chaque fois que j'ai à ouvrir la bouche, que la présence de compagnons ou de compagnes, surtout une présence continue et d'aussi longue durée, m'eût gâté tout le plaisir. C'est une bizarrerie de caractère que, je le vois, peu de gens peuvent comprendre.

C'était sans doute une bizarrerie aussi de ne vouloir point passer par Paris. Je me suis donc en allé par Reims. J'étais bien aise d'avoir cette occasion de visiter la fameuse cathédrale. De là je gagnais les lignes de l'Est, et arrivais à la frontière suisse par Belfort.

L'homme propose, et... les choses disposent. Ce n'est pas Reims qui s'est trouvée la « great attraction » de ce passage en France. C'est Laon.

Laon est la ville de France la plus pittoresque

---

(1) Monsieur l'abbé Leroy, aujourd'hui vicaire général, avait bien voulu m'aider de ses connaissances et me tracer les lignes générales du voyage.

que j'aie encore vue. Je la nommais en moi-même un Saint-Michel de la terre. Et, en effet, sa situation sur ce mamelon isolé au sein d'immenses plaines est bien à peu près la même que celle du Saint-Michel entouré de la mer sans limites. Pour compléter la ressemblance, Laon, enfermée dans sa forte et vieille ceinture de remparts, se trouve couronnée par une magnifique cathédrale, aux tours superbes, qui s'élance fièrement du point le plus élevé de l'abrupte colline. Je ne sais, en vérité, si la merveille de granit élevée au Mont-Saint-Michel m'a inspiré plus d'admiration que cette construction gigantesque de la cité picarde. Je devais contempler pendant ce voyage bien des monuments bâtis à l'honneur de Dieu et de ses saints, sans même parler encore des beautés de la nature : je trouvais que c'était bien débuter que de commencer par Laon et sa cathédrale. Pendant des lieues, alors que le train m'emportait rapidement vers la capitale de la Champagne, je suivis du regard la silhouette des hautes tours. Je me reportais par la pensée au temps où l'on pouvait et savait opérer ces merveilles ; et... je ne pouvais être, c'est certain, de l'avis de ceux qui ne voient qu'ignorance et barbarie dans le moyen-âge. J'ai pour le moyen-âge une haute estime : c'est le temps des grands monuments, des grands livres, des grandes choses en tout genre. C'est peut-être un peu pour cela que, vivant au temps présent, j'aime à y être « seul »...

« Reims, lundi soir, 20 septembre 1880, 8 h. 1[2. »

« Mes chers Parents, me voici à Reims, au Séminaire, d'où je veux vous écrire de suite, pour vous faire voir que du moins ma première journée de voyage s'est bien passée. Je suis parti avec M. G., qui vous racontera qu'il m'a conduit à bon port à Amiens. D'Amiens, j'ai poussé jusqu'à Laon... J'ai déjeûné là, et je puis vous dire que j'ai très-bien déjeûné, si bien que je n'ai presque pas eu besoin de manger ce soir. Trois plats, bouteille de vin, dessert et café, le tout pour 2 fr. 50. Si je fais tous les jours autant d'économie que cela, ma bourse ne s'épuisera pas trop vite.

« Je vous écris ce soir, car je ne le pourrais pas demain : je serai toute la journée en chemin de fer, à partir de dix heures. A moins que je ne fasse à Reims comme à Laon, où j'ai trouvé des choses si curieuses, que j'y suis resté plus longtemps que je n'avais projeté. Mais ce n'est pas probable.

« ... Pensez que mon premier jour a été parfaitement bon. Bien qu'il ait passé au loin pas mal de nuages, j'ai eu pour mon compte un temps magnifique, et mon parapluie ne m'a encore servi que de canne. Ainsi donc, tout est bien ; et il n'y a rien qui puisse donner l'occasion de se préoccuper. Vous savez que, en voyage, je mange et dors bien. J'ai déjà fait la première chose aujourd'hui ; et je pense que je vais maintenant faire la seconde. En fait, j'ai pas mal sommeil... Le changement d'air, de régime et de tout me fera du bien de toutes manières. Allons sur cette espérance... »

Les choses curieuses qui m'avaient retenu à

Laon viennent d'être indiquées en partie. Outre la situation topographique de la ville, se dessinant dès la sortie de la gare par le chemin en escaliers, « la Grimpette », qui y conduit tout droit ; et la superbe cathédrale, que pourtant on pourra mieux admirer encore quand seront enlevés les échafaudages intérieurs pour les travaux actuels, je signale l'hôpital avec son escalier presque merveilleux, et l'église qui l'avoisine, avec de vieilles boiseries. La pauvre église — signe du temps ! — avait été dévalisée tout récemment, et quatre ou cinq troncs restaient encore béants, venant d'être fracturés. J'avais aussi suivi les fortifications, les vieux remparts, et admiré la vue dont on jouit tout le long des boulevards, du côté du midi.

Quant à Reims, je l'ai trouvée absolument dépourvue de pittoresque ; c'est le même effet que devait me produire Milan un peu plus tard. Une grande ville, aux rues plus ou moins bien alignées, bâtie sur un terrain plat, dont la cathédrale est à peu près le seul ornement. Mais la cathédrale même, célèbre comme elle est, perd à être serrée de près par les constructions environnantes ; ses tours ne sont pas terminées ; et si son portail est admirablement ciselé, l'intérieur, avec ses proportions manquées, ses murs couverts de tapisseries, ses tableaux que l'on distingue à peine, ne m'a point charmé du tout.

J'ai, du reste, écrit à ce sujet pendant mon voyage même, et cela reviendra tout à l'heure. Je signale seulement, en prenant congé de Reims pour l'instant, le jardin botanique avoisinant la gare, où se voyaient encore très-bien les dégâts causés par le terrible hiver précédent ; et l'arc romain un peu dégradé, mais encore subsistant, qui fait l'un des ornements les plus remarquables des boulevards très-spacieux de la ville du champagne.

De Reims par Châlons (aux doubles clochers), Blesme, Chaumont, Langres et Vesoul ; peu de chose à signaler sur ce long parcours, où d'ailleurs j'ai été à peu près constamment dans le plus épais brouillard. Prairies sans limites de la Marne, avec leurs troupeaux qui me paraissaient, peu s'en faut, aussi nombreux que ceux de l'Australie ; et rares échappées de vue où j'examinais comment chaque versant de colline un peu exposé au soleil était garni de vignes, du moins dans ses parties basses, voilà tout. Bientôt la locomotive rapide nous eut fait monter trop haut, en fait, pour que cette dernière culture fût encore possible. La Compagnie de l'Est a eu l'obligeance de faire marquer l'altitude de chaque gare ; j'aimais à voir combien nous nous engagions graduellement dans les montagnes. A Belfort, l'altitude, autant que je m'en souviens, était de quatre cent et quelques mètres.

« 22 septembre.

« Devinez d'où je vous écris ? D'un bureau de poste. J'ai été introduit dans la pièce qui sert à la fois de chambre à coucher et de bureau ; j'ai un appareil télégraphique qui fonctionne automatiquement près de moi ; et, après m'avoir reçu très-aimablement, on me laisse faire ma lettre seul et dans la tranquilité. Ce n'est pas là la morgue bureaucratique de France ; aussi vous reconnaissez, je n'en doute pas, à ces détails, que je suis en Suisse. M'y voilà donc ! J'ai passé tantôt la frontière ; à pied, bien entendu. Au sortir de Delle, après Belfort, j'avais rencontré un poste de douaniers français. Ils m'avaient salué (car on n'a pas l'air d'avoir trop la haine du prêtre, par ici), et je n'avais pas cru être au bout de la France ; quand, trouvant ensuite un poste suisse, j'ai demandé : Est-ce qu'on est déjà en Suisse, ici ? Et sur la réponse que oui, je n'ai eu, je vous assure, aucun chagrin.

« Bref, je suis à Conol. Je viens d'y manger trois œufs sur le plat dans une auberge où les braves gens, qui logent le curé catholique depuis la persécution suisse, n'ont rien voulu accepter. Je les ai forcés à se payer du vin ; et je vous assure que leur désintéressement me touche. Ce sera peut-être le résultat de la persécution française de susciter des dévouements pareils. Vous savez que je suis à pied ; cela va sans dire : c'est ma marotte. Cela me procure bien des jouissances. Je viens d'en avoir une continue pendant quinze kilomètres, de Delle à Porrentruy, la plus jolie ville qu'on puisse voir. Je verrai sans doute la Suisse grandiose ; mais celle-ci est la Suisse gracieuse. Une route bordée pendant quatre lieues de bois magnifiques, à droite et à gauche ; et, entre les deux bois, des eaux courantes, cascadantes et murmurantes. Que peut-on rêver de plus gentil ?... Hier, dans l'après-midi, il a fait un temps affreux ;

mais j'étais en chemin de fer. Aujourd'hui le temps est splendide. Je l'avais demandé à la Sainte Vierge et elle m'a exaucé... »

« 22 septembre soir.

« Je vous ai écrit tantôt sur les indications d'une directrice des Postes qui m'a assuré que ma lettre partirait aujourd'hui. Mais je ne ferai pas mal, il me semble, de compléter cette lettre hâtive, et de vous tenir au courant de mes faits et... marches.

« Il y aurait une question préalable à élucider, celle du lieu d'où je vous écris ; mais ce serait difficile : je ne le sais pas. C'est une auberge, quelque part dans les montagnes du canton de Berne, en face d'une chapelle qui sans doute sert au culte à certains jours ; car d'ailleurs le hameau ne comprend que trois ou quatre maisons, et ne doit pas avoir de curé. Tout à l'heure je demanderai le nom de ce lieu enchanteur, où la nuit m'a forcé d'arrêter, car j'y suis arrivé vers 6 h. 1/2 ou 7 h. du soir. Il faut dire qu'il m'avait été indiqué à Conol comme logeable. Ayant mangé en chemin, je n'ai réclamé en arrivant là qu'une chambre, précédée d'une tasse de café bien chaud. Comme tasse on m'a apporté une chope à bière, format le plus étendu ; on a rempli la chope ; elle était flanquée de huit morceaux de sucre. Et on a laissé l'alambic, avec son café très-chaud en effet et très-bon, à côté de moi. J'ai donc bu ; et j'ai rempli — histoire d'utiliser mon sucre autant que d'étancher ma soif. Je saurai demain matin ce que cela m'aura coûté.

« Je sais dès maintenant que cet endroit s'appelle Lérangier, je viens de le demander. A la question : « Il n'y a pas beaucoup de maisons ici ? » la dame répond : « Oh ! non, Monsieur ! il n'y a que la gendarmerie et nous. » Au moins, dans cet isolement je dois être bien protégé.

« Quelle journée ! ou plutôt quelles journées, au pluriel ! Avant-hier, c'était Laon. Je proclame Laon la plus curieuse ville de France que je connaise. C'est un Saint-Michel de la terre ; et je ne sais si le Saint-Michel de la mer l'emporte sur lui, en vérité ! Quelles grandes choses ont faites ces moines ! Comme ils savaient choisir la place de leurs monuments ! Et comme ils savaient faire leurs monuments dignes du cadre ! Aux Thiers, aux Rabelais, aux Gambetta, Jules Ferry et autres, on élève de petites statues dans de petites places ; c'est digne de très-petits hommes, si grands qu'ils se croient. Mais ces tours de Laon, perchées sur la montagne, visibles de quatre et cinq lieues, et proportionnées à leur piédestal ! Voilà ce que notre fier siècle ne sait plus faire, avec tous ses millions, avec sa vapeur et ses machines puissantes.

« Je dois avouer que cette vue de Laon, de son immense et magnifique cathédrale, précédant ma visite à Reims, a nui à cette dernière église : elle n'est ni si bien posée, ni si grandiose. Son portail est très beau, sans doute, et a certains détails, trois surtout, que l'on ne trouve pas à Amiens.

Mais, dans l'ensemble, celui d'Amiens est préférable. Quant à l'intérieur, cela n'est comparable ni à Amiens, ni à Paris, ni à Chartres, ni à Beauvais, ni même à Saint-Ouen de Rouen. En somme, vous pouvez vous en rendre compte, je suis sorti de Reims un peu désillusionné. C'est un de ces lieux dont il faut pouvoir dire : Je l'ai vu. Mais c'est tout.

« A un autre point de vue, toutefois, la cathédrale peut susciter bien des réflexions, rappeler bien des souvenirs. J'ai pensé à cela en y disant la messe. C'est là que les rois de France se faisaient sacrer; c'est le lieu de la prière pour les rois catholiques, pour la France chrétienne, entre tous.

« Sur le chemin de Belfort, il y aurait bien des choses à noter. Les pâturages de la Marne, je devrais dire les immenses prairies aux innombrables troupeaux, ont attiré mon attention tout particulièrement. J'ai regretté de passer sans visiter Langres ; elle m'a paru en valoir la peine. De même pour Vesoul. Il faisait, du reste, un temps affreux, pluie, brume, ciel gris et bas. C'est dans ces conditions que j'ai fait mon entrée à Belfort (j'ai fini par penser qu'il valait mieux m'arrêter là que passer en Suisse sans voir clair). Je m'attendais à une très grande ville, en raison de sa renommée. Il n'en est rien ; Belfort est relativement petit ; et... il n'est pas éclairé. Le nombre des flaques d'eau dans lesquels mes pieds se sont plongés est incalculable. Je cherchais une église; j'ai fini par apercevoir un clocher. Je me suis dirigé par là, comptant y demander des renseignements sur un hôtel. L'église était fermée. Que de fois semblable mésaventure m'est arrivée dans mes courses ! Ils n'ont donc pas besoin de prier, ni de faire prier, ceux qui ferment ainsi la maison de la prière ? (1) J'ai avisé à quelque distance, parmi le brouillard et l'obscurité, un immense bâtiment comme nous en construisons encore, bien que l'on soit sorti du moyen-âge. Je m'y suis adressé à tout hasard. C'était la maison des Frères, un collège florissant, un peu dans le genre de celui de Beauvais. J'y ai passé la nuit.

« Aujourd'hui, mercredi, je suis allé dire la messe à Delle, où il y a une abbaye de Bénédictins. J'aime, et surtout j'estime tout particulièrement les Bénédictins. On trouve, sinon eux, du moins

---

(1) En visitant Belfort plus à loisir, dans un autre voyage, l'auteur a pu se rendre compte que cette église, située dans le Belfort moderne, est une église protestante. Le fait, alors, n'a plus rien que de naturel.

On lira peut-être avec intérêt quelques notes sur Belfort, rédigées pendant ce second voyage :

« On arrive à Belfort, dont on ne voit d'abord que les faubourgs très étendus, que l'on peut fort bien prendre, au premier abord, pour la ville elle-même. L'absence de fortifications dit seule qu'il doit y avoir autre chose. Ces faubourgs sont couverts d'usines, avec cités ouvrières, parmi lesquelles ce n'est pas sans peine que l'on distingue une église misérable d'apparence : nous sommes en France et non point en Amérique, ni chez les Anglais, qui construisent l'église avant les maisons.

« Je parle ici de ce qui s'offre aux regards quand on arrive par le chemin de fer. J'ai appris pendant mon séjour que l'on s'occupe de construire une vraie église pour ce quartier neuf. Elle doit être très-nécessaire. Il y a deux villes dans

leur souvenir, un peu partout, et partout ce sont de solennels, de grands souvenirs. Saint-Riquier, l'antique Centule, avec sa merveilleuse église, Caen, Tréport, le Mont-Saint-Michel, que sais-je? Presque tout ce qu'il y a de beau en France vient d'eux.

« De Delle, je suis parti pour la Suisse (la frontière est tout proche) à pied. Voilà le charme de mes voyages ! C'est pénible parfois, quand le soleil darde ses rayons brûlants ; mais quelles compensations ! En sortant de Delle, comme en y entrant, j'étais suivi par la musique argentine des cloches des vaches. Les bons Montagnards se font un plaisir de donner à leurs vaches les plus belles

---

Belfort : la vieille ville, formidablement entourée de ses vieux remparts, est toute petite : quatre à cinq mille âmes au plus. La ville nouvelle comprend de quinze à vingt mille. Il y a, me dit-on, dans cette population nouvelle, nombre de protestants et de juifs ; mais, en somme, les catholiques doivent y être bien privés de culte.

« J'ai peu fait connaissance avec le quartier neuf ; mais j'ai bien parcouru le vieux Belfort. On me dit que ce sont comme deux cités différentes, et je le crois sans peine. L'une avec tout le confort et l'élégance modernes ; je dirai volontiers tout le clinquant moderne. L'autre, plus habitable que ne le sont souvent les villes fortifiées, avec des rues toutes courtes, parce que l'enceinte est resserrée, mais généralement assez larges et pas tortueuses. Après avoir passé je ne sais combien de remparts, ponts-levis, etc., on se trouve par la courte rue *Porte de France*, en face de l'église. Le portail a deux tours massives, en grès rouge, et est d'une assez belle ordonnance, aussi bien d'ailleurs que toute l'église elle-même. La citadelle, qui domine au loin, écrase un peu toutes choses autour d'elle ; sans cela, on trouverait ce monument fort beau et imposant.

« Les livres disent que Belfort offre peu à voir au touriste.

cloches possible. Ils prétendent que ce plaisir est partagé... par les vaches; en sorte que celle qui a la plus grosse cloche est la plus fière, et se sent digne de prendre la tête du troupeau. Je n'ai point vérifié la chose; mais j'ai expérimenté tout ce qu'ont d'agréable et de caractéristique ces sons très-variés, répandus dans ces prairies si vertes, dans le cadre de ces coteaux touffus. Paysage alpestre, comme disent les livres. Alpes, Vosges ou Jura, c'est tout un, je suppose, à ce point de vue.

« J'ai marché jusqu'ici, de dix heures à sept, avec de légers intervalles. J'ai fait de sept à huit lieues, je crois. Oh! la belle et bonne manière de voyager! Sauf un ou deux passages,

---

Cela est vrai : en dehors des remparts, de la citadelle avec son lion couché à ses pieds, des soldats innombrables et des forts détachés *idem* couronnant toutes les hauteurs, il ne s'y trouve rien de particulièrement intéressant pour les yeux. Mais on y a pourtant de quoi penser, quand on songe au rôle que Belfort remplit comme place de guerre et ville frontière. On est là tout au bord de l'Allemagne militaire, exposé sans cesse à entendre gronder les canons, à avoir à lutter pour défendre la France contre une suprême agression. J'ai longuement contemplé la ferme citadelle sur laquelle s'ouvrait ma fenêtre. Elle est moins étendue d'apparence que celle de Besançon, mais plus solidement liée au roc, et comme soudée avec lui. Je pensais et au passé glorieux de Belfort, et à son avenir; un avenir prochain, peut-être!...

« Il m'a semblé, dans mes excellents rapports avec les excellents Belfortais, qu'ils ont je ne sais quoi de sérieux. Je leur souhaite la tranquilité et la paix; je souhaite que Dieu, nous prenant en pitié, redonne à la France sa place par d'autres moyens que cette effusion trop probable de sang français et de sang allemand. Je souhaite que l'ogre de Prusse, qui évidemment nous convoite. est plus fort que nous, et non moins

ma journée de marche a été un enchantement perpétuel. A la sortie de Delle, un poteau m'a appris que j'avais quinze kilomètres à faire jusqu'à Porrentruy. Ce sont d'un bout à l'autre quinze kilomètres ravissants.. On marche constamment entre deux montagnes de médiocre hauteur, couvertes, à droite comme à gauche, des bois les plus verdoyants. Au fond du vallon passe une rivière qui court, galope et gronde ; car tous les cinquante pas son cours impétueux est coupé par quelque chute peu considérable, par quelque obstacle qui la fait écumer, et produit ce son de cascade, ce bruit d'eau, qui, dans une belle et calme nature telle que celle de ces vallées, me semble avoir par lui-même quelque chose de rafraîchissant. Quinze kilomètres de ce ravissement ! Cela passe la Bretagne, tout en me la rappelant bien vivement, et surtout cette étrange vallée de Saint-Herbot, au fond de laquelle véritablement je me suis cru

---

évidemment nous redoute et se défie, ne trouve jamais le prétexte dont il a besoin pour se jeter sur nous. Mais, en tous cas, vienne la guerre ! et les Belfortais, je n'en doute pas, sauront accomplir leur mission.

« Il y a bien eu à Belfort, pour un temps, certaines manifestations tapageuses. Elles ont dû être l'œuvre des nouveaux venus des faubourgs, gens bruyants et à grands mots comme leurs congénères de partout. La vieille population, que j'ai trouvé foncièrement chrétienne, animée du meilleur esprit, n'a dû éprouver que la joie de n'être pas devenue allemande et d'avoir été conservée à la France. Il s'en est fallu de bien peu ! Quel dommage que les misérables qui depuis se sont emparés de cette France si belle et si chère, aient tout fait pour empêcher la réunion de tous les esprits et de tous les cœurs français dans une commune pensée et un commun sentiment ! »

perdu. Je m'aguerris sans doute, car aujourd'hui je ne me suis pas cru perdu, même en pleine nuit tombante, sur une route toute entourée de bois et de montagnes.

« Après Porrentruy, jolie ville suisse plus curieuse, à coup sûr, et plus caractérisée que les rues boulevardières de Reims et du moderne Belfort, la route pendant quelque temps, est moins agréable. Quand on a passé Gourgenay, on retrouve du pittoresque. Mais combien de temps ai-je monté ? Plus de deux heures, je suppose ; ce qui doit m'avoir amené au moins à moitié chemin de Délémont, pour lequel le poteau de Porrentruy accuse vingt-sept kilomètres. Les routes suisses, du moins par ici, ne sont pas kilométrées dans le détail de leur parcours; on reste donc dans un doute sur le chemin fait qui a bien son charme.

« Je vous ai dit que, à Conol, j'ai dîné gratis. Une brave aubergiste, après s'être concertée avec son mari, a fait ce coup. Ces gens, hébergent, m'ont-ils dit, le curé de l'endroit depuis la persécution suisse. Le mari ressemble étonnamment à D. J'ai pensé que D., la persécution française aidant, serait homme à en faire autant quelque beau jour. Croirez-vous qu'il voulait me faire lire un journal, portant la date du jeudi 23 septembre, par conséquent tout frais et neuf, et que je n'ai pas voulu? Croirez-vous, de même, que je ne sais pas, à l'heure qu'il est, où en est le ministère, s'il y en a un, ni rien absolument ? Je ne saurais même pas que X. a donné sa démission (honneur aux démissionnaires par le temps qui court !) si M. G., venu avec moi jusqu'à Amiens, n'avait acheté je ne sais combien de journaux, dont un, alors, donnait cette nouvelle. Je suis fidèle à mes habitudes, et même en cette crise, je reste indifférent. Ah ! par exemple, je ne dis pas qu'il en serait de même si c'était celle que nous attendons ! Quel malheur d'en être réduit à se réjouir, en passant la frontière suisse, d'échapper à la domination des Gambetta, Jules Ferry, Jules Grévy, et autres nullités malfaisantes et triomphantes ! Mais passons.

« J'en reviens à ce que je disais de ma route : elle est redevenue superbe vers la fin du jour. D'abord, le soleil couchant était très-beau. J'ai compris pour la première fois le dire des poëtes, représentant le haut des montagnes baigné par la splendide lumière, pendant que le village couché au bas est déjà entouré d'obscurité (1). Je ne voyais pas le soleil, mais son reflet très rouge éclairait l'atmosphère. Ce n'était pas plus beau qu'à la mer, aux beaux soirs, c'était du moins comparable. J'ai particulièrement remarqué un village, Asuel, un vrai nid de palombes (en apparence), dominé de toutes parts par les hauteurs couronnées de bois touffus.

« Il n'y a que le Ranz des vaches que je n'ai pas entendu.

« Il faut noter ici un incident comique. Sortant de Conol, et suivant la route bordée à gauche de bois à pic, je vois tout à coup tomber du coteau boisé une avalanche !... Rassurez-vous : c'était une avalanche de quelque chose que j'ai d'abord

---

(1) Je devais expérimenter cela plus tard à mes dépens, en descendant la Furka.

pris pour des noisettes (j'en ai cherché toute la journée inutilement), mais que j'ai, en approchant, reconnu pour de très-petites poires rondes. Il y avait là une petite Suissesse, de sept à huit ans, qui était évidemment en maraude. Elle avait laissé tomber tout un sac plein, d'où les poires dégringolaient sur la route à qui mieux mieux. En m'apercevant, elle s'est sauvée prestement avec son sac, ramassé au plus vite; et, c'est le cas de le dire, sans demander son reste. Cela prouve du moins qu'on lui enseigne au cathéchisme que le vol est un péché. La petite maraudeuse était pieds nus et jambes nues comme beaucoup d'enfants de par-ici, mais comme elle courait!!! Avouerai-je que, sans scrupule, et peu théologiquement peut-être, j'ai ramassé sept ou huit de *ses* poires? En d'autres temps, j'en eusse bien fait fi; car elles étaient rances et de goût sauvage. A la fin d'une journée de marche, j'en ai exprimé le jus peu délicat avec un vrai plaisir. Tant il est vrai que tout est relatif!

« Voilà ma journée. Si vous y ajoutez quelques bonnes, quoique généralement courtes visites aux diverses églises espacées sur mon chemin, vous la connaîtrez complétement. »

Il ne manque rien, ce me semble, à ce tableau, à moins que ce ne soit de signaler par un mot les parties de rochers enlevées à l'aide de la poudre pour livrer passage aux chemins (on voit partout les vestiges des trous de mine); et, çà et là, soit au flanc d'un coteau, soit au point culminant d'une hauteur, quelque vieille tour féodale tombant en ruines. Je dois ajouter que ces tours sont peu nombreuses, plus rares en Suisse que je ne l'eusse cru à l'avance.

CHAPITRE DEUXIÈME

La Suisse en été. — Une maladresse à réparer. — Euphonie allemande. — De l'eau partout. — Pâturages et Parcs anglais. — Au travers d'une montagne. — De l'infériorité de la vapeur. — Fleurs et Fenêtres. — Le nihilisme en religion.

Du col des Rangiers (car je sais maintenant que tel est le nom véritable) à Soleure, voilà le bilan de ma seconde journée de marche. Je parlerai plus loin de Develier, où M. le Curé m'a fait hospitalièrement déjeûner chez lui ; je note deux remarques faites en cette occasion, deux choses que je devais continuer de voir pendant toute ma traversée de la Suisse, et dont l'une même m'a accompagné jusqu'à ma dernière étape en Italie. Premièrement donc, je veux parler de ces immenses poêles en faïence, fourneaux et véritables fournaises, placés dans l'entre-deux de divers appartements, de façon à les chauffer tous à la fois. Je ne me suis pas trompé sur leur signification : cela me racontait par avance les froids rigoureux et prolongés, la neige, etc., et ce sou-

venir me fait dire que si j'aime la Suisse, c'est...
en été. Dejà à Belfort certaines réflexions lugubres
s'étaient pressées dans mon esprit, à la vue non
des poêles précisément, mais de leurs tuyaux tour-
mentés dans tous les sens et repliés sur eux-
mêmes, dans le but évident d'emmagasiner le
plus de chaleur possible.

La seconde chose, en vigueur aussi en Italie,
c'est l'usage du fromage, du fromage râpé et mélangé tel avec le potage. J'ai vu plus tard qu'on
ne prend nulle part de repas sans que cet acces-
soire ne vous soit offert.

Je ne suis passé qu'à côté de Délémont ; point
dans la petite ville, qui, à distance, m'a paru
coquette. Au sortir des gorges de Moutier, je me
suis trouvé en pays allemand, et protestant. Le
premier point a formé une difficulté inattendue,
car je ne m'étais pas rendu compte de cela dans
la préparation de mon voyage, et ne laissait pas
de m'être désagréable. Je doute si, en raison de
cet obstacle, j'eusse pu trouver mon chemin
pour le Weissenstein et Soleure, sans la rencontre que j'ai faite près de Gunsbrunnen ou Saint-
Joseph, et dont je parlerai.

Je suis monté au Weissenstein ; mais là, j'ai
eu un tort causé par mon inexpérience. Le haut de
la montagne était embrumé ; cela m'a découragé
d'y rester ; mais j'ai bien vu le lendemain en étant
à Soleure, que le brouillard s'était dissipé, et
que, du sommet de la montagne, le spectacle
devait être superbe. Si jamais je repasse par là,
c'est une excursion à recommencer.

Il ne vaut rien de descendre les montagnes le soir : telle est la conclusion que je fus amené à tirer ce jour-là, en arrivant à Soleure en pleine obscurité et bien fatigué. Je recevais là un premier enseignement, qui devait être complété plus tard, et qui, dans une autre excursion, ne serait pas oublié.

Le lendemain, encore tout endolori, je montai à la haute tour de Saint-Ours, la cathédrale au perron haut et large, orné de deux fontaines ; et je parcourus la petite ville, assez curieuse et pittoresque. Puis un jeune Père capucin (j'avais été reçu au couvent avec beaucoup d'amabilité), un français envoyé là de la résidence de Lyon en prévision de la future expulsion des ordres religieux, me conduisit à l'ermitage de Sainte-Vérène. L'excursion en vaut la peine ; elle se fait moitié dans une campagne gracieuse, et moitié dans une gorge grandiose. L'ermitage est au fond de cette dernière. Mais tout son pittoresque, je l'avoue, n'a pu me faire admirer les statues et groupes plus ou moins réussis représentant plusieurs scènes de la Passion. Je n'ai jamais pu aimer ce genre de choses, excepté quand ce sont des chefs-d'œuvre de l'art, tels que ceux de Solesmes.

De Soleure, mon itinéraire me conduisait à Langenthal, par le chemin de fer, avec changement de train à Herzogenbuchsee. Je note ce dernier nom exprès, comme spécimen de l'euphonie allemande.

A Langenthal, on est à la fois en pleine Allemagne et en plein protestantisme. La route, de plus, est fort compliquée, et j'ai tout à fait failli me perdre. J'allais répétant sans cesse « Alt Büron », en le prononçant aussi tudesquement que je pouvais, et donnant à ce simple nom, qui est celui d'un village par où je devais passer, tout le ton interrogatif dont j'étais capable. On me répondait généralement : ia! et je marchais ainsi à peu près en assurance. Il va sans dire pourtant que j'avais une carte, mais elle ne me suffisait pas. Une carte peut guider en pleine campagne, mais non dans le dédale des rues d'un village ou d'un bourg.

La route, d'ailleurs, n'a rien par là de remarquable, bien qu'elle traverse de beaux bois, toujours garnis de leurs magnifiques sapins. A Gross Dietwill pendant que j'étais assis à la fenêtre du presbytère, j'avais devant moi, à quelque cent mètres à peine, une hauteur qui limitait complètement la vue. On ne peut pas dire que tous les emplacements, en Suisse, soient également favorisés.

Les deux lettres suivantes ont été écrites à bien des reprises, comme il est inévitable en voyage, et à une assez grande distance l'une de l'autre. La seconde est même datée de Milan, et est postérieure comme rédaction à d'autres qui furent expédiées de Suisse. Sans avoir égard à la date, je la mets ici dès maintenant, à cause de la partie de mon voyage qu'elle décrit. Nous sommes pour le moment à Lucerne et ses environs, soit avant d'y arriver, soit après l'avoir quittée.

« Lucerne, Dimanche, 5 h. du soir (26 7bre).

« Me voici au repos : oh! c'est bien bon, je vous assure, de passer une journée tranquille, après s'être beaucoup fatigué. Je conviens que j'avais besoin d'arriver ici et d'y rester.

« Mais d'abord, que je chante un hymne d'action de grâces ! Je trouve que la bonne Providence m'entoure de faveurs. Le temps, par exemple, est magnifique depuis mardi. N'est-ce pas miraculeux qu'il ait plu à torrents mardi, le jour même que j'avais à faire quatre-vingt-dix lieues sur chemin de fer, et que depuis le soleil ait brillé de tout son éclat ? Il y a même des moments où je trouve qu'il brille trop...

« Je voudrais vous écrire très en détail, à la fois pour vous et pour les autres ; il y a là un moyen de forcer ma paresse à raconter mes courses, mes impressions, toutes choses dont je garde bien le souvenir, d'habitude, mais que je n'ai pas souvent trouvé le courage de noter par écrit.

« Mes impressions, du reste, peuvent se résumer par un mot pour la partie de la Suisse que j'ai parcourue : cela me fait l'effet d'être tout le temps dans un parc anglais.

« Je vous ai dit un mot de l'eau, cette richesse des montagnes, que l'on rencontre ici répandue avec une prodigalité inconnue de nous. L'eau suinte partout, déborde partout. Tous les cent mètres, dans le moindre village, à la plus mince ferme, on voit une fontaine formée d'un tuyau, en sapin souvent, enfoncé en terre, avec un autre tuyau plus petit et horizontal ; et de ce dernier, l'eau montant par la différence du niveau, jaillit avec une force variable, mais jaillit néanmoins toujours.

« Mais vous ai-je parlé des pâturages ? Je ne le

crois pas. Le Suisse de par-ici me paraît être né faucheur. Ils ont des faulx à manche court, disposé pour la plus grande commodité de l'ouvrier ; on voit que c'est pour eux un outil de tous les jours. L'herbe, à ce qu'il semble, repousse derrière eux, Et quelle herbe ! C'est gras, c'est onctueux (je ne parle qu'aux témoignage des yeux, ne vous y trompez pas) ; nous n'avons pas idée de cela en Normandie, et nos prés salés sont dépassés de cent coudées. Et quel vert ! quel velouté ! quel tendre ! Il est des vallons par milliers, avec des hauteurs couronnées de bois, les bois découpés capricieusement, tantôt avançant, tantôt se retirant, mais montant et descendant toujours, où cette surface unie et riche de l'herbe verte forme les plus magnifiques pelouses que l'on puisse rêver. Que de millions donnerait telle ou telle lady pour avoir *cela* chez elle !

« Entre Délémont et Courrendlin, plus près de celui-ci et à peine à huit cents mètres, je voyais une éminence boisée dont je disais en moi-même: Si j'avais quelques cent mille francs, voilà ce que j'achèterais. C'est boisé, presque tout en sapin, un peu d'autres arbres aussi pourtant ; c'est découpé naturellement (je parle des contours du bois) ; la pelouse, comme partout, est toute faite ; il ne manque qu'une clôture, et... une maison. Mais que la maison serait bien située là ! Quelle vue sur Délémont, d'une part ; et d'autre part sur tout l'immense quadrilatère que forme la vallée, sur les montagnes aux formes variées qui la bordent de tous les côtés, gorges de Moutier comprises, enfin sur les villages et les moissons qui la couvrent partout! Et il faut dire que c'est en pays catholique, bien qu'il y ait un intrus, paraît-il, un des rares intrus subsistants, à Courrendlin ; aussi en pays de langue française, ce qui n'est pas à dédaigner.

« Ici, à Lucerne, et depuis Moutier, on est en pays allemand ; tout le monde dit : ia, ia. Ce n'est pas commode pour qui ne sait pas un mot de cette horrible langue. Là où j'ai été le plus embarrassé jusqu'à présent, c'est pour arriver à Soleure. Ici, on dit « Solothurn » ; mais je savais cela, l'ayant appris en chemin. J'y suis venu la nuit, après rencontre d'une famille française, dont la société a eu pour effet principal de me retarder. Mon compagnon français m'avait bien indiqué la question : « Darveg nach Solothurn? le chemin de Soleure ? » On n'ajoute probablement pas le « s'il vous plaît », en allemand. Mais à quoi me servait cette science incomplète, puisque je ne comprenais pas un traître mot de la réponse ?

« Mais j'anticipe en disant cela sur les événements, je veux dire sur mes marches et contremarches. Voyons, où en étais-je en finissant mon écriture l'autre fois? C'était à Lérangier que j'écrivais ; Suisse française, là. A cinq heures et demie du matin, je me mettais en route ; je ne savais si je dirais la sainte et chère Messe, là où je me retrouve avec ceux qui prient pour moi, à Develier ou à Délémont. Chemin fait, j'ai trouvé que Develier était le lieu du repos, tout autant que celui de la prière.

« M. le curé de Develier venait de finir sa messe, il était encore à l'église ; il a été aimable et bien bon; il m'a fait un très-bon effet de prêtre digne et pieux. A la suite de la persécution suisse, il y a bien quelque précaution à observer. En demandant à une bonne femme où était M. le Curé, j'avais ajouté : « Mais est-ce un catholique ? Ce n'est pas un intrus, n'est-ce pas ? » La réponse m'avait donné l'assurance que je ne me fourvoyais d'aucune manière.

« Jusqu'à Develier, la route est presque toujours en pleine forêt, côtoyant des ravins à droite, et zigzaguant, contournant, pour les dépasser. Quels arbres il y a là ! Quels sapins immenses ! s'élançant droits comme des flèches des flancs du coteau, et montant à une hauteur incommensurable à mon œil !

« J'ai bien admiré ces beaux arbres tout en marchant, sans que cela fît de tort aux rares échappées de vallons verdoyants, ni même à ce murmure des ruisseaux dont vous me savez si entiché. Arrivé en plaine, avant d'atteindre Develier, c'est de nouveau le spectacle de la campagne suisse et des hauteurs jurassiques...

« Par bonheur, et grâces à Dieu, je me sens passablement reposé. Ce qui m'a tant fatigué, c'est cette soirée de jeudi, et dans cette soirée, vous ne le croiriez pas, c'est ce qui semblerait devoir fatiguer le moins, la descente d'une montagne. Oh ! je remonterais trois fois le Weissenstein plutôt que de le descendre une avec cette rapidité. Dans la matinée, j'avais passé un coin de la Suisse « grandiose ». C'est juste en sortant de ce Courrendlin dont je parlais tantôt. La route suit à partir de là ce que l'on appelle les gorges de Moutier. C'est encore une sorte de disposition providentielle qui me faisait passer par là, suivant mon itinéraire tracé de chez moi ; car j'avoue que je n'avais pas remarqué dans les livres la description de cette route. Quand j'en parlai le matin à M. le Curé de Develier, il me dit : « Oh ! vous passez par les gorges de Moutier ! Eh bien ! vous allez voir là une des merveilles de la Suisse, que les Anglais et les voyageurs du monde entier viennent admirer ».

« Cette merveille, voici en quoi elle consiste. C'est une rivière de moyenne largeur qui s'est frayé un passage, je serais tenté de dire non pas entre deux montagnes, mais plutôt au travers d'une montagne (1). Elle descend de Moutier à Courrendlin avec cette rapidité des eaux suisses qui me fait toujours me demander où elles sont si pressées d'arriver. La rivière cascade, c'est bien entendu ; pendant à peu près deux lieues, on marche au bruit de ses eaux, qui tombent des rochers, ou se brisent avec fureur contre eux.

« A côté de la rivière, sur la gauche (en montant), il y a juste, bien juste ! la place d'une route. Sur la rive opposée, le chemin de fer *s'est fait* une place. Il lui est arrivé souvent de ne pas la trouver au grand air, en plein jour ; et alors il passe sous la montagne : c'est pour lui une succession de tunnels perçant les énormes contreforts

---

(1) Cette appréciation de l'effet produit par les gorges de Moutier est scrupuleusement exacte, puisque Joanne, consulté pour rappeler mes souvenirs, dit, je l'ai vu plus tard, que c'est Saint-Germain qui passe pour avoir « fendu les rochers ».

qui viennent s'appuyer au fond du ravin. Et de chaque côté, voyez vous, à droite et à gauche, ce sont deux immenses falaises à pic, entre lesquelles on voyage. Elles ont quatre ou cinq fois la hauteur des falaises normandes. Mais quelle différence d'aspect, et quel autre genre de beauté ! Çà et là seulement apparait la roche grisâtre ; toute fissure est remplie de terre végétale, et les sapins se sont plantés là fièrement. Ce sont donc des falaises, mais des falaises couronnées de bois à leur sommet, et garnies, couvertes également de bois depuis leur base jusqu'au haut. C'est incomparable !

« A chaque instant, d'ailleurs, un ruisselet descend, tombe, pour mieux dire, de la montagne, tantôt d'un côté, tantôt de l'autre ; parfois on le voit surgir là d'où on l'attend le moins, d'un espace de rocher nu, à travers lequel il jaillit plus ou moins abondamment. Ailleurs, et c'est presque à chaque pas, l'oreille est tout à coup frappée du bruit de l'eau, d'un bruit plus léger, qui reste distinct de celui de la grande rivière. Surpris, je m'arrête, et ce n'est pas sans peine que mes yeux finissent par découvrir le ruisselet murmurant, gazouillant, et j'oserais presque dire gambadant.

« Après Moutier, la rivière ne fait plus que descendre, toujours courant, toujours grondant, une vallée comme toutes les autres vallées... de par ici. A un certain endroit de la route, j'ai avisé un pont, un pont tel qu'en font les Suisses, au besoin, avec deux sapins et des planches (le bois est ici prodigué sans mesure d'aucune sorte), jeté juste au-dessus d'une petite cascade toute mugissante.

Quel plaisir de déserter un moment la route poudreuse, et d'aller passer quelques minutes sur le pont, au-dessus de ces eaux !

« Puis, voilà qu'en repartant, j'avise un noisetier, aux branches pendantes sur la rivière. S'il y avait des noisettes ! Justement, j'en découvre une, que j'accroche avec le bec de mon parapluie, et cueille véritablement sur l'eau. Voilà un souvenir que ne peuvent avoir les voyageurs en chemin de fer.

« Et puisque je parle de chemin de fer, que peuvent voir des gorges de Moutier, qu'en savent-ils et qu'en ont-ils à admirer, ceux qui les suivent sur la voie ferrée ? Les chemins de fer sont très commodes pour aller vite. Mais quant aux voyages de pittoresque, ils en sont les ennemis nés.

« J'avais déjà cueilli une noisette le matin, en pleine forêt, entre Lérangier et Develier. Mais il n'y en a guère. Et puis, sans doute, les montagnards suisses ont pour les découvrir d'aussi bons yeux que les miens. Et puis enfin... je ne passe pas précisément mon temps à cette recherche.

« Tout à coup, sur la route montueuse que je suivais, une voix part d'une voiture qui venait derrière moi : « Vous allez au Weissenstein, M. le Curé ? Voulez-vous profiter de notre voiture ? Vous passerez par Saint-Joseph, n'est-ce pas ? » — A toutes les questions, je réponds oui ; et me voilà installé dans la voiture avec M. B., de l'Université catholique de Lille, et près de sa femme. Ce sont des mariés de six mois ; ils font, disent-ils, leur second voyage de noces. Je demande : « Comment avez-vous pu savoir, surtout ne me voyant que de dos, que j'étais prêtre français ? — Ils déclarent qu'ils l'ont reconnu tout de suite. A quoi? Je l'ignore. Le mari est suisse, originaire de Porrentruy ; il s'étonne que je voyage par ici en soutane ; ce sont, me dit-il, des pays protestants; mais je déclare que je n'ai de peur d'aucune espèce.

« De fait, hier et avant-hier, on s'étonnait bien quelque peu de me voir sur les chemins. Paysans et paysannes, occupés aux champs autour de leurs pommes de terre, arrêtaient leur travail et me regardaient, en vérité, comme une bête curieuse. Qu'est-ce que cela me fait? Il ne me déplaît pas d'être regardé.

« Mais je ne puis pas dire que j'aie surpris ni un mot ni un geste qui eût l'air d'être hostile. A Langenthal, où le chemin est très-difficile, j'ai demandé nombre de fois, et toujours on m'a indiqué très-bien ; c'était, il est vrai, dans leur horrible allemand, mais il n'y a pas de leur faute en cela.

« Rien de bien particulier à signaler sur cette route de Langenthal à Wolhausen. C'est la belle Suisse déjà vue, et continuée. Seulement on voit plus de ce côté le genre châlet. Il faut que je dise un mot des constructions suisses, celles des villages ; elles ont leur genre tout spécial. Elles sont entièrement en bois, d'abord ; et je n'ai pas besoin de vous dire, puisque l'imitation du genre châlet est si fréquente, qu'elles sont souvent fort jolies d'aspect. Découpures, galeries couvertes, escaliers extérieurs, dessins formés par l'arrangement des lamelles qui tapissent au dehors le gros œuvre, quelquefois inscriptions pieuses et sentences tirées de la Bible, en voilà sans doute les caractères principaux.

« Toutefois il n'y a pas que des châlets, mais bien d'autres constructions encore, dont j'ai considéré avec étonnement la grande largeur et profondeur. Le terrain ne se vend pas dix francs le mètre dans ce pays. Je dois dire cependant que j'ai vu bien peu de maisons donnant l'idée de la pauvreté. C'est le contraste avec la Bretagne, parmi tant de points de ressemblance. J'ai remarqué aussi les nombreuses ouvertures de ces habitations : il y a des fenêtres partout, devant, derrière, et sur les deux pignons. On voit que les Suisses sont gens poétiques, et qu'ils goûtent toute la beauté de leur magnifique pays : ils s'arrangent pour ne rien perdre du coup-d'œil. J'ai voulu me rendre compte du nombre moyen de ces ouvertures par habitation. Devinez ce que j'ai pu constater ! Qu'un nombre de cinquante fenêtres pour une maison est très-ordinaire. Et presque tout cela est garni de fleurs ; on aime beaucoup les fleurs, en Suisse. Mais il y a lieu de se demander, et sous ce rapport ma curiosité n'a pas encore trouvé moyen de se satisfaire, par qui sont habitées ces immenses demeures ?

« Samedi, je me savais en pays catholique, je suis entré dans un châlet un peu écarté de la route, et j'ai demandé « milch ». On a fini par comprendre que je désirais du lait, et on me l'a bientôt apporté tout bouillant, avec du pain, dont je n'avais pas parlé. Pendant qu'il chauffait, puis tout en le dégustant, j'ai eu le loisir d'examiner cet intérieur tout en planches, aux chaises de bois, au plafond extrêmement bas, et luisant de propreté ; comme aussi le travail de deux femmes occupées autour de brins de paille. L'une jeune, et aux yeux évidemment solides, faisait avec une attention extrême le triage des brins, les disposant en quatre ou cinq tas, suivant, sans doute, des qualités respectives que je n'ai pu reconnaître. L'autre passait chaque brin dans un petit tube en cuivre d'où il sortait divisé en filaments d'une excessive ténuité.

« J'ai voulu faire expliquer si l'on devait faire avec cela des chapeaux ; mais je ne pense pas qu'elles aient compris. Les pièces de vingt centimes sont d'usage commun en Suisse, de grandes pièces larges presque comme nos pièces de un franc ; j'en avais mis une sur la table pour payer le lait ; mais on n'a voulu de rien. Dieu les bénisse donc !

« La foi, du reste, est vive dans ces contrées, cela se voit. Nombre d'enfants accourent donner la main au prêtre qui passe, coutume toute gracieuse ; on salue constamment ; enfin, comme dernier trait, j'ai rencontré hier deux fois des voyageurs, des groupes de paysans et paysannes endimanchés, qui récitaient à haute voix leur chapelet.

« La différence est d'ailleurs sensible pour le touriste entre les pays catholiques et les régions protestantes. Chez les protestants, rien ! Le rien est l'exposé fidèle de leur foi. Dès qu'on arrive en territoire catholique, on rencontre croix et chapelles, et à chaque pas, pour ainsi dire, le passant est invité à la prière. »

CHAPITRE TROISIÈME

Un squelette. — Les vraies montagnes. — A Lucerne. — Offices et Promenades. — Des Orgues muettes. — Un autographe. — Les inquiétudes de nos chemins de fer. — Une « séminariste ». — Les œuvres des hommes devant les œuvres de Dieu.

« . . . .
. . . Le premier dimanche, j'étais donc à Lucerne. Lucerne est une jolie ville, même très-jolie, de la beauté de laquelle je n'ai joui qu'un instant : c'était le samedi, à mon arrivée. Le brouillard, à cette heure-là, avait bien voulu se lever à demi. Le mont Pilate seul cachait encore sa cime dans les nuages ; et sans doute je ne dois pas m'en plaindre, si le proverbe est vrai (proverbe local, s'entend, et tout lucernois) :

Quand Pilate aura mis son chapeau,
Le temps sera serein et beau ;

rime riche, mais comme vous le voyez, rythme

et poésie médiocres. Le Rigi, lui (le *g* allemand se prononce dur), était tout découvert. En sortant de la gare, j'ai pu flâner sur le pont par où l'on y accède, puis sur les quais qui forment la promenade intérieure de Lucerne, quais aux magnifiques ombrages, et examiner à loisir, admirer le panorama formé par le lac et les montagnes. Le lac aux eaux calmes, sillonné de barques légères, de bateaux à vapeur, et d'oiseaux aquatiques noirs, dont j'ignore le nom, les montagnes couvertes de verdure, comme elles le sont dans cette partie de la Suisse, le Pilate excepté.

« Pour le dire en passant, celles des montagnes qui ne sont ni boisées, ni herbeuses, me semblent manquer de charme. J'ai plus d'une fois contemplé de ces pics dénudés, qui se dressent dans toute la rudesse de leurs angles abrupts ; et je me suis fait cette réflexion, que ces chaînes de hauts sommets, vus de loin, sont éternellement les mêmes. Le touriste qui passe peut aimer à les voir un instant ; mais leur immobilité morne n'a rien, je trouve, qui soit attrayant pour l'habitant sédentaire. Le moins mal, peut être, qui puisse arriver à ces géants fixes, c'est d'être couverts de neige. Mais il est de ces montagnes dont le sommet n'a plus de végétation, et qui ne présentent au regard que la terre grise, froide, nue, dure, anguleuse. Celles-là ont peu ma sympathie ; je n'aime ni les gens durs, ni les paysages durs.

« Je ne sais, en vérité, pourquoi je vous dis cela à propos de Lucerne, où le Pilate ne sert, ce semble, qu'à relever encore, par le contraste, la beauté des montagnes environnantes. A Lucerne, on voit de la verdure, une verdure du sein de laquelle émergent à toutes les hauteurs des maisons dispersées, larges, étendues, aux innombrables fenêtres.

« J'avais compris, en venant à Lucerne, que cette fois j'arrivais aux véritables montagnes. L'histoire de ce samedi mérite peut-être d'être racontée. Je passe sur la matinée, où j'étais parti de Grosstietwill (ou quelque chose de ce genre); vers onze heures, j'arrivais à Willisau, lieu de pèlerinage au Précieux Sang. Je veux noter ici le souvenir d'une personne avec qui je dînais à Willisau. Je n'en ai jamais vu de si maigre. Non ! je ne crois pas que mes pauvres phthisiques arrivés à leur dernier degré d'épuisement soient jamais allés aussi loin dans la voie du « squelettisme ». Point de corps, des doigts tout os, des poignets gros comme deux doigts, une figure émaciée. Mais ce que j'ai peut-être le plus contemplé en cette étrange commensale, c'était, comment dirai-je ? sa bouche ? ou ses lèvres ? La mâchoire ressortait, naturellement, beaucoup dans cette effroyable maigreur ; et véritablement je crois que l'odieuse prononciation allemande y était pour quelque chose ; mais il y avait des moments où, pendant qu'elle parlait — et elle ne perdait pas son tour à parler —, ses lèvres étaient tellement écartées l'une de l'autre, laissant à nu les dents jusqu'à la racine, que je me demandais comment jamais elles pourraient se rejoindre. Le miracle s'opérait cependant ; mais il me faisait chaque fois l'effet d'un miracle. Pauvre fille ! Je fais pour elle comme pour tous ceux et toutes celles que Dieu met sur mon chemin : je prie ce Dieu lui-même de la bénir.

« C'est à la sortie de Willisau, en allant vers la station de Wolhausen, que j'ai eu cette impression sur les montagnes signalée tout à l'heure. Jusque-là, je n'avais vu *qu'une* montagne à la fois dans la même direction ; sur cette route, il s'en montrait dans le lointain plusieurs s'étageant au-dessus les unes des autres. C'était, le Pilate, je l'ai bien compris, dominant tout, avec ses contreforts.

« Avez-vous jamais entendu décrire le costume de gala des Allemandes ? Je puis vous en tracer un léger croquis, d'après ce que j'ai eu occasion de voir par ici : noir, avec poitrine blanche, les bras nus jusqu'au-dessus du coude, plus une quadruple chaîne d'argent rattachée aux épaules devant et derrière, passant à droite et à gauche sous les aisselles. Voilà sans doute quelque chose de bien incomplet comme portrait ; mais je n'appartiens pas à cette catégorie d'êtres dont un romancier anglais a dit : « L'œil de la femme peut donner au juste la composition et l'estimation de la toilette d'une personne qui aura simplement passé dans la rue, depuis son chapeau jusqu'à ses bottines ».

« Je m'entendrais peut-être mieux à la description des églises ; mais là, cela va de soi, il y a moins d'uniformité. En général, je les ai trouvées grandes, et elles sont d'ordinaire bien ornées. On ne les tient pas fermées ; le voyageur y peut entrer librement et prier à son aise. Il y a au plafond des médailles avec des peintures, de profondes tribunes ; et partout des orgues. Le Rosaire paraît en grand honneur dans ces contrées ; l'autel de la Vierge représente toujours le Rosaire donné à Saint Dominique ; et aux murs de l'église sont déposés des cierges portant des médaillons qui représentent les mystères. Je n'ai pas encore eu occasion de voir comment on se sert de ces cierges. Il y a des autels très-voyants, aux rétables montés en colonnes, un tableau au milieu, un autre plus petit tout en haut. Dans les églises, je vois toujours au moins quatre confessionnaux, quelquefois six ; je parle des églises de village ; et cela sans doute témoigne d'une fréquentation des sacrements inconnue chez nous. Au fond, n'est-ce pas ainsi que cela doit être ? et ce nombre de confessionnaux ne serait-il pas nécessaire chez nous également, si tous les chrétiens faisaient leur devoir ?

« Je pense que les capucins doivent occuper souvent ces confessionnaux ; ils me font l'effet d'être un peu les apôtres de toute cette partie de la Suisse. A Lucerne, comme à Soleure, ils ont leur couvent en dehors de la cité ; et il y a d'autres monastères encore éparpillés un peu partout autour de ces deux villes. Il semble que ce soit assez l'usage suisse que cet éparpillement. Usage suisse aussi, celui des chemins de croix en plein air, sur le chemin qui conduit au couvent des capucins, particulièrement. J'ai eu occasion de voir avec quel respect et quelle cordialité en même temps, ces missionnaires étaient accueillis à bord du bateau à vapeur par le commandant ; et il me semble avoir entendu dire aussi qu'ils ont le passage gratuit.

« Naturellement, le dimanche, une de mes préoccupations est de voir comment se font les offices. Je ne suis pas curé pour rien. Je suis donc allé, à Lucerne, à la grand'messe du dimanche. J'y suis arrivé au *Kyrie, eleison*; c'était à la principale église, qu'on appelle, là, la collégiale. Je vous ai dit que, en Suisse, les églises sont généralement immenses, avec des bancs qui n'en finissent pas. La collégiale était *comble*. Les hommes d'un côté, les femmes de l'autre; et tous à genoux; on est resté à genoux tout le temps; et c'est peut-être le moment de dire que, sauf pendant un sermon — allemand — que j'ai entendu sans le comprendre, je n'ai pas connaissance d'avoir vu en Suisse quelqu'un assis dans l'église. A peu près chaque homme, vieux ou jeune, avait un livre de prières, et y lisait attentivement. J'ai peu compris les chants. Il m'a semblé qu'il y avait là une méthode expéditive, consistant à chanter uniquement le premier verset du *Gloria* et du *Credo*. Cela m'étonne pour le *Credo*, qui, en sa qualité de symbole de la croyance, est généralement dit en entier.

« Au *Credo* près, la description que je fais de l'assistance suisse à la grand'messe de Lucerne peut paraître magnifique. Pourtant, la médaille a son revers : les excellents Lucernois ne m'en voudront pas trop, espérons-le, si je le signale. D'abord, les prières que font les assistants ne m'ont pas paru être celles de la messe. Je n'aime pas que l'on n'ait ainsi qu'une union incomplète, celle de la présence du corps, avec le sacrifice. De plus, pas une âme ne m'a paru prendre part aux chants. Nous faisons cela aussi en France, hélas ! Mais c'est une mauvaise chose qu'une société chrétienne tout entière se sépare du prêtre sacrificateur, le laissant en quelque sorte à son rite, et ne répondant point à ses invitations, ne s'unissant point à ses prières. Déjà Boileau flétrissait le système de laisser

A des chantres gagés le soin de louer Dieu.

Comme il avait raison !

« Mais ce qui a dépassé tout le reste comme déficit a été de voir la compacte assistance se débander, j'entends la sortie commencer, après l'Élévation, et devenir à peu près universelle, hommes et femmes, à la suite du *Pater*. Ce spectacle du Sacrifice s'achevant ainsi dans une solitude à peu près complète m'a causé je ne sais quelle angoisse inexprimable. Oh ! si j'étais « prévôt » à la Collégiale de Lucerne, je ne supporterais pas cela sans une profonde douleur !

« Que faisaient donc pendant ce temps les célèbres orgues, dont le nom a retenti dans le monde entier ? La veille, à mon arrivée, j'avais lu un avis en trois langues : allemand, français, anglais, d'après lequel les orgues jouent tous les jours de six à sept heures du soir. Un franc d'entrée pendant cette heure. Et si on veut les faire jouer à un autre moment de la journée, trente francs pour une heure. C'est fort bien ! Mais peut-être, au lieu de laisser le peuple s'en aller après l'Élévation de la grand'messe, ne serait-il pas mal non plus de le retenir en jouant les grandes orgues, et le captivant par l'attrait de la musique. Je suis sûr que le peuple Suisse aime la musique : les orgues des églises de village en font foi. Ce peuple tout plongé dans les choses de la nature doit aimer la musique comme il aime les fleurs, comme il aime les beaux paysages, que ses fenêtres multiples l'invitent à contempler.

« Mon après-midi a été consacrée à la visite des ponts couverts, aussi fameux que les orgues, et dont les peintures, si elles ne se distinguent pas peut-être précisément par le fini du style et de l'art, ne manquent certainement pas d'originalité. Elles sont bien sérieuses aussi, et toutes philosophiques : quelle philosophie plus grave que celle qui nous remet en présence de ce règne universel de la mort ? On peut aller là et y faire de très-sérieuses méditations. Ces peintures remplissent, de face et de revers, les espaces plans fournis, n'importe en quel sens, par la charpente du toit.

« J'ai fait aussi une promenade à l'extérieur de la ville et dans la campagne. Il va sans dire que la campagne, là, est ravissante. On monte et descend, suivant de petits sentiers tortueux, au bruit des ruisseaux cascadants que l'on rencontre sans cesse ; on a devant soi, derrière soi, à droite et à gauche, les plus jolis points de vue. Je n'en pouvais pourtant jouir qu'en partie, car les nuages couvraient le ciel et le haut des monts. Telle qu'elle était, sous cette nappe de brouillard, j'ai trouvé la vue admirable. Les Lucernois comprennent cette beauté. L'après-midi de leur dimanche m'a paru être employée par eux à des excursions ou promenades du genre de celles que je faisais. On les voit circuler sur les coteaux un peu partout, allant aux restaurants ou cafés que l'on rencontre de toutes parts dans les coins les plus inattendus.

« Mais j'ai pour mon compte une impression pénible à vous signaler. Il y a à Lucerne un seul monument, annoncé comme tel presque à chaque pas par les Lucernois, le « Monument du Lion ». Bien qu'il soit consacré à la mémoire des Suisses morts le 10 Août 1793, massacrés aux Tuileries par la Révolution, ce n'est pas lui qui m'a mal impressionné. C'est l'autographe de Louis XVI, une large écriture toute tremblée, à peine formée, presque illisible, portant ces mots : « Le Roi ordonne aux Suisses de déposer à l'instant les armes et de se retirer dans leurs casernes. Louis ». Ah! cet ordre fatal, s'il n'a pas été le premier pas de la Révolution vers le triomphe, il émanait du moins, de la même insigne faiblesse dont nous subissons encore les effets.

« En pleine splendeur lucernoise, donc, j'ai été jeté violemment dans les idées noires du jour par cet autographe si débilement signé : Louis. Pardonnez, mon Dieu, au signataire, cette faiblesse, que d'ailleurs vous avez fait servir, comme toujours, à vos desseins, et sortez-nous du gâchis sans remède autre que vous où elle nous a jetés!

« Je partais lundi de Lucerne pour Einsiedeln. J'ai eu là l'occasion de voir comme les Suisses apprécient leurs paysages. En Suisse, vous n'êtes pas parqué comme un mouton dans un étroit compartiment d'un wagon de chemin de fer, où, si vous n'avez pas eu la chance d'attraper un coin, vous êtes condamné à contempler uniquement les genoux de votre vis-à-vis. De Lucerne à Zug, j'ai vu très-bien voyager sur le chemin de fer debout, aller et venir, et se porter là où la vue est plus belle. Les vitres des wagons sont aussi larges que possible ; et il y en a par devant comme sur les côtés, en sorte que l'on perde de la vue le moins qui se peut. Au Rigi, c'est bien mieux encore ; il n'y a pas de vitres du tout. L'unique wagon que traîne en montant, que pousse en descendant la locomotive à crémaillère, est une longue boîte fermée de boiseries dans sa partie inférieure, complètement ouverte, sauf les montants indispensables, à hauteur de genoux à peu près. Là vous vous tenez comme vous voulez, debout, assis, penché à la portière; personne ne vous dit rien, vous avez la liberté de vous exposer, si bon vous semble, au vertige, en contemplant tant qu'il vous plaira les abîmes le long desquels, au-dessus desquels quelquefois, vous roulez. Ce n'est pas là la réglementation française. En France (1), il y aurait des portes soigneusement closes, des barreaux comme à une prison, et dix employés commissionnés de préserver, par leurs défenses de ci et de çà, votre précieuse vie.

« J'ai donc utilisé le chemin de fer de Lucerne à Zug. Mais je m'étais mis en tête d'aller de Zug à Einsiedeln à pied. Je savais la chose hérissée de

---

(1) Et aussi dans l'Italie, faite à l'image de la France.

difficultés, le chemin étant détourné, compliqué, et la population allemande. La bonne Providence me protège partout. Un homme m'aborde pour me proposer une voiture ; mais je me défie des voitures dans ce pays-ci, où il y a tant de montées qu'on y passe le temps sans avantages. Je décline donc l'offre ; et en même temps je demande mon chemin, qui m'est indiqué avec la bonhomie suisse, sans rancune pour mon refus.

« Je passe donc par dessus le Zugerberg, comme qui dirait le mont de Zug ; et je vous assure que ce n'est pas un petit mont à franchir, par un chemin de chars, en pleine solitude sauvage, et au soleil de midi. Puis ce sont des espèces de plaines de montagne, aux maisons espacées comme tant de maisons suisses, aux champs plantés de pommes de terre, aux pâturages remplis (comme un peu partout) de noyers et de poiriers.

« Enfin me voici à une auberge où mon chemin de chars rejoint la route. Mais là, nouveau heurt contre l'affreux allemand : impossible de faire comprendre (vu l'heure un peu avancée, sans doute), que je désire déjeûner. Il finit par m'arriver une jeune personne qui, elle, sait le français, et qui me fait servir, qui même entretient la conversation pendant mon repas. C'est une Zurichoise en vacances, fille d'un professeur distingué, inventeur, je crois, d'une machine d'arithmétique. Mon interlocutrice causait bien, avec sérieux et solidité. Elle aime, m'a-t-elle dit, les enfants et se destine à leur instruction, mais ne se sent point de goût pour le mariage. Dieu la bénisse et bénisse aussi ses élèves ! Au premier moment j'ai eu un peu de peine à la comprendre ; elle se déclarait élève du « séminaire ». Je ne pouvais m'imaginer cette séminariste d'une nouvelle espèce, jusqu'à ce que je me fusse rendu compte qu'elle était protestante.

« Une autre ascension très-pénible à la chapelle Sanct-Jost, puis une relativement facile au Katzenstrick, m'ont mené à Einsiedeln.

« Elle n'est pourtant pas située sur le Mont-Blanc, ni même au sommet de la Yungfrau, cette chapelle. Mais les ascensions sur les pâturages ont bien aussi leurs difficultés. Quelquefois il y a de ces abominables sentiers qui sont pleins de pièges, car lorsque vous y pensez le moins, vous avez de l'eau sous vos pieds ; elle est moins agréable là qu'à entendre gazouiller le long d'une belle route. Ou bien il faut passer des ruisseaux sur des troncs d'arbres, des flaques d'eau sur des pierres, que sais-je ? Ou bien encore, si le sentier descend momentanément le moins du monde, les pierres se dérobent sous vos pas, en sorte qu'il faut des précautions sans fin. S'il n'y a point de sentier, ce sont des clôtures qu'il faut franchir ; ce sont les trous creusés par les pieds des vaches et remplis d'eau qu'il faut éviter sous peine d'un double accident, bain et entorse ; ce sont les vaches elles-mêmes qui quelquefois sont méchantes, dit-on ; et les taureaux pires encore, etc., etc. Joignez à tout cela le vent, souvent violent (ma Zurichoise habitait sur une hauteur qu'elle me désigna, et qui s'appelle Allenwinden, Tous-Vents, et je l'ai trouvée bien nommée), souvent froid et glacial. Rien ne se ressemble plus que des choses si dissemblables : je me suis tout de suite, en me sentant pénétré jusqu'aux os, retrouvé par la pensée sur le bord de la mer. Grâce au bon ermite de Sanct-Jost, j'ai pu reprendre sans encombre le chemin plus doux d'Einsiedeln.

« Les alentours d'Einsiedeln sont sauvages. C'est partout une ceinture de pics ; et si quelques-uns sont boisés, les bois en sont noirs et sombres. On comprend là la légende de saint Meinrad, ces corbeaux poursuivant lugubrement les meurtriers à travers forêts et montagnes.

« Je n'ai pas besoin de vous dire que le pèlerinage d'Einsiedeln est célèbre. Notre-Dame des Ermites vient, dit-on, en Europe, après Lorette et Saint-Jacques de Compostelle. Dès mon arrivée, une visite rapide à l'église me l'a fait voir de genre italien, toute décorée de peintures ; et c'est aussi l'une de mes premières remarques que celle des prières à haute voix qu'y font les pèlerins. Le lendemain, j'ai pu mieux me rendre compte. L'église est magnifique. J'ai surtout admiré l'immense rotonde par laquelle elle débute, dont le pilier central, énorme de hauteur et de largeur, recouvre ce que l'on dénomme « la Sainte-Chapelle ». Le portique aussi, c'est-à-dire la place qui précède l'église, garnie de ses boutiques, de sa fontaine, et encadrée par les immenses constructions de l'Abbaye, mérite bien une mention. Partout ailleurs, un tel monument serait renommé ; au milieu de cette nature grandiose, il est écrasé, je trouve, par les masses montagneuses qui l'entourent. Le dôme de Milan et la cathédrale d'Amiens perdraient, je le crains, les trois quarts et demi de leur valeur à s'élever parmi ces merveilles naturelles et sauvages.

« J'ai eu le bonheur de dire la messe à la Sainte-Chapelle, et j'ai inscrit, comme une prière supplémentaire faite à la gloire de Marie, mon nom sur le registre du Pèlerinage. »

CHAPITRE QUATRIÈME

Notre-Dame des Neiges. — Un hôtel dans un lac. — A travers les nuages. — Le Rigi-Kulm. — Amélie Balsamo, de Constantinople. — Le bonheur en ménage. — Trop de société.

FRAGMENT

« . . . . Lundi à Einsiedeln, mardi sur le chemin de Notre-Dame des Neiges ; mais je n'y suis arrivé que mercredi. J'avais pourtant pris la poste pour aller là, mais avec leur jargon allemand on a peine à se reconnaître. Je me suis donc un peu perdu, et j'ai fait du chemin inutile.

« Mercredi et jeudi, au Rigi. C'est sur le Rigi qu'est Notre-Dame des Neiges. Le Rigi, « la reine des Montagnes « au dire des » Guides », est tout en bois et verdure ; du moins presque tout : il n'y a que le sommet qui soit aride et découvert. Et là comme la vue est très-belle, et que le Rigi, par suite, est très-visité, on a bâti un magnifique hôtel. J'y suis entré par curiosité ; car d'ailleurs j'avais mon logement chez les Pères capucins de Notre-

Dame des Neiges : ils tiennent là eux-mêmes une sorte d'établissement d'hospitalité pour les ecclésiastiques. A l'hôtel du Rigi, du Rigi-Kulm, comme on dit, car il y a d'autres hôtels sur la montagne, ce sont des splendeurs princières. Notez que rien, absolument rien, ne pousse là, sauf le bois, qui même n'y a pas toute son utilité, puisqu'on ferme l'hiver. Ainsi, il faut tout faire venir, je veux dire monter, hisser ; à grand'peine, assurément. J'ai pris un café ; et je l'ai bien payé. Mais, dame ! quand on en prend à cette hauteur ! et parmi ces dorures !...

« Il y a deux choses à voir au Rigi. Il y a le panorama que l'on peut contempler d'en haut : et il y a le chemin de fer. Car il faut vous dire qu'on monte au Rigi, et jusqu'au sommet le plus élevé, en chemin de fer. A vrai dire, on ne va pas vite, ni en montant, ni en descendant ; mais c'est une sensation toute particulière d'être emporté sur ces rampes (vingt-cinq centimètres pour mètre par endroits), et de monter ainsi en wagon presque à pic, cela du moins en fait un peu l'effet, en côtoyant ou même parfois franchissant un affreux précipice.

« Ce qui m'attire surtout dans mes voyages, ce sont les œuvres de Dieu, et je jouis à un degré inexprimable des magnificences de la création ; mais j'admire bien aussi, à l'occasion, les œuvres des hommes. Je savais que le chemin de fer du Rigi est une merveille de l'industrie moderne : je n'aurais pas passé à côté sans aller la contempler.

« Quant à la vue dont on jouit d'en haut, je ne

l'ai eue qu'imparfaite. Ce n'est, paraît-il, que dans la période des beaux jours de l'été qu'elle se dévoile dans toute sa splendeur ; et je passais au Rigi trop tard. Je me souviens d'avoir lu les récits d'un voyageur qui, parcourant le canton de Fribourg, avait fait l'ascension de la Berra. Arrivé au pied du « signal » qui la couronne, c'est-à-dire du mât qui indique le point de vue, il décrit le panorama, comprenant la plaine de Fribourg, les lacs de Bienne, Morat, Neufchâtel, Genève ; le Mont-Blanc, la Yungfrau, et d'autres pics de neige étincelante. « J'ai été frappé, dit-il, de voir ce que je viens d'appeler la plaine de Fribourg. C'est une plaine où se trouvent bien des inégalités qui ont causé mes admirations de voyageur pédestre ; de là-haut, tout paraissait absolument plan et de niveau : collines boisées, villages, lit si profondément creusé de la Sarine, etc., tout était confondu, et disparaissait dans la confusion. » Et moi, en lisant cela, je me disais que voilà comment tout ce qui nous occupe tant peut du haut du ciel paraître nul. Il est probable que, plus favorisé par la saison, j'eusse pu faire sur le Rigi des réflexions analogues.

« En y montant, on voyait les nuages amoncelés aux flancs de la montagne, sous forme de brouillards. La locomotive (système spécial) nous eut bientôt emmenés dans cette région brumeuse, et c'était chose curieuse alors de voir tout le monde frissonner. Puis, on monte un peu encore, et alors c'est un ciel splendide, un soleil éclatant, avec les nuages par dessous. Or ce sont justement ces nuages qui m'ont fait manquer la vue ; car ils forment un voile des plus opaques interposé entre le sommet du mont et le fond de la vallée. De Notre-Dame des Neiges, je suis retourné une seconde fois au Kulm le lendemain matin, jeudi. Le temps était d'une pureté admirable ; mais, arrivé en haut, je n'ai découvert au-dessous de moi qu'une épaisse masse de nuages à perte de vue.

« Le panorama était donc incomplet ; mais il y avait panorama, cependant, car d'ailleurs, au-dessus des nuages, émergeaient, dans une atmosphère absolument limpide, j'oserai presque dire tous les sommets suisses. J'ai spécialement regardé dans la direction de l'Italie, là où doit être le massif du Saint-Gothard. Je vais donc passer par là ! Il semble, du haut du Rigi, que ce soit impossible à franchir. Mais c'est assez l'ordinaire en ce pays, ou bien souvent l'on ne voit pas par où le chemin que l'on suit se pourra continuer.

« Et quant à la vue de mes nuages, elle n'a pas laissé quand même de m'intéresser. D'abord, rien encore ne m'avait aussi vivement rappelé et l'immensité de la mer et sa profondeur. Puis, j'ai trouvé que s'il aurait fallu voir sans le voile, certainement, le voile lui-même avait bien aussi son charme : qui n'aurait passé au Rigi que par un temps clair n'en aurait, tout comme moi, qu'une idée imparfaite. Avec ma tournure d'esprit philosophique, je n'ai point manqué de faire mes réflexions. Lucerne était là, je le savais, sous ces brouillards ; et il y avait de plus des villages en grand nombre. Je pensais aux hommes qui s'agitaient là-dessous, à la belle Lucerne sur laquelle s'étendait ce manteau impénétrable. C'est bien là l'image de ce qui se passe entre les hommes et Dieu : les hommes qui se débattent parmi les difficultés et les peines, et Dieu, semblable au soleil du Rigi, la Sérénité éternelle ! »

J'avais abordé le Rigi par Goldau, après avoir suivi, la veille, une route très-pittoresque, bordée à droite d'un lac étendu, à gauche d'une montagne à pic. Le soir me gagnait, et je me rappelle quelle envie j'aie eue d'aller passer la nuit dans une sorte d'hôtel établi sur une île juste en plein lac ! Ce n'est pas sans regret que j'ai continué mon chemin jusqu'à Lowertz. Le « chapelain » de Lowertz, c'est-à-dire le vicaire, en m'accompagnant jusqu'à Goldau, attira mon attention sur l'éboulement du Rossberg (1806). C'est affreux à voir ! Et c'est incompréhensible : je ne pus m'expliquer comment les quartiers de rochers ont été portés à si grande distance.

Le Rigi ! voilà la montagne de mes rêves. J'ai peu d'envie de retourner en Italie, sauf dans la bien-aimée Rome, et quoique l'Italie soit pourtant si belle à parcourir ; mais quant au Rigi, je voudrais le revoir et l'habiter... en été. Je rêve de retourner là, de m'installer de nouveau aux pieds de Notre-Dame des Neiges, et de là de rayonner tout autour de la belle montagne, dans les excursions que méritent assurément ses voisines.

On peut d'ailleurs « rayonner » sur le Rigi lui-même ; car il s'y trouve plusieurs stations garnies d'hôtels.

Pendant que j'étais au Kulm, attendant à la gare dans le vain espoir que le brouillard se dissiperait, j'ai vu les murailles de l'immense salle d'attente couvertes d'écritures. Évidemment on se fait un plaisir, là, de laisser dans un griffonnage quelque chose de soi. Pour le dire en passant, voilà encore ce que tolère la bonhomie suisse, et sans grand inconvénient, à mon avis, à la grande différence de nos interdictions françaises. J'aime assez, quand j'ai du temps de reste, à examiner ces écritures. A Gênes, dans la coupole de Santa-Maria, j'ai trouvé cette perle : « Lucienne et Fernand, mariés depuis trois jours, au comble du bonheur » ; puis, au-dessous et d'une autre main : « Angèle et Gaston, mariés depuis douze ans, heureux comme au premier jour » ; et enfin, toujours au-dessous, troisième inscription, et main sceptique, celle-là, dans sa concision brutale : « Pas vrai ! »

Au Kulm, ce que j'ai relevé était d'un autre genre, cri d'admiration et chant de louanges à la fois d'une âme enthousiasmée. « Jamais je n'ai vu panorama si beau ! Gloire à Dieu ! » Signé : Amélie Balsamo. de Constantinople. » Ce sera bien quitter la belle montagne, que la quitter sur ces mots. Avec Amélie Balsamo, disons, nous aussi, devant les merveilles de la création : « Gloire à Dieu ! »

Je suis descendu du Rigi, toujours sur son chemin de fer casse-cou, par Witznau. De là à Brunnen, par le bateau à vapeur, histoire de faire un petit bout de navigation sur le lac des Quatre-Cantons. Le brouillard et les nuages ont nui à cette excursion. J'y voyais tout juste assez pour deviner que la traversée du lac, enfoui entre ses hautes montagnes, doit être magnifique par un temps clair. De Brunnen à Fluelen, la route côtoyant le lac est curieuse surtout en ce qu'elle est souvent percée à travers la montagne, et formée d'une succession de tunnels, quelquefois très-longs et très-obscurs. Mais en somme elle serait plus agréable si elle était toujours en plein air et en pleine vue.

Cette partie de mes excursions, au reste, n'a rien gagné à la présence, présence constante jusqu'à Goschenen, de centaines d'ouvriers employés aux travaux du chemin de fer du Saint-Gothard. Je n'ai certainement pas trouvé que tout ce remue-ménage fût une beauté de plus dans le paysage. Dans ce parcours d'une dizaine de lieues, toutes les maisons du fond de la vallée m'ont eu l'air d'être transformées en auberges ou cabarets.

Après une mauvaise nuit passée dans un hôtel où je ne retournerai pas, et la messe dite au couvent des capucins d'Altdorf, la patrie de Guillaume Tell, je commençai à remonter le cours de la Reuss. J'approchais du Saint-Gothard : et c'est cette rivière dont les eaux forment sur le versant nord la dépression que la route suit constamment.

CHAPITRE CINQUIÈME

Le tonnerre. — Toujours à pied. — Maisons haut perchées. — La nostalgie du montagnard. — D'où viennent les jambes au vrai touriste. — Considérations sur les lacets. De la suppression des kilomètres.

« . . . .
. . . . . . Ces travaux du chemin de fer dont je te parle m'ont donné l'occasion de me rendre compte d'une particularité qui m'intéressait. Tu sauras que de temps en temps, le long du chemin, on est arrêté par des ouvriers qui vous empêchent de passer. C'est que l'on se sert de la dynamite pour faire éclater des quartiers de roche ; quand une mine est prête, et qu'il n'y a plus qu'à y mettre le feu, des ouvriers se tiennent sur la route, aux abords de droite et de gauche, à une assez grande distance, pour prévenir les voyageurs et parer aux accidents. Vous interrompez donc votre marche et vous attendez. Au bout d'un instant, sur l'assurance donnée que la route est libre de toutes parts, vous entendez une

détonation ; vous voyez un bloc de rocher de plus ou moins considérable dimension s'élever jusqu'au faîte de la montagne ; d'autres descendent avec fracas dans le lac ou le torrent qui est en bas. Alors, on vous laisse passer.

« Ce qui m'a frappé, donc, dans ces détonations, c'est l'écho qu'elles éveillent parmi les montagnes. La détonation retentit d'abord avec une grande force, portée de mont en mont, et répercutée par chacun. Puis, quand le silence s'est fait, et qu'on croit tout fini, voilà que se fait entendre de nouveau le même bruit, mais plus lointain cette fois. Le son a gagné quelque chaîne plus éloignée de hauteurs, et vous est renvoyé seconde édition. C'est exactement pour la force, la durée, et tout l'ensemble du fracas provoqué, le bruit du tonnerre ; au point que, non prévenu, on pourrait aisément, et même infailliblement s'y tromper. Belle occasion de comprendre la théorie physique qui nous donne le tonnerre comme un effet d'écho. C'est sur la route de Brunnen à Fluelen surtout, et en longeant le lac de Lucerne, que j'ai entendu ces bruits.

« Comme ta jeune imagination s'est, sans nul doute, exercée souvent autour du pays de Guillaume Tell, je suppose que tu me demandes des nouvelles d'Altdorf, patrie de ce héros. C'est une assez jolie ville suisse, pittoresque et vieille, où on commence à trouver les rues pavées de deux longues bandes de pierre destinées à recevoir les roues des véhicules, usage que, me dit-on, je verrai se continuer en Italie. Je devais monter en poste à Altdorf, sachant que le chemin est à peu près plat jusqu'à Amsteg ; et à ce dernier village, où la route commence à gravir la montagne, mon projet était de reprendre mes habitudes de piéton. Avec toute l'amabilité possible, on m'a déclaré qu'il n'y avait point de place, et aucun moyen d'en obtenir. Il aurait fallu se faire inscrire plus longtemps à l'avance. Je suppose que dans ce cas, pour me faire la place souhaitée, on aurait mis une voiture de plus ; car la poste, dans ce pays, m'a l'air de se composer toujours de quatre ou cinq diligences réunies suivant les besoins.

« J'ai pris mon parti en brave : et, venu le matin de Fluelen, je me suis mis en chemin pour Andermatt à pied. Consulte une carte de ta géographie, et tu pourras apprécier le nombre de kilomètres.

« Le commencement aurait pu être très-beau, je le crois ; mais le brouillard le gâtait. Je ne marchais pas dans le brouillard ; j'étais dessous : et lui planait à une cinquantaine de mètres, accroché de droite et de gauche au flanc des montagnes, m'en dérobant la hauteur et le pittoresque. Autant que j'en ai pu juger, il m'a paru que ce trajet pouvait valoir en beauté celui de Moutier ; mais dans une vallée beaucoup plus large, comme aussi le cours d'eau, la Reuss, est bien plus considérable.

« C'est à partir d'Altdorf surtout, et dans tout le trajet subséquent, que j'ai pu apprécier la situation, comment dirai-je ? accidentée des maisonnettes de la contrée. Oh ! ce n'est plus par ici comme du côté de Délémont, Lucerne ou Einsiedeln. Là-bas, ce sont encore relativement des plaines, et elle y est bien belle, assurément, la campagne suisse, peu cultivée relativement, mais verdoyante, accidentée, coupée d'arbres, de bois, de ruisseaux, d'habitations éparses. Il y a par là ce que j'appelle la grâce de la Suisse, grâce toujours la même en un sens, mais qui aussi change pourtant et varie presque à chaque pas du voyageur. Cette grâce, cette variété, ces horizons étendus, mouvementés, voilà ce que j'ai aimé dans la première partie de mes courses à travers la belle Suisse. Ici, c'est un autre charme ; c'est la montagne dans tout son crû.

« Je te parle des maisonnettes ; je ne sais si tu te les figures : elles sont partout. Vous levez les yeux, et vous admirez la hauteur en quelque sorte sans limites de la montagne (tu comprends qu'à force de grimper, j'ai fini par arriver au-dessus du brouillard) ; vous êtes tout surpris de voir un châlet çà et là aux flancs de la montagne, à des hauteurs où vous n'eussiez pas pensé qu'on pût habiter, ni même atteindre. Il y a de ces maisons partout où il y a de la verdure, partout où le bon Dieu a établi un espace de terrain assez à plat dans sa pente rapide pour que l'herbe ait pu y pousser. La ligne seule au-delà de laquelle il n'y a plus que rocher et stérilité complète, marque la limite où cessent d'apparaître les demeures de l'homme.

« Oh ! je comprends, en passant par ici, la nostalgie dans le montagnard ! Vous pouvez le transplanter ; mais nulle part ailleurs que chez lui vous ne lui donnerez ses sombres et belles forêts, ses pics élancés, ses sommets sourcilleux, ses sentiers de chèvres, ses ravins vertigineux, ses eaux galopantes, ses belles cascades, ses horizons si accidentés !

« Il doit y avoir bien d'autres choses encore que je n'ai pas pénétrées jusqu'à présent, que je ne pénétrerai sans doute pas dans mon rapide passage : des aspects divers selon les saisons, les jours de tempête, les nuits neigeuses, les chutes d'avalanches, les grands feux aux soirées d'hiver, la chasse avec ses péripéties, ses fatigues, ses dangers. Il me semble avoir entendu dire quelque part que le fusil joue son rôle de pourvoyeur, et que peu de maisonnettes suisses sont privées de ce meuble important pour elles.

« La Suisse n'a pas l'air pauvre, disais-je je ne sais plus auquel de mes hôtes. — Mais non ! me répondit-il : c'est que avec sa vache, son herbage plantureux, les bois qui l'entourent, un coin de terre planté de légumes, le paysan suisse a tout ce qu'il lui faut.

« J'ai pu me rendre compte aussi que la puissance du sentiment religieux est grande dans ces contrées ; certainement les offices du dimanche ont leur attrait pour le montagnard. Et enfin, plus que tout peut-être, en raison de la situation isolée de presque toutes les maisons, on doit trouver, on doit goûter en Suisse la vie de famille. »

Jusqu'à Amsteg, surtout le brouillard aidant, la contrée n'a rien de plus particulier que dans les autres parties de la Suisse. Mais c'est après ce village, si curieusement placé lui-même au pied de l'énorme Bristentock, que le paysage change tout entier, et prend un caractère nouveau. C'est l'aridité sauvage, grandiose, telle qu'on la peut voir parmi les sommets de montagnes entassées. La route monte, monte, contournant les flancs des pics, formant les lacets dont je parlerai tout à l'heure, longeant toujours le cours de la Reuss, mais passant tantôt à droite, tantôt à gauche, suivant qu'elle a trouvé d'un côté ou de l'autre plus de facilité, un terrain plus propice ou des pentes moins abruptes : et en vérité, je me suis plus d'une fois demandé, en voyant les montagnes se dresser devant moi, par où elle allait passer. Ce sont, dans une foule de cas, les détours les plus inattendus. Ce sont aussi les beautés sauvages les plus complètes. J'avais déjà fait bien du chemin ce jour-là, mais je déclare que je ne sentais guère ma fatigue ; et je plaindrais le touriste qui la sentirait, au moins quand il passe par là pour la première fois.

L'une des rampes les plus raides est celle aboutissant au village de Wasen. Je vois encore l'église perchée sur la hauteur ; je ne me doutais pas le moins du monde que j'allais passer près d'elle ; j'ai été bien surpris, une fois les lacets montés, de me trouver à son niveau.

Je lis dans mon « Guide » que la montagne dont j'ai ainsi escaladé les rampes, presque sans m'en apercevoir, porte le gracieux nom de Schluchenhügel. Ouf ! (1)

---

(1) Je retrouve une lettre écrite d'Hospenthal où sont consignés quelques détails sur les lacets qui peuvent prendre ici assez naturellement leur place.

Je puis prendre de Wasen l'occasion de signaler une particularité suisse, allemande devrais-je dire, concernant le latin. J'ai rencontré là un ecclésiastique, et je lui ai demandé, en latin, la distance jusqu'à Goschenen. Il m'a répondu, dans la même langue, qu'elle était de « une heure et

---

« ... Une particularité toute curieuse des routes suisses, ce sont les « lacets » ; c'est un ingénieur du chemin de fer du Saint-Gothard avec qui je me suis trouvé à déjeûner hier à la Furka qui m'a appris ce nom. J'ai passé vendredi mon premier *lacet*. Avant d'arriver à Wasen, un très-curieux village aux maisons toutes avec pignon sur rue, j'ai vu tout d'un coup que, cinq ou six cents pas faits, je n'étais pas plus avancé sur la ligne de l'horizon, mais j'avais seulement monté un peu. Par exemple, mettez votre main ouverte, le bout de vos doigts tout au sommet de votre tête : en supposant votre épaule le point de départ, et suivant le bras, vous arrivez au bout de vos doigts juste sur la même ligne perpendiculaire, mais vous avez changé de niveau.

« J'ai trouvé cette invention extrêmement ingénieuse... pour faire faire du chemin au pauvre piéton. Il a cependant la ressource de suivre des sentiers qui coupent tout droit, mais il y faut des jarrets d'écureuil, ou de montagnard suisse. Le lacet de Wasen était mon premier ; mais depuis, j'en ai passé plus d'un triple et quadruple. La Furka surtout est riche en ce genre de casse-cou, principalement sur le versant du Rhône ; je voyais hier la route s'étageant en replis onduleux sur la montagne, et repassant ainsi sept ou huit fois au-dessus et au-dessous d'elle-même. On a le temps, en la suivant, de voir et revoir le glacier. Cela passe encore de descendre ; mais quand il faut monter !!!

« La dénomination de lacets donnée à ces détours est elle-même un chef-d'œuvre d'ingéniosité ; car, en fait, les sinuosités des routes suisses rendent exactement l'effet des lacets d'une bottine, — quand la bottine est à lacets. Maintenant, on les fait, je crois, à boutons. Brisons sur ce détail de toilette. Moins expert là qu'en lacets suisses, je crains bien d'avoir fait quelque hérésie. »

demie ». Mais, dérouté à la fois par cette nouvelle manière de compter les kilomètres, et par la prononciation tudesque des syllabes latines, je l'ai fait répéter sa phrase, en lui expliquant que *je ne comprenais pas l'allemand*. Il a paru très-peu flatté, je dois le dire, que j'eusse pris son latin pour de l'allemand ; et je ne puis me dissimuler que je ne lui ai sans doute pas laissé l'impression d'avoir rencontré un français très-intelligent.

J'ai eu un peu de peine à me rendre compte des « heures » par lesquelles on évalue ainsi les distances. En fait, c'est le vrai moyen de se rapprocher le plus possible de la vérité ; car bien qu'une heure de marche puisse faire une différence pour les divers piétons suivant la souplesse plus ou moins grande de leurs jarrets, il y a cependant dans cette méthode moins de causes d'erreur que dans la mesure par mètres : parmi ces montagnes et avec ces routes grimpantes, un kilomètre, bien souvent, en vaut trois, sinon quatre. Il résulte de là que, dans les montagnes suisses, le compte, l'appréciation de la distance est double, variant pour les mêmes points réciproques de départ et d'arrivée selon que l'on a à monter la route ou à la descendre.

Goschenen était tout rempli d'ouvriers du chemin de fer. C'est là où commence le tunnel du Saint-Gothard, dont on apercevait la bouche noire et béante. Les rues du petit village regorgeaient de travailleurs au repos, les cabarets, d'hommes buvant ou jouant. Je croyais que cela tenait à la fin du mois, jour de paie. On m'a expliqué que c'étaient plus probablement deux escouades, sur les trois entre lesquelles sont divisés les mineurs, disposant des heures de loisir. Leurs figures, en tous cas, étaient en général peu avenantes ; et leur regard en me voyant passer n'exprimait ni la bienveillance ni la sympathie. Je plains les pauvres bons montagnards mélangés à ce monde suspect, soumis inévitablement à cette influence ; et je plains aussi... leurs curés.

CHAPITRE SIXIÈME

La vallée bruyante. — Un paradis relatif. — Pélion sur Ossa. — Dans la région des neiges éternelles. — Un bleu-vert qui ne me dit rien qui vaille. — Routes et chevaux suisses. — Brrrr !! — Ce qui pourrait couronner utilement les montagnes.

De Goschenen on passe bientôt dans la « vallée bruyante », célèbre par le bruit des eaux, d'où lui vient son nom, et par ses avalanches. On a garanti la route contre ces dernières, à l'endroit le plus exposé, par une galerie couverte, tunnel d'un nouveau genre, sous lequel passe le voyageur. Là est aussi le fameux Pont du Diable, dont la gravure est partout. Là, enfin, on franchit le « Trou d'Uri », percée également renommée faite à travers d'immenses rochers, mais qui, je l'avoue, ne m'a plus étonné ni frappé après les tunnels de la route de Brunnen.

Ce que je retrouve le mieux dans mon imagination, c'est l'aspect de la vallée d'Andermatt et d'Hospenthal, dans laquelle on débouche au sortir du « Trou ». Ah ! je ne dis pas que la verdure n'y est pas médiocre, décolorée et aux tons affaiblis ; mais on n'est plus habitué à la verdure quand on arrive là ; et on s'attend si peu à voir une étendue relativement fertile au sein de ces montagnes, que cela fait un peu l'effet d'un petit paradis.

C'est la première impression. Mais on ne tarde pas à en revenir ; et dans les deux jours et demi que je passai là, je trouvai bien lugubre, bien désolée, cette ceinture de hautes montagnes grisâtres, aux sommets neigeux, qui entoure, qui enserre ces villages, en quelque sorte les derniers villages du monde dans cette direction. C'est comme un autre monde, en effet, que l'on rencontre lorsqu'on est arrivé du côté opposé du Gothard.

« Hospenthal, 2 octobre 1880.

« Je viens de passer la nuit à Andermatt ; j'y ai dit la sainte Messe dans une église, comme celle d'Hospenthal, beaucoup plus belle, ou du moins plus ornée (mais sans goût, par exemple !) qu'on ne s'y attend en pénétrant dans cette vallée, à travers ces gorges sauvages. Cela me fait l'effet d'y être positivement au bout du monde. Maintenant, je viens de m'installer à Hospenthal pour y passer demain mon dimanche, et je vais, en attendant, consacrer ma journée à une excursion au glacier du Rhône. Il fait très-beau ; ce temps magnifique m'engage à profiter pour cette course de ce que je suis par ici. Je ne passerai le Saint-Gothard que lundi. C'est ici le dernier village, et l'hospice est, me dit-on, à deux lieues ; je suis donc tout au bord de la descente pour l'Italie. Je pense consacrer mon dimanche à écrire ; aujourd'hui je dois cesser vite, car il vaut mieux employer mon temps à circuler... »

J'ai « employé mon temps », en effet, et bien complètement, plus complètement même qu'il ne l'aurait fallu ; car la route est longue, d'Hospenthal au glacier, aller et retour !

J'ai aussi écrit le dimanche comme je me l'étais proposé ; mais je ne sais trop si je l'ai bien fait : j'étais si fatigué ! Et de plus, blessé ! C'est au retour, en descendant une montagne. Alors que le jour baissait déjà, j'ai eu la malencontreuse idée de prendre ce que j'ai déjà appelé, je crois, un sentier de chèvres, en vue d'abréger mon chemin. C'était très-bien au commencement, tant que j'ai vu clair. Mais je ne m'étais pas défié de cette disposition particulière aux pays de montagnes, par laquelle tout est obscurité dans le bas alors que la lumière subsiste encore en haut. Descendant en quelque sorte dans la nuit, avec toute la rapidité d'une pente à pic, j'eus bientôt perdu le sentier. Fort heureusement, j'avais comme points de repère les poteaux télégraphiques, et je les ai suivis tant bien que mal, sachant qu'ils me feraient assez promptement revenir à la route. Mais ces poteaux passent un peu partout ; et c'est de jour, sans nul doute, qu'on les a plantés ; moi, je faisais une course nocturne. Elle m'a valu plus d'une chute....

Si j'ai le plaisir, à coup sûr très-désiré, de retourner en Suisse, l'expérience me profitera. Et en tous cas, je ne conseillerai jamais aux voyageurs de quitter la route quand la nuit est proche.

Mon hôte, du reste, je veux dire le maître de l'hôtel où je m'étais installé, ne parut pas surpris le moins du monde d'apprendre ma mésaventure : les misères de ce genre sont sans doute un fait commun et normal en Suisse.

« Je suivis le lendemain clopin-clopant les offices de l'église d'Hospenthal, et dans les intervalles j'écrivis ce qu'on va lire, tout en me reposant de mon mieux.

« .... C'est aujourd'hui dimanche, jour du Saint-Rosaire. C'est pour cela que je puis écrire ; car les autres jours c'est bien difficile, quand ce n'est pas impossible. Je rentre des vêpres, qui finissent ici avant l'heure où nous commençons les nôtres ; il en est de même de la grand'messe.

« Vous me demandez : Mais où êtes-vous donc ? Je suis à Hospenthal, pas précisément encore dans la région des neiges éternelles ; mais du moins, on les voit d'ici, si l'on n'y est pas tout à fait. Au reste, je suis allé hier dans la région des neiges éternelles. Arrivé ici hier matin, j'y ai établi mes pénates, car c'est au sortir du village que prend la route du Saint-Gothard, route de l'Italie. Mais pendant que la route du Saint-Gothard se dirige à gauche, il y en a une autre, inclinant vers la droite, laquelle mène au glacier du Rhône. C'est cette dernière que je voulais suivre, faisant au glacier une excursion d'un jour, car il ne faut pas moins. J'ai vu un peu de tout ce qui se voit en Suisse ; il me manquait cela ; et j'aurais, hier matin, pris la route du Gothard (comme on dit par ici) avec regret.

« Temps splendide. Il fait froid dans ce pays, et il y avait une gelée blanche hier matin ; mais malgré cela, pendant mon excursion, l'absence de tout nuage n'a pas tardé à rendre les rayons du soleil fort peu agréables, d'autant moins agréables qu'on marche, dans cette contrée, toujours encaissé entre deux murs de montagnes.

« Elles sont drôles, ces montagnes ! Plus on monte, plus on en trouve ; et aussi plus on se trouve enfoui constamment au fond d'une vallée. « Au fond » n'est peut-être pas le mot propre : les routes suisses, au contraire, surtout dans cette partie exclusivement montagneuse, ont plutôt pour habitude de serpenter sur les flancs des pics plus ou moins abrupts. Il en résulte que, tantôt à votre droite, tantôt à votre gauche, vous avez d'un côté une montagne qui s'élève en vous bornant à l'horizon comme si vous étiez dans un puits ; et de l'autre côté, une vallée profonde de quelques centaines de mètres, du fond de laquelle un torrent vous envoie le bruit de ses eaux mugissantes. Et sur le bord opposé de la vallée c'est.. encore une montagne pareille à son vis-à-vis. Tous les cinquante pas, vous voyez, soit sur la montagne où vous êtes, soit sur celle qui lui fait pendant, des crevasses plus ou moins noires, plus ou moins larges aussi, ouvertes le long des pentes sans fin, et desquelles descend avec fracas (on n'entend que des fracas d'*eau* par ici) un ruisselet quelconque. Ce ruisselet, c'est le résultat de la fonte de la neige qui couronne les sommets. A l'heure qu'il est, par une saison sèche, les ruisseaux sont relativement maigres.

Au renouveau, quand la neige est partout et fond de toutes parts, ce doit être effrayant.

« Je vous disais que je suis allé hier dans la région des neiges. A un certain moment, en effet, j'étais, d'après la carte, à 2.416 mètres plus haut que vous. Ce chiffre de mètres, qui compterait à peine en longueur, produit, en hauteur, des effets de refroidissement considérables. Là, il reste de nombreux tas de neige. Même sur la route, il s'en trouve encore une bordure.

« En véritable enfant, je suis allé au premier amas de neige que j'ai enfin aperçu sur mon chemin ; j'ai pris un morceau de sucre dont ma poche est souvent fournie, et je l'ai trempé dans cette neige. C'était rafraîchissant, sans nul doute, mais d'un froid !

« Songez donc que cette neige a peut-être six mille ans ! Elle ne fond jamais complètement. Dans quelques jours, il en viendra de nouvelle s'ajouter au vieux tas ; et ainsi, ce petit monceau demeuré là au bord de la route, il date peut-être des premiers jours de la création.

« Qant au glacier, vous le croyez sans doute fait de glace : il est fait de neige. Dans un vallon de moyenne grandeur, d'une profondeur que l'œil ne peut apprécier, parce que le vallon est tout rempli, la neige s'est accumulée depuis des siècles, depuis des milliers d'années. Il y en a large ; et il y en a épais, on le voit à certaines crevasses. La neige fond sans cesse ; et c'est de cette opération chimique, lente et continue, que naît le Rhône.

Il est, comme tous les fleuves, et comme toute chose dans le monde terrestre, petit à sa naissance ; mais il est dès l'abord impétueux et grondeur : il gronde non seulement une fois sorti du glacier, mais sous le glacier même, et l'on entend son bruit. Le glacier est en pente, cela va sans dire ; il semble qu'il n'y ait ici, pour ainsi dire, pas un endroit qui ne penche dans un sens ou dans un autre.

« Il paraît que des esprits aventureux se hasardent sur le glacier, et je n'ai pas de peine à le croire, car cette neige évidemment est assez dure pour qu'on marche dessus. Vous pouvez bien penser que je n'ai pas eu cette témérité : je n'aime ni pour moi, ni pour les autres, les imprudences inutiles, celles du moins qui sont d'avance connues pour telles. Il y a d'ailleurs dans le glacier de nombreuses crevasses dont je me défie. Elles sont fort jolies à voir, d'une belle couleur bleu-vert ; mais... je ne les aime pas ; et si je les ai vues, je préfère que ce n'ait été que de loin...

« C'est donc prudemment, à la façon du vieux rat de la Fontaine, que j'ai contemplé mon glacier. Puis, ma curiosité satisfaite, et aussi cette œuvre de Dieu, si nouvelle pour moi, bien admirée, j'ai repris ma route, et suis revenu vers mon cher Saint-Gothard, vers ma brillante Italie.

« Mais je ne suis pas encore en Italie. Et, en attendant même de faire de nouveaux pas vers elle, je frissonne, je l'avoue, et grelotte un peu. Savez-vous ce qui vient de m'être dit, pendant mon repas, par la fille de service ? Primo, que l'année dernière, à cette date du 3 octobre, il y avait ici de la neige, de la nouvelle, s'entend. Secondo, que nous en aurons pour demain matin : voilà qui me dérangerait pas mal dans mon projet de passer le Saint-Gothard à pied. Il est vrai que la neige, ici, cela donne bien la couleur locale. Je demande combien dure l'hiver ; la réponse est que l'an dernier la première neige étant venue le 26 septembre, on en a eu tout le temps jusqu'en mai. Brrrr !

« L'hôtelier, de son côté, me déclare qu'il a neigé aujourd'hui à la Furka, c'est-à-dire au glacier du Rhône, là où j'étais hier. Mes « neiges éternelles » n'ont pas tardé à se trouver rejointes par d'autres. Il est certain que j'ai eu très-froid aujourd'hui, tout en écrivant. Il ne pleut pas précisément, mais il tombe un brouillard que je trouve glacial. On me donne une chaufferette, une double couverture, etc, Oh ! les régions hyperboréennes !

« 3° On me raconte qu'il y a huit jours, une voiture de la poste, comme on dit ici, une diligence au service du Gouvernement, a dégringolé hors de la route en descendant le Gothard. Heureusement, c'était tout près du village, et par conséquent alors que la route est plus rapprochée du fond de la vallée. La voiture, les chevaux, les huit ou dix voyageurs ont fait deux tours sur eux-mêmes ; il n'y a eu personne de tué, mais bien tous plus ou moins blessés. Le plus malade, resté depuis à Andermatt, a dû en partir aujourd'hui. C'est très-bien ; mais si pareille chose arrivait à certains endroits des routes suisses que je connais, il y aurait de quoi tourner non pas deux fois, mais deux cents fois sur soi-même dans toute sa hauteur, pour aller finalement piquer une tête, en supposant qu'on en ait gardé une, dans la rivière du fond.

« Voilà qui me refroidit singulièrement pour les « Postes » suisses. Les bucéphales indigènes trottent grand trot sur ces routes, avec une montagne d'un côté et un abîme de l'autre. Ils ont du mérite, et leurs conducteurs aussi, car vous voyez d'où vous êtes l'effet du moindre écart. Il y a des bornes plantées tous les quatre ou cinq mètres le long du précipice; et c'est tout. Je croyais, en vérité, à voir la libre allure des chevaux et l'air aisé des cochers, qu'il n'arrivait jamais d'accidents parmi ces montagnes. Décidément, j'aime mieux aller à pied.

« J'avais pourtant eu hier une grande envie de faire l'essai d'une voiture. Non pas à l'aller, qui était tout en montant; car dans ce pays, la première chose à constater avant de retenir votre place dans un véhicule, c'est si votre chemin monte ou descend; s'il monte, ce n'est pas la peine de vous priver du plaisir de la marche : vous irez tout aussi vite avec vos propres moyens de locomotion, aimable présent de la mère nature. C'est au retour que j'aurais aimé à me procurer, comment dirai-je? non pas peut-être la jouissance, mais la sensation du moins de descendre ainsi emporté. J'ai pris la poste, c'est vrai, d'Einsiedeln à Schwitz; mais ce n'est pas comparable comme pentes. Je n'ai pas réussi dans mon dessein, je n'ai pu avoir de voiture.

« Puisque j'en suis sur les routes suisses, dirai-je,

pour achever ce que j'ai à en dire et en compléter la peinture, qu'elles sont poussiéreuses ? Établies sur la pierre, faites et entretenues de pierre, vous pouvez penser si elles ne sont pas véritablement comme saupoudrées de cendre. Par conséquent, quand il pleut, elles sont toute boue ; leur pente si rapide même ne suffit pas à empêcher ce résultat. J'ai vu cela les deux premiers jours de mon arrivée en Suisse : il avait plu à torrents auparavant, tout était boue partout.

« Autre particularité plus caractéristique : ce sont les tunnels. Oui, comme pour les chemins de fer ! Que voulez-vous ? Quand les Suisses ont établi leurs moyens de communication, il leur est arrivé de se voir avec la rivière d'un côté et la montagne en face. Abattre la montagne leur a paru difficile ; ils ont préféré la percer. Ainsi donc, on rencontre çà et là des passages où le voyageur est forcément à l'abri de la pluie. Cela a son avantage ; mais, pour mon compte, je préférerais y voir clair. Et puis, à vrai dire, on n'y est pas toujours si entièrement à l'abri ; car il y a plusieurs de ces tunnels à travers la voûte desquels l'eau suinte assez abondamment. Nouveau genre de pluie qui m'a étonné, je l'avoue, mais ne m'en a pas été plus agréable pour cela.

« Enfin, je pars donc demain pour le Saint-Gothard ; c'est deux heures et demie, me dit-on, d'ici-là. Au Saint Gothard, point culminant, déjeûner ; ensuite, une heure à peu près pour Airolo : ce n'est pas une affaire. Mais je ne sais pas à Airolo ce que je ferai.

« Chose curieuse, et véritablement étonnante à qui est sur place, j'ai pu jusqu'à présent suivre de point en point mon itinéraire tracé de chez moi ! J'ai pourtant passé des endroits difficiles, et avec une difficulté de plus sur laquelle, faute d'attention, sans nul doute, je n'avais pas compté, celle de la différence de langue.

« De ce côté, du moins pour aller au glacier du Rhône, la difficulté c'est la solitude. Après Hospenthal, on traverse vite le hameau de Realp; puis, jusqu'à ce qu'on soit *descendu* dans la vallée du Rhône, il n'y a plus de village. Rien qu'une auberge à deux ou trois lieues, où j'ai déjeûné ; et, aux environs du glacier, un hôtel ouvert pour la saison des touristes, mais qui ferme demain. Pourtant, on n'est pas sans éprouver quelque plaisir à voir toujours les poteaux et les fils télégraphiques ; ils vous font un peu l'effet de compagnons dans ce désert ; ils vous disent que la civilisation vous suit jusque sur ces cimes en apparence infranchissables.

« On rencontre çà et là un voyageur pédestre, ou des paysans suisses recueillant à grand'peine une maigre moisson d'herbe. C'est la pitance de leurs vaches ou de leurs chèvres. Les animaux laitiers sont par ici d'une abondance remarquable. Quand on traverse une prairie (si le nom peut être appliqué à cette hauteur, et il le peut), et que l'on compare le nombre de vaches grisâtres, souvent petites, aux oreilles larges remplies de poils blancs qu'elles tournent avec indolence vers le passant, aux immenses cornes, sans oublier les énormes clochettes qu'elles portent au cou et qui remplissent la vallée de leurs sons argentins : quand on les compare, dis-je, avec le petit groupe de maisonnettes, on se dit que le lait ne doit pas manquer dans ce pays. Je n'en ai jamais fait, pour ma part, une si grande consommation. Un peu d'herbe est d'ailleurs tout ce qu'il pousse dans ces déserts, il y a longtemps que j'ai dépassé la région des sapins. Oh ! si ce sont des pays à voir, je ne peux pas trouver qu'ils soient agréables à habiter ! Brrrr ! encore une fois. Non ! je ne regretterai pas demain de me sauver vers des régions plus joyeuses !

« Pourtant, les bons habitants d'Hospenthal n'ont pas l'air malheureux. A tous les cœurs bien nés, la patrie n'est-elle pas chère ? Et ces pays, tristes comme ils sont, ont tant de caractère, que je comprends très-bien comment le montagnard, transplanté dans nos plaines, ne peut supporter d'y vivre. Il lui manque sa neige, et ses torrents, et ses grands sommets, et ses pentes abruptes, et ses troupeaux, vaches ou chèvres, pendant aux montagnes, et toute cette grande nature dont son cœur écoute instinctivement le langage !

« C'est cette nature, sans doute, qui donne au Suisse le sentiment religieux. On a ici ce sentiment : le prêtre y est beaucoup salué, les offices suivis.

« Mais en étant hier dans la partie si sauvage du glacier et de ses abords, je regrettais que rien, là, ne rappelât la religion de Jésus. J'aurais aimé à apercevoir quelque part, ou au sommet d'un pic, ou même sur le bord de la route, un Calvaire, ou une image de la sainte Vierge. Il n'y en a pas. Et pourtant, puisqu'un spéculateur a bien pu bâtir un assez bel hôtel, la foi, à coup sûr, pourrait manifester par quelque signe que Jésus-Christ règne en ces lieux.

« Pour moi, j'ai du moins élevé mon cœur plus haut encore que ces sommets sourcilleux, et j'ai fait, dans mon admiration, dans mon amour, monter ma pensée jusqu'au Dieu auteur de toutes ces merveilles. *Laudate Dominum in excelsis!* Louez le Seigneur du haut du ciel, louez-le dans les lieux élevés !

« Et aussi, en voyant ces eaux qui coulaient vers la France, ah ! n'aurais-je pas eu un souvenir pour la patrie bien-aimée ? Mon pays m'est cher comme au Suisse le sien. Porte, ô Rhône, ô beau fleuve plein de force, à travers les déserts, les cités, les vallées fertiles, les rocs infranchissables, les abîmes de toute sorte, parmi les tourmentes de l'hiver et les ardeurs de l'été brûlant, porte à la France le témoignage de l'amour de l'un de ses enfants ! »

CHAPITRE SEPTIÈME

Des poissons fort élevés. — La prononciation allemande. — Un regret. — Comme en Italie. — Reuss et Tessin : un point géographique éclairci. — Syllabes italiennes. — Encore les lacets. — Ce que Dieu garde est bien gardé. — Dernières remarques.

Je ne sais si je me suis trompé : il m'a paru qu'il y a partout, en Suisse, des bureaux de poste. Ils m'ont semblés établis économiquement, la personne chargée de l'emploi cumulant souvent un autre métier avec celui-là. Il y a un bureau de poste au Saint-Gothard, à l'hôtel même où je déjeûnais. J'y ai fait expédier la lettre suivante :

« Saint-Gothard, lundi 4 octobre.

« Mes chers Parents, me voici au Saint-Gothard : c'est-à-dire qu'après avoir toujours monté depuis que je vous ai quittés, maintenant je vais descendre. Je ne me suis pas trop mal tiré d'affaire aujourd'hui pour grimper à cette montagne. Juste en sortant d'Hospenthal, j'ai vu une voiture de roulier, chargée de sacs, et montant avec six chevaux. J'ai attaché mon sac à la voiture ; et ainsi, j'ai eu cela de moins à porter tout en gravissant l'énorme et longue côte. Nous avons marché de la sorte deux heures et demie, très-lentement. Au commencement, je m'étais aussi déchargé de mon pardessus ; mais peu à peu nous arrivions dans la région des brouillards ; on sentait à certains tournants de la montagne un vent peu agréable : je n'ai pas tardé à me trouver heureux de le reprendre.

« Ici, c'est donc tout en haut. Mais, pour aujourd'hui, on n'y voit rien, c'est aussi tout en brouillard. C'est à peine si je puis me rendre compte qu'il y a de l'eau de tous les côtés. Et il faut croire que dans cette eau il y a du poisson, car tout à l'heure, comme je commandais mon dîner à l'hôtel de la Poste, d'où je vous écris, on m'a proposé de la truite. Je l'ai acceptée pour la curiosité du fait, et vous saurez désormais que, si haut perché que l'on soit ici, ce n'est pourtant pas une raison pour que le poisson y fasse défaut.

« Cette fois, je vais descendre vraiment sur le chemin de l'Italie. Le premier village, pour lequel il n'y a, me dit-on, qu'une heure de marche, est Airolo. C'est déjà un nom italien, et ce n'est plus comme leurs affreux noms allemands, « Hospnthal », par exemple, que je n'arrive pas à prononcer comme eux. Je suis très-content de mon passage en Suisse. Je n'ai rien manqué de ce que je m'étais proposé d'y voir, et j'ai toujours suivi le chemin que j'avais étudié d'avance. Je me porte bien ; soyez tranquilles. Je mange et dors bien, et même je dors encore mieux que je ne mange. Quand je suis fatigué, quelquefois, je dors si profondément, n'importe où, que cela me repose.

« Je verrai mon chemin en descendant, mais je crois que je vais aller un peu plus vite jusqu'à Milan. On m'avait dit hier que nous aurions de la neige aujourd'hui ; mais on se trompe partout : il n'en est pas tombé un flocon. L'an dernier, elle avait commencé le 26 septembre. Évidemment, je suis favorisé par le temps. Je crois qu'il n'est pas arrivé à beaucoup de monde de circuler quinze jours en Suisse dans cette saison sans y ouvrir son parapluie....

« Enfin, je fais mes adieux à la Suisse bien que j'en aie encore un peu à traverser. J'y ai été un peu partout, dans les hôtels, chez des religieux, chez des curés ou des vicaires ; et je pense que je la connais bien. Je ne suis pas toujours à pied, bien entendu ; j'ai pris la diligence et les bateaux à vapeur : il faut voir un peu de tout... Je ne sais rien du tout de ce qui se passe : j'ai lu vendredi un ou deux journaux anglais, mais ils étaient vieux. En somme, on est par ici comme séparé du monde.

« ... Tout en vous écrivant, j'ai déjeûné : une soupe à laquelle j'ai fait peu d'honneur ; un morceau de truite si bon que je l'ai mangé sans avoir faim, car il est encore un peu tôt pour le repas ; et un plat de rostbeef avec des pommes de terre frites. Vous voyez que ce n'est pas mal. Jamais aussi je n'ai bu tant de vin : on ne connaît pas autre chose en Suisse. »

Du haut du Saint-Gothard, je faisais mes adieux à la Suisse ; il m'en restait pourtant encore un canton à traverser tout entier ; mais néanmoins je n'avais pas tort en un sens, car ce n'est pas voyager en Suisse, dans ce pays tout livré aux splendeurs de la nature, que d'y passer, comme je devais le faire d'Airolo à Locarno, emboîté dans une diligence ou un wagon. En revenant à mon « Guide », je constate la vérité d'une impression éprouvée en ce trajet. Sans m'y attendre, je l'avoue, j'ai trouvé, autant qu'on peut voir ces choses en voiture, la vallée du Tessin magnifique par endroits. Joanne la donne comme offrant à l'admiration du voyageur « les plus belles gorges de toute la Suisse ». Au Saint-Gothard, je n'avais point de regret ; depuis le Saint-Gothard, j'en ai conservé un, le regret d'avoir descendu le Tessin en voiture, ce à quoi m'a déterminé une pluie battante qui vraiment rendait la route impraticable aux piétons.

Mais, au reste, si la nature est encore belle dans ce canton tout italien, c'est déjà... comme en Italie : je veux dire que ce qui y vient des hommes et est à leur usage m'a semblé laisser à désirer. Il n'y a plus là les coquettes maisons suisses, de la Suisse allemande ou française ; les quelques villages que la diligence a traversés rapidement m'ont paru malpropres ; les maisons, dont beaucoup sont faites de troncs d'arbres entassés les uns au-dessus des autres et sans aucun ornement surajouté, ont l'air pauvre.

La lettre suivante a été écrite quand j'étais déjà en Italie, dans le but d'utiliser la fraîcheur encore subsistante de mes souvenirs, soit pour achever mes récits en les conduisant jusqu'à la terminaison du voyage, soit pour les compléter en exprimant diverses idées et impressions passées plus ou moins sous silence jusqu'à présent.

« . . . .
. . . Je reviens en Suisse. Ah ! le cher pays ! on y parle allemand ; mais j'y ai rencontré bien des braves gens, de bons cœurs. Et puis..., on y est propre, et les cousins et les puces ne vous dévorent pas. A Venise, je suis sûr qu'on attrape des puces à chaque dalle du pavé des églises sur laquelle on s'agenouille, à chaque femme aux vêtements flasques, à chaque homme aux coudes et aux genoux percés que l'on heurte forcément dans leurs étroits couloirs décorés du nom de rues. En somme, jusqu'à présent, si je trouve l'Italie plus brillante, la Suisse a davantage mes sympathies (1).

« Donc, revenons en Suisse. Mais je ne sais plus trop où j'en étais resté. Le plus simple, comme le plus sûr, est peut-être d'aller à reculons, par conséquent de remonter aujourd'hui par l'imagination cette vallée du Tessin que j'ai descendue si rapidement, d'un train « de poste », c'est le cas de le dire. J'avais dû, en effet, prendre la poste à Airolo, le premier village situé au pied du Saint-Gothard, versant sud. Oh ! cette modification à

---

(1) Après dix années et plus, je persiste, et même toujours davantage, dans cette appréciation. Volontiers, je dis encore maintenant (1893) : L'Italie est bien belle, mais la Suisse est meilleure.

mes habitudes est une nécessité à laquelle je me suis résigné difficilement! Puis, je crois que c'était vraiment dommage; car autant que j'ai pu m'en rendre compte, ces gorges du Tessin sont de toute beauté. J'aimerais à les remonter (il me semble que ce doit être mieux encore que de les descendre) un jour de printemps, vers la fin de mai, quand tout à la fois les avalanches ne sont plus à craindre et la nature s'étale dans sa splendeur.

« J'avais avec moi dans la voiture des compagnons, de simples paysans; il y avait des moments où ces aspects sublimes, pleins de grandeur, de sévérité, de haute et terrible majesté, leur arrachaient des cris d'admiration! Ce sont des cascades toutes blanches; c'est le Tessin qui mugit et se précipite furieusement au travers des rochers; ce sont, à droite et à gauche, de hautes montagnes à pic, quelquefois nues, plus souvent couvertes de sapins. Il y a des endroits où la route a dû se frayer un passage à travers le bas de la montagne; d'autres fois, elle est creusée de telle façon que le bord du rocher surplombe au-dessus d'elle, et lui forme un toit ouvert tout d'un côté. Puis, çà et là, la vallée s'élargit plus ou moins; et alors il y a un village, des cultures, surtout la vigne. On voit que l'on est sur le versant plus chaud de la chaîne montagneuse.

« C'est pour cela que le Tessin court dans un sens, suivant la pente du massif rocheux, alors que la Reuss, elle, se précipite dans l'autre sens, le long de la pente opposée. Jamais je n'avais si bien compris ce que, dans tes géographies, on appelle ligne de partage des eaux. Sur le Gothard, la ligne est toute mince ; il n'y a que bien peu de mètres entre l'endroit où l'on quitte la Reuss et celui où l'on trouve un affluent du Tessin, l'un et l'autre se tournant pour ainsi dire le dos, mais l'un et l'autre sauvages, impétueux, grandioses !

« J'eusse vraiment perdu à descendre cette magnifique vallée du Tessin le soir, comme peu s'en est fallu. J'étais allé chez M. le curé, pour lui demander des renseignements sur les heures de la poste, etc. Sans que je lui adressasse l'ombre d'une supplique, ni en eusse conçu aucun désir, avec l'amabilité la plus grande, il m'offrit un gîte pour la nuit. Il se rendit compte, je crois, du plaisir que j'aurais à voyager plutôt de jour, et n'était pas sans fierté pour son pays des beautés qui s'offriraient à ma vue sous la lumière du soleil. La journée était encore peu avancée, il n'était guère que deux ou trois heures ; mais l'offre était faite si cordialement, que j'acceptai.

« C'est là où j'ai entendu pour la première fois les accents italiens. Ce n'était pas sans plaisir, car j'étais, je l'avoue, fatigué de l'allemand. Mets le « Si ! si ! » qui vint frapper mes oreilles (notre oui français), en réponse à une question provoquée par mon arrivée, à la place du « Ia ! ia ! » allemand, et tu comprendras cela. C'est un changement à vue et qui ne laisse pas de frapper vivement le voyageur, que cette différence de langue : le dur allemand au nord du Gothard (1), le

---

(1) Je signale ainsi le « dur » allemand, parce que c'est l'impression qu'il a toujours faite à mes oreilles. Mais la vérité m'oblige à noter comme correctif l'opinion d'un savant suisse,

sonore et doux italien au sud; toutes consonnes et aspirations gutturales à neuf heures du matin, toutes voyelles et sons coulants à deux heures de l'après-midi.

« On n'est pas mal dans les voitures de la poste suisse; et surtout l'on y va un train d'enfer (nous descendions toujours, pendant quatre ou cinq lieues). Je ne dis pas cela pour te les recommander à ton prochain voyage; car tu ne feras pas le voyage demain, et elles n'existeront plus alors, sur ce trajet. Je puis dire que je les ai vues et utilisées à leur dernière heure, en même temps que j'ai assisté, pour ainsi dire, à la naissance de ce chemin de fer, vrai travail de géants, qui doit les supprimer.

« Travail de géants, dis-je! Il n'y a plus de géants; mais les ingénieurs du Gothard ont suppléé à la force individuelle par le nombre; c'est pourquoi ils échelonnent tant de travailleurs sur cette route. Et si le tunnel percé à travers la montagne est considérable, les travaux d'art qui y conduisent, qui le préparent (car tu penses bien que la montagne est loin d'être perforée à sa base), ne sont peut-être pas moins dignes d'attention. Le tunnel va de Goschenen à Airolo; mais soit pour arriver à Airolo par le Tessin, soit pour atteindre Goschenen par la Reuss, il y a à monter, monter, et monter encore. Ce sont donc des tunnels de moindre importance, des ponts gigantesques, des viaducs

---

qui me disait, à Lucerne, que l'allemand, dans la bouche des habitants des bonnes provinces, rivalise de douceur et d'harmonie avec notre français.

audacieux, des terrasses jetées aux flancs de la montagne; ce sont même des « lacets. » Oui des lacets ! Le chemin de fer en fait comme les routes de la poste elles-mêmes. Je ne m'expliquais pas, aux environs de Wasen, comment et pourquoi je voyais deux chemins de fer superposés, l'un à une hauteur déjà raisonnable, et l'autre encore plus aérien. Mon compagnon de déjeûner à la Furka, l'ingénieur, m'a expliqué que c'était là un lacet que le chemin de fer fait comme un simple sentier ; lacet à grande courbe, sans doute, mais qui, comme tous les lacets du monde, a pour résultat, après une course plus ou moins longue, de mettre le voyageur au même point comme distance, seulement un peu plus haut. La même chose se représente deux fois dans la descente du Tessin.

« A propos de lacets, il faut que je te dise que je leur ai découvert, dans cette partie de mon voyage, faite en poste, un avantage que je ne leur soupçonnais pas : jusqu'à présent je ne leur connaissais que celui d'exercer la patience du pauvre piéton. D'abord tu sauras que la Poste suisse, sur cette route du Gothard extrêmement fréquentée, se compose à peu près toujours de plusieurs voitures, au moins trois ou quatre. J'étais dans la première, les autres suivant à quelques mètres de distance. Quand on est au bas d'un lacet franchi au grand trot de quatre ou cinq chevaux, on voit de côté sur le chemin qu'on vient de parcourir, toujours, comme je l'ai dit, un peu plus haut, la voiture qui vous suit, et qui descend à son tour la première partie du lacet. Au tournant brusque de celui-ci, le cocher tient d'une main les rênes de ses coursiers, de l'autre, il serre la manivelle du frein. Les chevaux vont ainsi, en tournant, à peu près seuls, je veux dire livrés à eux-mêmes ; la voiture se porte alternativement de droite à gauche et de gauche à droite avec une grande rapidité ; on réfléchit que cette façon vraiment fantastique dont s'avancent les voyageurs qui vous suivent est celle dont vous dégringolez vous-même sur la pente casse-cou ; cela vous produit une sensation extrêmement agréable.

« Cependant, il faut dire vrai, l'adresse des cochers est si grande, et surtout (bienfait de la Providence qui demeure peut-être trop peu apprécié) le pied de ces chevaux de montagne est si sûr, que les accidents sont très-rares. Il a failli en arriver un avec le véhicule qui montait le Saint-Gothard en même temps que moi. Le chariot et ses six chevaux se sont croisés, à l'un de ces courts tournants, avec la Poste qui descendait dans toute l'impétuosité de son ordinaire allure. Le conducteur du chariot n'était pas sur ses gardes ; il n'a eu que bien juste, dans sa surprise, le temps d'arrêter son équipage. Et j'ai vu les cochers de la Poste, tout émus, regarder en arrière, une fois passés, pour se rendre compte de l'étroit espace qui avait été laissé à leur diligence. Il s'en était fallu de bien peu qu'ils n'eussent été jetés au fond du torrent, dans la gorge entaillée de combien de centaines de mètres ? Tout est bien qui finit bien.

« Après tout, en poste, en chemin de fer, en voiture ordinaire, et même, sur nos deux pieds tranquillement, ou, ce qui est plus fort encore, étendus dans notre lit, ne sommes-nous pas toujours livrés à cette Providence que je nommais tout à l'heure, sans laquelle rien n'arrive ? Ce que Dieu garde est bien gardé. Et le jour où il plaira à sa Sagesse de ne plus « garder », eh bien ! c'est qu'alors ce sera le mieux ainsi, et il n'y aura qu'à s'incliner ».

En terminant ces notes hâtives sur la Suisse, il reste peut-être deux ou trois points que je pourrais signaler.

Sans avoir vu nulle part, sinon peut-être à Soleure, de costumes très-frappants, je puis noter l'absence fréquente, presque universelle, de toute coiffure. A Hospenthal, notamment, à peu près toutes les fillettes ou jeunes filles étaient à l'église en cheveux. Économie de chapeaux ; en avoir un, ou même un simple bonnet, doit être en ce pays le comble de l'élégance (1).

Puis, pour terminer sur la note pieuse, je marquerai ici le souvenir de l'édification rencontrée

---

(1) Cette impression recueillie en passant ne serait pas, en tous cas, applicable partout. De Porrentruy, notamment, dans un second voyage, l'auteur, ayant assisté aux messes du dimanche, pouvait écrire ces lignes :

« Je trouve que la parure joue ici un grand rôle : j'ai été frappé de voir, du fond de l'église, le nombre d'élégantes que contenait le lieu saint. Et dans les rues de la ville, j'ai rencontré deux fois une jeune fille de seize à dix-huit printemps, passant pimpante dans toute la gloire de ses rubans bleus. On n'en voit pas autant dans les rues de Paris. J'aime à croire que c'est là, dans ce pays qui me paraît excellent, le naturel effet de la simplicité des mœurs ; et je le souhaite.

un peu partout sur mon passage, aux pays catholiques. Il me semble entendre encore les syllabes allemandes du chapelet récité chaque soir dans les églises, tout haut, par des hommes, femmes, enfants. J'aime tant ces prières faites tout haut, en commun, par le peuple! Quand les enfants du peuple réunissent toutes leurs voix pour les fondre dans une commune louange, ils sont absolument, entièrement dans leur rôle et à leur place. *Ex ore infantium et lactentium* ; c'est la bouche des ignorants et celle des enfants qui rend gloire au Dieu créateur.

A Hospenthal, les vêpres ont été chantées par une confrérie d'hommes, une bonne trentaine en tout ; ils avaient un costume particulier, costume d'ouvriers, à vrai dire. Les vêpres se sont terminées par une procession du Saint-Sacrement autour de l'église : les confrères ou portaient le dais, ou tenaient des cierges ; les femmes suivaient trois par trois, récitant à mi-voix leur chapelet.

Gloire à Dieu ! comme disait Amélie Balsamo. Jésus soit béni !

FIN DE LA SUISSE

Deuxième Partie

L'ITALIE

En chemin pour Rome

CHAPITRE HUITIÈME

Lago maggiore.

En terminant mes récits de Suisse, j'aurais dû, ce semble, dire un mot de Bellinzona. Si je ne l'ai pas fait, c'est sans doute parce qu'on est là véritablement comme en Italie. La place, avec les portiques qui l'encadrent, est bien italienne, quoique les immenses troupeaux de bœufs ou vaches qui la traversent par intervalles soient encore tout suisses. Je me demande s'il y a lieu de mentionner les deux ou trois vieux châteaux qui dominent la ville comme autant d'aires d'aigles.

Je me suis trouvé en panne à Bellinzona je ne sais trop comment, et j'ai, en attendant un train, donné à cette ville, outre une nuit passée à l'hôtel de la Poste (j'aime toujours à m'abriter de préférence dans ces antiques maisons, toutes détrônées qu'elles soient maintenant par les chemins de fer), une somme d'heures que certainement elle ne mérite pas. J'avais voulu aller à pied à Locarno : j'eusse pu faire ce trajet dans mon après-midi ; mais je n'ai pas su me démêler dans le baragouinage italien des gens à qui j'ai demandé mon chemin. En plaine, avec une carte et un peu de coup d'œil, on se tire toujours d'affaire ; mais le difficile est de s'orienter dans le dédale des rues d'une agglomération quelconque de maisons.

C'est par le chemin de fer que je me rendis à Locarno, le 6 octobre, dès le matin : je voulais aller dire la sainte Messe à la « Madonna del Sasso », Notre-Dame du Rocher, avant de m'embarquer sur le Lac Majeur. C'est bien une Notre-Dame du Rocher que l'on vénère là ; car elle est installée haut, et sur une montagne conique, véritable rocher qui s'isole parmi quantité d'autres pics encore plus élevés que lui. De loin, on découvre l'église, précédée de sortes de petits oratoires qui s'étagent aux flancs de la montagne, et que j'avais pris tout d'abord pour des stations de chemin de croix. En me parlant de l'église, un prêtre à qui j'avais demandé mon chemin me disait : « Piccola, mà bellissima ! » Je ne l'ai pas trouvée si petite ; et quant à la beauté, cela m'a fait l'effet d'être un peu trop clinquant : je n'étais pas encore habitué aux peinturlurages italiens.

Je suis heureux, encore maintenant, d'avoir ainsi quitté la Suisse sous la protection de Marie. C'est le meilleur souvenir du départ, car il se faisait sous une pluie battante qui rendait très-peu agréable l'embarquement à découvert dans le vapeur.

Je dirai peu de chose du Lac Majeur. Je n'ai pas été favorisé sur les lacs ; car, naturellement, cette grande pluie empêchait de rien voir, comme un brouillard d'autre genre. Il n'y a que le lac de Côme, d'ailleurs le plus beau, à ce qu'on dit, dont il m'ait été donné de bien jouir. Au surplus, j'aime assez peu ces traversées de lacs, bien que j'en comprenne les charmes pour les dames et les voyageurs peu ingambes. Je préfère incomparablement les excursions pédestres.

L'étude que j'avais faite d'avance de cette traversée ne m'avait donné aucun désir de visiter l'*Isola-Bella*, ni ses voisines et semblables. Un rocher recouvert de terre végétale apportée à grands frais, et sur lequel poussent ainsi les myrtes et les orangers de ce climat béni du ciel, c'est si l'on veut, une merveille, tour de force, qui peut être d'ailleurs fort intelligent, accompli par la richesse ; mais merveille qui ne m'attirait en rien. Je ne partageais point la curiosité pas mal naïve des touristes qui sont descendus là, et qui regardaient, en vérité, comme obligée une visite à ces terrasses fleuries.

Je poursuivis donc ma route vers Arona : là je devais mettre pour la première fois le pied sur le sol de l'Italie ! On y arrive comme sous le regard de saint Charles Borromée, dont la statue gigantesque est visible de fort loin.

Rien non plus d'Arona. J'eusse été plus enclin à m'y croire en Italie, si le temps eût été moins brumeux. Pourtant, il me fut possible d'aller jusqu'à l'immense statue. Puis, c'est là aussi où je trouvai pour la première fois cette vie en plein air, toutes portes et fenêtres ouvertes, qui m'a paru être celle des Italiens tant que la saison n'est pas devenue absolument froide. D'ailleurs, rues étroites, obscures, et églises sans intérêt. Un confrère m'avait mis dans un hôtel assez peu relevé comme genre, et mes premiers essais de la cuisine italienne ne furent que médiocrement heureux.

Mais puisque je parle de cuisine, je veux du moins signaler comme elle le mérite celle des bateaux. Sont-ce les cuisiniers? Est-ce l'excellent poisson du lac? Je suppose que les deux éléments concourent à former un ensemble que j'ai trouvé parfait, en même temps que pas trop cher.

CHAPITRE NEUVIÈME

Milano.

« Milan, le 7 octobre 1880.

« Me voici donc en Italie ! Je suis arrivé à Milan un peu après midi ; j'ai été chercher mes lettres ; j'ai déjeûné tout en lisant mes dépêches ; et, pour le moment, je suis installé, au hasard de ma promenade, dans le café d'un jardin public, d'où je vous écris. Ce soin accompli, je m'occuperai de chercher mon hôtel.

« Milan est une très-grande ville, avec des omnibus (à deux sous, c'est pour rien), des tramways, etc. Je circule là-dedans comme si je n'avais jamais fait autre chose, et vous pouvez être tranquilles, je ne me perds pas. Vous voyez que je suis descendu des montagnes sain et sauf, bien que j'aie pris, dès le bas du Saint-Gothard, les voitures de la Poste, car il pleuvait à torrents. Mon entrée en Italie n'a pas été beaucoup plus brillante que ma sortie de Suisse ; il a plu hier toute la journée, en sorte que je n'ai vu le Lac Majeur qu'à travers le brouillard. Pourtant j'ai eu l'adresse de découvrir tout de suite sur le pont du vapeur (places des premières ; par beau temps, j'avais pris des secondes sur le lac de Lucerne) une place abritée par la machine, où la pluie ne m'atteignait pas. J'y ai été *seul* à peu près cinq heures, sauf le temps d'un très-bon déjeûner fait à un prix fort raisonnable.

« J'avais commencé ma journée fin Suisse par un pèlerinage pluvieux à Notre-Dame del Sasso, à Locarno, un très-vénéré sanctuaire, mais bien haut ! Je l'ai finie à Arona (car je ne voulais arriver à Milan que de jour) par un autre pèlerinage également pluvieux à la statue de Saint-Charles Borromée (né à Arona). La statue est colossale, et enfonce toutes celles que nous connaissons. Il faut dire qu'elle a coûté, avec son piédestal, onze cent mille francs !

« Aujourd'hui, il fait très-beau, quoique temps couvert, et je crois que mon habituel bonheur va me revenir. J'ai fait une première visite au Dôme (la Cathédrale), dont j'ai été ravi. A mes yeux, c'est une merveille. Au dehors, c'est un peu bas, un peu écrasé, et cela n'a le cachet ni de Paris ni d'Amiens. Mais une fois entré, j'ai dit de suite, et presque tout haut : C'est superbe ! Une dentelle de marbre ! Je suis monté en haut. Votre livre, qui traite le Dôme assez à la légère, et, à coup sûr, fort injustement, parle des traverses en fer qui relient toutes les parties de l'édifice, et qu'on devine, dit-il. Certainement, il y a du fer ; mais il ne semble pas qu'il y ait autre chose avec le marbre ; car le toit lui-même est fait de dalles de marbre. Bref, je suis enchanté de ce magnifique morceau. Pauvre Italie ! Elle est aussi en proie à l'esprit révolutionnaire ; et, comme la France, elle n'a pas une localité où la religion n'ait élevé son monument, qui est à la fois la gloire du bon Dieu et la gloire du pays.

« Oui, en effet, mes voyages pédestres sont finis. Il n'y a qu'à Rome où j'ai projeté d'entrer à pied, par la Porte Flaminienne, la véritable entrée de la ville... »

Je noterai ici quelques mesures de la statue de saint Charles, propres à en donner une idée. Je les retrouve au verso d'une photographie achetée sur les lieux : à Arona commence cette poursuite des officieux, marchands, cicerones, guides, etc., qui est si importune en Italie. La statue, non compris le piédestal de douze mètres de haut, a près de vingt-quatre mètres ; le front est de deux mètres trente en largeur, le nez de quatre-vingt-cinq centimètres sur une largeur de trente-trois ; les yeux ont cinquante centimètres, la bouche soixante-quinze, le pouce a une circonférence de un mètre, l'index est long de un mètre quatre-vingt-quinze. En voilà assez. Cet ensemble n'est pas trop monstrueux ; pourtant, ce n'est pas, il me semble, le désir de se mettre à genoux et de prier qui vient au cœur le plus naturellement devant ce colosse de métal creux.

Un peu après Arona, le chemin de fer pénètre dans l'immense plaine qui environne Milan. Les cultures sont une des principales choses qui y aient attiré mon attention : des plantes et des arbres inconnus pour moi, en voilà le résumé. Je vois dans les livres qu'il devait y avoir beaucoup de maïs ; j'ai appris au bout de quelque temps que les arbres étaient, en général, des mûriers. Ceux-ci sont étêtés à la façon des saules ; les uns avaient été dépouillés de leurs feuilles, d'autres les portaient encore toutes ; d'autres enfin offraient aux regards le spectacle de paysans ou paysannes suspendus autour d'eux pour cette récolte.

Il va sans dire qu'il y avait aussi de la vigne. C'est peut-être le moment de consigner que, ayant vu la vigne partout en Italie, elle m'est apparue cultivée de toutes les manières, échalas, grimpant aux arbres, haies, guirlandes, treilles et berceaux, etc., etc. ; de toutes, excepté une : la nôtre ; j'entends notre manière du Nord d'appliquer la vigne contre un mur au soleil. Je m'imagine que les Italiens qui viennent chez nous doivent prendre, sur l'aspect de ce genre de culture, une pauvre idée de notre climat.

Dans ce trajet également, j'ai remarqué l'aspect différent des églises, que je traduis surtout par deux traits essentiels : l'architecture à coupoles, et les clochers en général non munis de flèche. En Italie, il faut croire, le son des cloches n'est point une cause de déplaisir, car on ne cherche pas à l'étouffer, comme nous, entre les quatre murailles d'une tour : les cloches y sont suspendues au sommet de la tour, passant dans leurs vibrations par les ouvertures ménagées, envoyant en conséquence aux alentours leurs sons libres de toute entrave, et menaçant quelque peu de la chute de leur battant soit les passants, soit les maisons environnantes.

On fait aussi dans cette région un grand usage de pieds nus et jambes *idem*. Ce ne sont plus seulement les enfants, mais les femmes : toutes travaillent aux champs dans ce costume ; j'ai même vu parfois des laboureurs conduisant la charrue parmi cette absence de toilette. Jusque dans les rues de Milan, au surplus, la recontre d'une femme circulant pieds nus n'est pas chose rare.

En général, tout cela a l'air passablement pauvre. Et... il n'y avait plus les belles fleurs de Suisse.

Pour en revenir à la question toilette, il faut que je note ici la prédilection évidente des Milanaises pour le noir. On n'est pas là sous le chaud soleil de Lorette ou de Rome, inspirant l'amour des couleurs voyantes. La coiffure est tout particulièrement simple : sur une chevelure presque toujours brune, s'arrondit une toute petite plaque de dentelle de même nuance, de cinq à six centimètres sur dix. Et c'est tout. On a cela dans les rues, à l'église, etc., ou rien.

Concernant Milan, outre ce qui viendra tout à l'heure dans ma correspondance, je louerai ses larges rues, quelques-unes, veux je dire, de ses rues presque boulevards. C'est dommage qu'il y ait si peu de trottoirs, que cela équivaut à point du tout : à peu près toujours, les cochers ont toute la latitude qui leur plaît pour vous enserrer entre leurs roues et la façade des maisons. Les rues de Milan sont d'ailleurs mal pavées de galets qui vous entrent dans la semelle ; cela rend la marche extrêmement fatigante. Il y a deux, quelquefois quatre bandes de pierre qui se déploient dans la rue à écartement de roues. A chaque instant, bien entendu, la voiture doit quitter ces bandes pour éviter une rencontre en sens quelconque ; il en est de même des piétons, pour qui on a assez souvent placé une bande semblable le long des maisons. En somme, cette invention m'a paru plus spécieuse que véritablement utile.

Dès le lendemain de mon arrivée à Milan, je suis allé dire la messe au « Dôme », sur le corps de saint Charles Borromée. Le corps est dans une crypte, comme il s'en trouve presque partout en Italie, bien qu'elles y affectent diverses formes. Celle du Dôme est dans le genre de celle de Saint-Pierre de Rome, une ouverture béante à travers le pavé, entourée d'une grille, et des lampes brûlant tout autour. L'Italie est le pays de l'huile ; on y en fait une grande consommation. L'intérieur de la crypte est d'une extrême richesse, tant comme sculpture et travail que comme matériaux. Il en est de même à Saint-Pierre. Mais, à Rome comme à Milan, je n'ai pu m'empêcher de penser que ce sont des richesses bien enfouies.

La valeur des marbres est, du reste, peut-être moins marquée à Milan qu'ailleurs, parce qu'ils sont blanchâtres et de couleur uniforme. Il y a peu de différence pour l'œil entre le Dôme et nos cathédrales de pierre, à ce point de vue de la couleur. Ce n'est point comme à Florence ou à Sienne, à Florence surtout, où le campanile, par exemple, tire une bonne partie de sa beauté du mélange des marbres colorés diversement.

On sait que la foi italienne, bien que profonde, ne manque point, dans ses manifestations extérieures, d'une certaine désinvolture. C'est sans doute à Milan, peut-être à Arona, qu'a commencé une chose qui devait m'être bien à charge jusqu'à ma rentrée en France : c'est, en général, la précipitation avec laquelle on répond à la messe, particulièrement la façon de réciter le *Kyrie eleison*. « Lêïson ! Lêïson ! Lêïson ! » Voilà tout ce qui sortait de la bouche de mes servants, quel que fût leur âge ; et il m'a toujours été impossible de m'accorder avec eux. J'eusse mieux aimé cent fois dire mes *Kyrie* tout seul.

Le rite ambrosien est conservé à Milan ; pour la messe il y a quelques différences avec le romain ; mais je disais la messe à mon habitude, et l'on est très-accoutumé à cela dans ce pays si visité.

Le dimanche, je suis allé à la grand'messe du Dôme. De loin, j'étais fort intrigué d'une manœuvre qui se faisait pendant le sermon, et que je n'arrivais pas à comprendre. Je me suis approché, et j'ai vu que trois ou quatre quêteurs avaient une bourse-sac suspendue à l'extrémité d'une longue perche, quelque chose juste comme les éteignoirs des cierges. Ils passaient leur perche de rangée en rangée ; et c'est là la manière de quêter au Dôme de Milan, comme c'en est aussi l'heure. Chacun son goût !

La Cathédrale de Milan est sous le vocable de la Sainte Vierge : *Mariœ nascenti*, dit une inscription sur sa façade : « En l'honneur de la naissance de Marie. »

Je parlerai tout à l'heure des églises de Milan. Mais, au reste, je n'ai aucunement l'intention de décrire les monuments, soit de Milan, soit d'ailleurs. Je ne prétends point faire un « guide des voyageurs »; je veux plutôt mettre ici ce que ces livres ne disent pas, les impressions qui me sont plus personnelles.

Je ne fais que nommer le grand jardin public de Milan, peu animé. Et je signale aussi les cartes partielles du plan de la ville affichées à chaque coin de rue un peu importante. C'est une bonne idée ; ce serait la perfection si ces cartes étaient établies *à plat.* Après le Dôme qui, au fond, a seul de la valeur, les deux principales curiosités de Milan sont la Galerie et le Cimetière.

La Galerie, naturellement, porte l'inévitable nom de Victor-Emmanuel. Le voyageur en Italie retrouve ce nom — avec celui de Garibaldi — à peu près partout. Il faut savoir subir la manie contemporaine. Cette galerie, donc, en forme de croix, est la plus grande « vitrerie » de l'Europe. Je m'y suis promené bien des fois avec les Milanais, qui, sauf erreur, m'ont paru ne pas connaître d'autre promenade. J'ai assisté à l'illumination subite de la coupole centrale de la Galerie : deux mille becs de gaz allumés en une minute et demie par une petite locomotive qui fait le tour en fumant. On dirait tout à fait un rat courant avec sa queue en l'air. Ce n'est pas là du grandiose ; pourtant je ne suis point ennemi de ces boîtes à surprises du « progrès » moderne. Je me suis cassé le cou bien longtemps (car c'était mon dernier soir) pour ne point manquer la chose. C'était bien inutile ; l'allumeur a l'obligeance de prévenir le public à l'aide d'une trompe. Il y a toujours à ce moment-là beaucoup de monde. N'ayant qu'une fois pour mon compte, j'ai levé le menton comme les autres ; mais si j'y retournais, je m'imagine que je regarderais moins en haut et plus en bas. Que de bonnes figures de « Prudhomme » il doit y avoir là ! Et quelles joyeuses charges en saurait faire un caricaturiste quelque peu goguenard !

J'avais entendu dire avant mon départ que le cimetière de Gênes était le plus beau du monde. Des Milanais ont contesté cela devant moi ; et maintenant que j'ai vu les deux, je suis de l'avis des Milanais. Surtout, quand, avec le temps, les arbres auront grandi, le cimetière de Milan sera superbe. Que de pauvres diables reposent là parmi des splendeurs dont ils n'ont rien connu de leur vivant ! C'est au cimetière que l'art des sculpteurs milanais s'exerce, et suivant moi éclate. Il y a là des statues de marbre blanc à faire illusion ; par exemple : jeunes filles s'envolant au ciel, femmes pleurant, ou entr'ouvrant la porte d'un tombeau, etc. Une fois ou deux, j'ai dû bien m'assurer que c'était vraiment du marbre, et non point une personne vivante. Si l'on vante Apelles de ce que les oiseaux venaient becqueter ses raisins, quel plus bel éloge faire de ces sculptures funèbres ? Là on est vêtue, cela va sans dire, et cela vaut bien les épaules ou les jambes des païens et de leurs imitateurs. Au reste, je me demande en quoi les

Praxitèle et les Phidias l'emportent tant sur les artistes du cimetière milanais ? Dans trois mille ans, si le monde existe encore, on retrouvera par de profondes fouilles les femmes et les jeunes filles que j'ai admirées ; alors on les mettra dans les musées comme des œuvres sans prix. Pour le moment, il leur manque l'attrait de la vieillerie, peut-être aussi celui de l'indécence.

Un détail, pour finir, que je craindrais d'oublier. Le dimanche, je suis allé dire la messe à une église où l'on m'avait demandé. La messe dite, on m'a fait attendre, promettant que le sacristain allait m'apporter à déjeûner. J'ai attendu, et j'ai vu venir... une tasse de café noir. Ce fait s'est renouvelé souvent : quelquefois j'ai eu, avec le café, la valeur d'un biscuit de Reims de pain léger. C'est là, à n'en pas douter, le déjeûner italien. Je déclare l'avoir trouvé maigre.

« Milan, 12 octobre.

« Qui songe à voyager
Doit savoir écouter,
D'un pas égal marcher,
Ne point trop se charger,
Dès l'aube se lever,
Et soucis oublier.

« Qu'en pensez-vous ? Ne remplis-je pas assez bien le programme ainsi tracé dans l'épigraphe d'un Guide que j'ai acheté ici l'autre jour ? Du moins, je sais me lever « dès l'aube » ; je le fais aujourd'hui ; je l'ai fait samedi, où j'ai vu de grand matin un temps si parfaitement clair, que je me suis décidé tout d'un coup à partir pour une excursion au lac de Côme....

« Aujourd'hui, je vais aller dire la messe dans l'église qu'a illustrée saint Ambroise, où saint Augustin s'est converti. Quels grands souvenirs ! Puis, je partirai pour Vérone. J'ai vu Milan, et je ne laisse rien derrière moi que j'aie à regretter d'avoir négligé....

« Vous me demandez peut-être quelle est jusqu'à présent mon impression de l'Italie. Je puis la résumer en une phrase : Je n'ai jamais vu autant d'yeux noirs, de barbes noires, de cheveux noirs, de mantilles et de voiles noirs, ni de pieds nus. On fait de grandes économies de bas, par ici, non pas trop à Milan même, mais tout autour.

« Milan est une grande et belle ville, mais c'est une ville comme une autre, étant donné, après tout, que toutes les grandes villes ont leurs monuments plus ou moins splendides et remarquables. Sauf le Dôme (et le Dôme même compris, puisqu'il lui manque un portail), les églises en général n'y paient pas de mine ; mais elles n'en sont pas moins belles au-dedans. On est tout étonné, après avoir vu une façade qui n'en est pas une, de trouver un intérieur magnifique, architectural, ornementé richement. Et puis, il y a à droite, à gauche, dans le fond, une profusion de très-profondes chapelles qui sont presque toujours entièrement inattendues.

« Ma visite à la Chartreuse de Pavie, hier, était à vrai dire, une visite triste. C'est la Chartreuse ; mais, hélas ! sans Chartreux. Cela m'a eu l'air d'être à usage de ferme. Une immense ferme, à coup sûr ! Que c'est beau ! Quel essor et quels encouragements tous ces ordres religieux ont su donner aux arts ! Encouragements efficaces, ceux-là ; et non point seulement platoniques, ou de coterie, comme ceux de nos petits hommes du jour. Rien n'était trop beau, rien n'était trop cher, quand il s'agissait d'élever quelque chose qui redît la gloire de Dieu. Artistes les plus habiles, matériaux les plus précieux, les Ordres donnaient à Dieu tout, et ne reculaient devant rien. Quelle responsabilité que celle d'avoir enlevé à l'Ordre cette merveille ! Il y a la merveille architecturale, et il y a la propriété foncière : le tout vaut des millions. Il ne suffit pourtant pas de dire : Allez-vous-en ! pour devenir propriétaire.

« Faisant le tour extérieur des murs pour aller à la gare du chemin de fer (j'étais venu par le tramway à vapeur), j'ai vu tout d'un coup, près d'une porte close (bien entendu !), devant une image de la sainte Vierge peinte à fresque sur le mur, un bouquet de fleurs toutes fraîches. Cela m'a fait l'effet d'une protestation contre les spoliateurs. Le gouvernement révolutionnaire italien a pu chasser les prêtres, mais le culte reste ; et du moins ceux qui confisquent ne sont pas encore les dominateurs de toutes les âmes.

« Les deux portes d'entrée portent une inscription ; sur l'une : *Ave Maria* ; sur l'autre : *Gratia plena*. Cela m'a attristé dès le début, sachant que le monastère était vide. Que les jugements de Dieu sont impénétrables ! Mon Dieu, jusqu'à quand laisserez-vous la Révolution triompher contre vous-même ? Et quand rendrez-vous, avec la paix à votre

Église, les possessions si grandioses de ceux qui se consacrent à vous servir, à leurs possesseurs? Maisons de la prière, asiles de la pénitence et de la mortification, toutes choses que le monde ne connaît pas, et qu'il hait, quand rouvrirez-vous vos portes aux pénitents, aux mortifiés, aux priants, pour les fermer encore une fois au monde? »

On peut voir par les lignes qui précèdent que je n'ai été qu'assez médiocrement enthousiasmé par la première vue de l'Italie. Ce manque de caractère n'existe guère que pour Milan, comme je l'avais constaté pour Reims. Dès Vérone, ma seconde étape, je devais trouver plus de charme et de nouveauté dans mon voyage. Si Milan n'avait pas le Dôme, il ne vaudrait pas plus la peine d'être visité qu'un village quelconque.

Mais que de fois, dans la suite, j'ai eu l'occasion de revenir à ces pensées attristées sur lesquelles je quittais Milan! Un voyage en Italie, à l'époque où nous sommes, sous l'influence révolutionnaire, est pour un cœur sacerdotal, même seulement chrétien, une tristesse constante. Que de monastères vides! Que d'églises, ou fermées, ou seulement ouvertes à la curiosité, temples bien souvent splendides, mais d'où Jésus a été chassé! Ce que m'avait montré Milan, à ce point de vue, je devais le retrouver à Venise, à Padoue, à Bologne, à Assise, à Rome, à Naples, à Florence, partout enfin.

Je ne dis pas qu'il n'y avait pas, peut-être, une réforme à opérer. Mais dans ce que l'on voit, il n'y a pas réforme, et il y a triomphe de Satan, le chef des révolutionnaires et leur inspirateur. *Deus, ut quid nos dereliquisti ?*

Avant de quitter définitivement la ville du Dôme, j'ai un dernier détail à signaler, se rapportant à l'armée italienne. Parmi les soldats qui fourmillent là comme ailleurs, nul corps ne semble être plus nombreux que celui auquel est attribué une sorte de coiffure en éventail. Ce sont de longues plumes noires tombant toutes sur le côté, et il y en a beaucoup à chaque tête. Je ne pouvais mieux les comparer en moi-même, qu'à une touffe de varech séché et flottant au vent. Rien n'est plus ridicule.

CHAPITRE DIXIÈME

Vérona — Mantova

« . . . .
. . . Je t'ai promis de te parler de Vérone. La première chose que je puis te dire, pour commencer, c'est qu'en y allant de Milan, je me suis expliqué le cailloutage des rues dans l'une et l'autre ville ; car le chemin de fer est presque entièrement tracé entre deux murs de galets ; ses tranchées en ont mis à nu des quantités innombrables.

« On arrive à Vérone après avoir traversé bien des cours d'eau aux flots troubles, les uns jaunâtres, les autres d'un rouge presque de sang. Ce ne sont plus là les eaux limpides de la Suisse. On entre dans la ville, ou du moins j'y suis entré, car il y a deux gares, par un immense boulevard, bordé de rares maisons, pavé des inévitables galets, mais offrant de chaque côté aux pieds du voyageur de vastes trottoirs en marbre. Le boulevard conduit tout droit à la grande curiosité de Vérone, celle qui m'attirait le plus, à l' « Arène ».

« On est ici dans le pays du marbre, et on trouve le marbre un peu partout. L'Arène est en marbre comme tout le reste. Ce n'est pas, comme ailleurs, l'art dans sa délicatesse; mais c'est l'immensité dans sa grandeur. Que de blocs de marbre il a fallu pour élever ces gradins ! Quelle soif de sang avait donc ce peuple, pour qu'on ait bâti pareil monument en vue de lui montrer des hommes mourants? J'ai prié, là, les martyrs qui sans nul doute y ont combattu le dernier combat. Je ne me rappelle pas en ce moment s'il y en a de mentionnés par l'histoire ; mais il me paraît difficile qu'il n'y ait pas eu quelques chrétiens, tout au moins, donnés en spectacle aux Véronais.

« Aux Véronais, dis-je ; mais ce ne sont pas les Véronais seulement qui ont jamais pu remplir ce vaste espace, ménagé pour soixante-dix mille spectateurs. Je me suis représenté les « jeux » annoncés dans la contrée avoisinante ; les paysans, leurs femmes et leurs enfants quittant le travail, la maison, arrivant à Vérone, et venant s'engouffrer en ordre (car chaque entrée ou sortie est soigneusement numérotée) là où on leur promettait les deux seules choses que ce peuple réclamàt encore : du pain et des spectacles.

« Hélas ! sans être les fils de ces hommes, nous formons bien comme eux une génération de la décadence. Que demande le Français, maintenant? D'avoir « du pain », c'est-à-dire les jouissances matérielles auxquelles l'a habitué la prospérité du siècle, et de pouvoir s'amuser. Pourvu qu'il ait ces deux choses, il est satisfait.

« On travaille à la restauration de l'Arène. Il en est temps : il avait plu avant mon arrivée, et l'eau suintait de toutes parts, changeant en citernes les galeries superposées dans l'énorme épaisseur de l'amphithéâtre. Le gardien m'a dit que je ne sais plus qui a légué six millions pour cette restauration. Je n'y trouve pas de mal ; mais j'aime à penser que ce même donateur aura fait aussi par testament quelques bonnes œuvres ; car, après tout, ses six millions n'auront pas pesé lourd dans la balance éternelle.

« Je suis allé, à Vérone, dire la messe sur le tombeau de saint Zénon, un très-ancien évêque de la ville. C'est la plus belle église, vaste, ornée de colonnes et de pilastres alternant, d'un jubé que surmontent les statues des douze Apôtres, et d'une large crypte où conduisent deux escaliers, à droite et à gauche du chœur surélevé. C'est peut-être un souvenir à noter, comme bizarrerie inattendue en ce pays de vignes, que c'est là où j'ai bu le plus détestable vin auquel j'aie jamais goûté. Positivement, je me suis cru empoisonné après la communion. On a parfois de ces surprises : c'est ainsi que, avant-hier, demandant, pendant un arrêt du train, le prix d'une orange que l'on présentait, comme on le fait ici dans presque chaque gare, à la portière du wagon, il me fut répondu : « Dodici soldi ». Douze sous ! je ne suis pas venu en Italie pour acheter des oranges à douze sous pièce.

« J'ai vu aussi le monument des Scaliger,

c'est-à-dire leurs tombeaux, très-belle œuvre de sculpture, assurément. C'est bien fastueux : et on peut, en contemplant ce beau travail et s'en rappelant l'objet, répéter en soi-même : *Vanitas vanitatum* ! Je dis le répéter en soi-même : il ne faudrait peut-être pas trop le faire entendre aux Véronais, dans l'estime de qui ces tombeaux sont une de leurs plus éclatantes gloires.

« Puis, quand j'aurai nommé l'Adige, dont les eaux mugissantes ont charmé par leur grondement une nuit passée dans un hôtel situé sur ses bords, j'aurai, je crois, dit de Vérone tout ce que j'ai à dire. Ne va pas croire qu'elle m'ait déplu. Loin de là ! Je lui ai trouvé plus de cachet qu'à Milan. Milan est comme toutes les villes modernes possibles ; Vérone est vieille et plus curieuse à visiter.

« C'est à Vérone qu'ont commencé les sollicitations importunes des mendiants, qui vont me suivre, paraît-il, jusqu'à la sortie de l'Italie. A Milan, je n'avais remarqué que celles des cochers, qui se croient obligés, à chaque fiacre que vous rencontrez, de vous offrir leurs services, et pas toujours sans insistance. Même dans les églises véronaises, pendant que je récitais mes prières, on venait me harceler. Je refuse toujours impitoyablement ; car il est trop visible que c'est un métier, et cette impudeur m'exaspère. Une autre particularité caractéristique aussi qui a commencé à s'y dessiner, et que l'on me déclare devoir également se prolonger jusqu'au bout, c'est la crainte des voleurs. On n'a pas d'idée de cela en France, et je n'eusse jamais cru que la chose pût être poussée si loin. Sur les origines et les causes de cette crainte, et sur tout ce qu'elle peut donner à penser de l'Italie et des Italiens, je te laisse te livrer à tes réflexions philosophiques aussi profondément qu'il pourra te plaire.

« Je puis dire encore que Vérone a pour moi son souvenir tout spécial ; car nulle part je n'ai fait se retourner autant de gens que là. Il faut croire que jamais prêtre français n'a circulé dans les rues de la ville en son costume, ou dans sa tournure, je ne sais lequel des deux attirait ainsi sur moi l'attention des Véronais.

« Parmi ces rues dont je parle, il en est une de moyenne largeur, longue de quelques centaines de mètres, que des bornes à chaque bout interdisent aux voitures ; des deux côtés, les plus brillants étalages affichent leurs séductions tentatrices. Après le dîner, la société Véronaise, militaire en grande partie, se répand dans cette rue, y circule et s'y coudoie ; et cela m'a paru être la promenade de la cité.

« Entre temps, j'ai fait une excursion jusqu'à Mantoue, la patrie de Virgile, nom bien connu de quiconque a fait ses humanités. J'ai voyagé là avec une famille se rendant à Padoue, et qui voulait absolument me prendre pour un religieux expulsé. Je n'avais pas cet honneur, et je le leur ai dit. Il n'y a pas grand chose à signaler de Mantoue. J'ai aimé beaucoup, dans sa rue principale, une double rangée très-longue d'arcades sous lesquelles on passe, ayant à droite les magasins et à gauche les étalages. Ou plutôt, dans cette ville, les marchands ont deux étalages à faire, l'un à leur magasin, l'autre à l'arcade correspondante. Le commerce ne doit pas être fort actif dans ces villes qu'emprisonnent des remparts formidables, et les négociants, sans doute, trouvent encore du temps de reste.

« J'ai visité à Mantoue, un peu par acquit de conscience (car il y a comme un devoir pour le voyageur de voir certaines choses) le palais des Gonzague et celui du T. Quelque bizarre que soit le nom, c'est ainsi que ce dernier s'appelle ; et les livres ne sont pas d'accord sur l'orthographe à donner à cette dénomination. Il est tout rempli des peintures de Jules Romain, qui en a aussi été l'architecte ; — à ce qu'il m'a semblé, plutôt tours de force que chefs-d'œuvre proprement dits. Quant au palais des Gonzague, je n'ai pas sous la main les documents nécessaires pour établir s'il est le lieu de naissance du doux et pur saint Louis de Gonzague. J'y ai prié ce saint à tout hasard.

« Le palais des Gonzague, comme tant d'autres choses, a changé de destination, et n'est plus le palais des Gonzague. Il est palais du gouvernement : la famille, sans doute, est éteinte, mais en tous cas, elle en a été dépouillée. C'est princier ; mais je le parcourais avec une tristesse dont le gardien, mon guide parmi ces chambres sans nombre, ne se doutait guère ; car partout, aux plafonds, dans les peintures, dans les sculptures, je retrouvais cette glorification de la forme, ce culte évident des choses sensibles, ou pour parler plus crûment mais plus vraiment aussi, sensuelles

qui afflige mes yeux sans cesse. Je le déplorais là particulièrement ; car d'ailleurs les Gonzague étaient une famille bonne, chrétienne et pieuse. Et qui sait quelle influence leur sacrifice fait à ces tendances voluptueuses a pu avoir, dans les desseins d'un Dieu juste, et sur l'anéantissement de la famille, et sur le transfert du palais à d'autres possesseurs ?... Napoléon a occupé ces appartements luxueux. Mânes des Gonzague, vous avez dû trouver la punition rigoureuse ! . . . . .
. . . .

... Quand je voyage hors des villes, sur le chemin de fer, je suis dérouté par la quantité d'arbres et de cultures, à moi inconnus, que je vois partout. Je n'aime pas cette ignorance, à laquelle je ne suis pas accoutumé ; mais, jusqu'à présent, bien que j'aie questionné çà et là, je n'ai pu, dans ma complète ignorance de l'italien, arriver à me renseigner. Mûriers, citronniers, orangers, maïs, rizières, etc., passent sous mes yeux, je le sais par mon livre, mais je ne les distingue pas. Quelle terre fertile ! Elle paraît assez bien cultivée ; mais, malgré tout, je suis convaincu que les italiens de céans sont très-loin d'en tirer tout le parti possible. Au chemin de fer, dans les hôtels, dans les magasins, les naturels de la contrée m'ont l'air de gens qui trouvent qu'ils arriveront toujours assez tôt. Ils ont plutôt l'apparence de personnes énervées que de gens vifs. Nous verrons si cette impression subsistera quand j'irai ailleurs. »

Je signale encore la vue magnifique que l'on a,

au nord de Vérone, sur les collines qui la dominent, et je crois que je n'aurai rien négligé de cette ville.

Maintenant, en route pour Venise !! Je puis avouer que si jamais j'ai éprouvé une vraie curiosité, c'est en faisant ce chemin. Il n'entrait point dans mes projets de visiter Vicence, et je devais revenir à Padoue : j'ai seulement salué au passage la ville de saint Antoine.

Après la dernière station précédant Venise, j'ai voyagé la tête dehors, contemplant la ville qui s'élevait du sein des flots, cherchant principalement, dans la forêt des tours et coupoles, le clocher de Saint-Marc.

Le train avance rapidement sur le pont de maçonnerie, le plus long du monde (près d'une lieue) qui relie Venise à la terre ferme. Bientôt on est en gare. J'en sors des premiers ; j'avais je ne sais quelle crainte de rencontrer des connaissances dans la foule descendue des wagons et je voulais entrer à Venise seul. Je hèle une gondole et me voilà voguant, comme on vogue à Venise, pour la Piazzetta !

CHAPITRE ONZIÈME

Venezia

« 15 Octobre 1880.

« Mes chers Parents, me voici à Venise, où je suis arrivé hier dans l'après-midi, et où j'ai l'intention de passer quelques jours tranquillement. C'est une bien singulière ville, celle-là ! et qui n'est pas comme les autres. Il n'y a pas de danger de se faire écraser dans les rues, et on n'y consomme pas beaucoup d'avoine à nourrir les chevaux ; jusqu'à présent je n'en ai pas vu un ici. C'est peut-être parce qu'il n'y en a pas dans les rues qu'on en a mis quatre en haut du portail de la cathédrale, sans doute afin que les jeunes vénitiens et vénitiennes puissent avoir une idée de ce que c'est.

« En revanche, les ponts ne manquent pas ; et comme ils sont tous un peu élevés, autant de ponts, autant d'escaliers, d'abord à monter, ensuite à descendre. Je vous assure qu'à Venise il faut avoir les jarrets souples.

« Je suis toujours favorisé par le temps. A Milan, il a fait beau tant que j'y suis resté, et il pleuvait à flots quand j'en suis parti. A Vérone et à Mantoue, j'ai retrouvé le soleil qui m'a suivi jusqu'ici. La preuve du temps splendide par lequel je suis arrivé à Venise, c'est qu'hier soir toute la société de la ville, moi dans le nombre, était sur la place de sept heures et demie à neuf heures et demie, à écouter la musique militaire.

« Au reste, je ne sais pas, quand il pleut, comment font les Vénitiens pour se rencontrer dans leurs rues avec des parapluies ; car il arrive bien souvent que ces rues n'ont pas même un mètre de large. Les vraies rues, grandes et spacieuses, sont les rues en eau, où circulent les barques. J'en ai parcouru quelques-unes hier, soit en arrivant, soit plus tard, au clair de la lune, une fois mon hôtel trouvé.

« Avant-hier, je suis allé à Mantoue ; en y visitant un très-beau palais, la petite fille du gardien m'a donné une fleur d'oranger ; je la reporterai, mais elle sera fanée, c'est bien entendu.

« Je suis bien ici comme hôtel et la cuisine y est bonne, sans que les prix soient trop élevés. Quant à être content, je le suis toujours ; et je comprends que M. Fallières (1) ait parlé de « beau voyage » ; car c'est en effet un très-beau voyage à faire.

« Aujourd'hui j'ai passé ma matinée à parcourir une partie des rues de Venise. Avec un livre et un

---

(1) Actuellement Monseigneur Fallières, évêque de Saint-Brieuc.

plan de la ville, on s'en tire, quoique ce soit beaucoup plus difficile que partout ailleurs. Et puis, quand il ne reste plus d'autre ressource, je demande mon chemin. On me baragouine de l'italien, après avoir trouvé probablement que j'ai moi même baragouiné du français, et nous arrivons tout de même à nous comprendre...... »

« 17 Octobre.

« Je suis à Venise depuis trois jours, j'y suis arrivé jeudi dans l'après-midi. Voyons si je saurai quelque peu te dépeindre cette ville curieuse, d'un genre si entièrement à part. Pour commencer par le commencement, je ne nierai pas que je ne ressentisse, en abordant la cité aquatique et presque orientale, une vraie curiosité, d'une part, et de l'autre même un peu d'appréhension. Je n'ai pas ce dernier sentiment, d'habitude ; mais je savais que cette ville n'est pas comme les autres, et je me demandais — vaguement — comment j'allais m'en tirer. Je m'en suis tiré fort bien, après tout, et une fois quelques points de repère établis ; grâce aussi, pour le début, à quelques indications recueillies en chemin. Justement, dans mon compartiment de secondes, j'étais avec une jeune fille de Venise, une institutrice dont les vacances expiraient ce jour-là, et qui retournait à sa classe. Elle m'avait adressé une question pour un renseignement. Voyant qu'elle parlait français, je la questionnai à mon tour, et mis à profit l'occasion. Pour le dire en passant, je fus un peu frappé, en m'informant d'où elle était, du petit ton avec lequel elle me dit : « Je suis vénitienne ». Il y avait autant de fierté dans ces trois mots, qu'une autre en aurait mis à pouvoir dire : Je suis parisienne ! Notre connaissance, d'ailleurs, a fini là, sauf que, par un assez grand hasard en une ville telle que celle-ci, je l'ai rencontrée ce matin et saluée dans une rue de la ville.

« Les rues de Venise ! Voilà une dénomination qui n'est guère méritée, qui du moins change ici sa signification habituelle. Les rues de Venise, en général, sont des sentiers. Elles tournent brusquement à droite, à gauche, et forment un réseau inextricable. Beaucoup ne donnent guère la place pour passer qu'à deux ou trois personnes. Aussi, les plus fréquentées ont-elles constamment l'air d'être remplies de foule : cela ne saurait manquer d'être dans un espace si étroit. Je les suis, dans les quartiers que je ne connais pas encore, à l'aide d'un plan que je tiens tout le temps à la main. Cela n'a rien d'extraordinaire ici, où l'on rencontre à chaque pas anglais, français, allemands, et italiens mêmes, avec un « Guide », généralement le même que le mien, qu'ils consultent chemin faisant. Quand j'ai fini par me perdre, je demande un renseignement à quelque figure qui n'ait pas trop l'air mendiant. Je parle d'ordinaire en français ; on me répond de même en italien ; et nous nous comprenons. Cela me fait faire des réflexions. Je suppose que eux comme moi ne saisissent que les mots principaux ; comme cela nous suffit pour nous entendre, il en résulte que le style télégraphique est le style vrai, le réel ; et il en découle également cette conséquence qu'il se dit dans le monde beaucoup plus de paroles inutiles qu'on ne l'entend d'habitude, quand on cite le fameux texte de l'Évangile.

« Tu sauras, du reste, que ces rues conduisent *partout* dans Venise. On se figure volontiers qu'il n'y a ici que les canaux ; mais c'est une erreur. Au contraire, tous les points ne sont pas accessibles par les canaux, si multipliés soient-ils ; et ceux qui le sont possèdent aussi un moyen d'accès par terre. J'aurai, avant de quitter Venise, été partout où quelque chose mérite qu'on aille par ces rues terrestres dont je te parle. Je n'excepte, bien entendu, que les îles. Quant au Grand Canal, qui coupe Venise en deux, outre deux ponts de fer tout modernes, on le franchit à volonté sur l'antique pont du Rialto, pont chargé de boutiques, peut-être le plus large que l'on puisse voir nulle part.

« Les rues sont bordées de maisons hautes de cinq et six étages. Quelques-unes, les moins étroites et qui sont les plus rapprochées de la place Saint-Marc, ont de splendides magasins. La science de l'étalage me paraît poussée très-loin à Venise. Là, on est un peu bousculé par la presse de monde, mais en toute sûreté du moins du côté des chevaux et des voitures, qui brillent par leur absence aussi complète que possible. Il n'y a ni voitures à chevaux, ni voitures à bras ; rien de Paris, par conséquent, où l'on peut se demander, je ne sais si tu l'as remarqué, laquelle de ces deux sortes de véhicules l'emporte par le nombre. L'étroitesse des rues ne permet ici aux humains que l'usage de leurs membres pour le transport des fardeaux.

« Tous les cinquante pas, en moyenne, on rencontre un pont que l'on franchit par un escalier montant et un escalier descendant. L'art de se servir du plan est de bien savoir distinguer si les rues que l'on veut suivre pour arriver à un but quelconque se continuent, ou non, par l'un de ces ponts. Ce talent m'a fait plus d'une fois défaut au détriment de mes jambes : vous suivez une rue de confiance, sûr de votre direction, et vous aboutissez... à un canal. Je te déclare que la ligne droite n'est pas, à Venise, le plus court chemin d'un point à un autre ! Je compte les rues traversières, je compte les ponts à passer ; et bref, je ne m'y reconnais pas sans peine, ni même toujours.

« En passant les ponts, on a très-souvent l'agrément de voir une ou plusieurs gondoles circuler sans bruit dans le canal au-dessous. Sans bruit ! dis-je. Si Venise, au lieu d'être habitée par les gais italiens, était une ville de flegmatiques anglais, elle serait la cité du silence. Pense donc ! Pas un roulement de voiture ! Et quant au clapotage des gondoles, il est imperceptible, ou très-peu s'en faut. C'est à peine si l'on entend la rame du gondolier frapper, ou plutôt pousser l'eau légèrement.

« Je suis allé en gondole bien des fois, quoique ce soit un moyen de locomotion qui revient cher. En sortant de la gare, à l'arrivée, c'est dans une gondole que j'ai fait le chemin jusqu'à la place Saint-Marc. J'ai fait mieux que cela : je me suis payé une seconde course en gondole le même jour dans la soirée, au clair de la lune et par un temps splendide. Bien enveloppé dans mon manteau, j'ai eu là une promenade d'une heure qui peut compter parmi les plus pittoresques dont j'aie jamais joui ! J'ai remonté le Grand Canal, bordé de palais, dont beaucoup sont célèbres et ont des noms historiques. Je contemplais ces édifices qui ont été le théâtre de tant de scènes romanesques, les unes douces jusqu'à la tendresse, les autres cruelles et sombres jusqu'à la barbarie. Tous les sentiments, toutes les passions ont eu là leur place.

« Et vraiment, tandis que ma gondole glissait discrètement, en rencontrant d'autres qui passaient de même, je comprenais les drames des siècles écoulés. Chaque palais a sa façade sur le Canal, qui est la grande rue de Venise ; la porte principale en est du même côté, avec quelques degrés par où l'on descend jusqu'à l'eau. Entre quatre ou cinq piliers plantés devant la porte, plus ou moins ornementés, stationnent les gondoles des propriétaires : évidemment, dans ce pays, on a un gondolier attaché à la maison, comme ailleurs on a un cocher. Sortir par cette porte, en définitive obscure, car le canal ne peut être éclairé au gaz comme la rue de Rivoli, se pelotonner dans la noire embarcation (tu sais que les gondoles de par la loi, sont toutes peintes de cette sombre couleur), et courir sans éclat d'aucune sorte à un but mystérieux, non, rien n'est, rien surtout n'était plus facile. Machiner un complot, voler à une aventure, emporter un cadavre, formaient trois choses également aisées. Certes, une promenade comme celle que j'ai faite pourrait ouvrir une libre carrière à l'imagination d'un romancier : elle a bien souvent inspiré de fantastiques récits ; et elle avait à peine besoin de mettre en mouvement l'imagination, car, à Venise, l'histoire suffit pour constituer un roman.

« Joins à tout cela que les gondoles, d'habitude, sont recouvertes, dans la partie qu'occupe le voyageur, par un toit également tout noir, une espèce de tombe sombre, basse, mystérieuse. On ne voit rien quand on est là-dedans ; mais aussi il est bien impossible d'y être vu. Ville étrange ! Ville du mystère ! Le toit noir s'enlève à volonté. Jusqu'ici, j'avais toujours pris des voitures, pardon ! des gondoles découvertes, mais hier j'ai goûté du toit sépulcral, et je t'assure que là-dedans, mollement étendu, mollement porté, on est comme à l'abri de tous regards, du ciel et de la terre.

« Néanmoins, il reste que la gondole n'est guère un moyen de locomotion qu'à la portée des riches. A eux, en cela comme en tout le reste, à eux toutes les tentations, parce qu'ils ont les moyens de s'y exposer !

« Tu as sans doute vu plus d'une fois des gravures représentant la gondole : le gondolier n'est point assis comme dans les barques de nos pêcheurs ou canotiers ; il est debout à l'arrière, et d'une seule rame il dirige son léger esquif avec une rapidité et une adresse merveilleuses.

« Mais tu attends que je te parle de ce que tu regardes peut-être comme la principale curiosité de Venise, de cette église Saint-Marc renommée dans le monde entier, qui donne son nom à la place centrale et principale de la ville, nom que pour cette raison ma plume a dû écrire déjà plus d'une fois.

« Que te dirai-je? Mes impressions de Saint-Marc sont diverses. Il a eu ma visite dès mon arrivée ; car toujours, en abordant quelque part, c'est, de toute justice, le « Maître » que je vais saluer le premier.

« Il y a à Saint-Marc deux choses également célèbres, le clocher ou campanile, et l'église. Je suis monté au clocher le premier jour : le temps était beau, et j'ai eu l'intention de mettre à profit cette beauté qui pouvait ne pas se maintenir. Suivant un système qui est aussi, tu le sais, celui de Pise, Florence, etc., le clocher est séparé de l'église. Je ne lui ai rien trouvé de très-remarquable comme architecture ; il est carré, avec toit très-allongé, s'aplatissant sur deux côtés. On y monte sans aucune espèce de fatigue par des pentes qui vont de coin à coin, au lieu d'escalier. J'aime ce système, moi qui ai monté tant de marches en ma vie. Ce qui rend le campanile si fameux, c'est surtout la vue dont on jouit à son sommet. Et on comprend que la vue soit belle, avec Venise à ses pieds, l'Italie derrière soi, des îles tout autour, la mer brillant au chaud soleil dans la perspective, et à l'horizon, par les temps clairs, soit les Alpes, soit les montagnes d'Istrie.

« Quant à la Basilique, à cette première inspection, elle m'a fait tout à la fois l'effet d'être extraordinairement petite, restreinte, et celui de m'y trouver comme perdu. Ce n'est plus du tout le genre ordinaire de nos églises : ce sont des murailles qui s'avancent, des barrières qui s'opposent au passage, des arcades qui interceptent la vue, des colonnes à droite, à gauche, devant, derrière. Puis, en entrant, on trouve que le pavé se dérobe sous les pieds, car le sol s'est affaissé en plusieurs endroits ; et cela donne un sentiment de dégradation. Enfin, il y a là comme une foule remuante : des artistes qui dessinent, des visiteurs, un livre à la main, qui examinent, des cicérones qui expliquent et montrent, d'autres qui viennent vous importuner de leurs offres de service. Non ! jamais je n'ai éprouvé sensation plus singulière.

« Peu à peu, et à l'aide de visites répétées, je me suis familiarisé avec Saint-Marc ; et je m'extasie devant ses richesses. Ce pavé, d'abord, il est tout en mosaïque admirablement faite de marbres de toutes couleurs ; ces murailles, elles sont recouvertes du marbre le plus riche ; ces colonnes sont de même en marbre tiré des meilleures et des plus célèbres carrières ; il en est qui, dit-on, eurent autrefois leur place dans le temple de Salomon ; quelques-unes, sur une épaisseur de vingt centimètres, sont transparentes, et les cicérones vous font voir qu'on suit à travers elles le mouvement d'une bougie allumée. Elles supportent, les unes des statues, toujours en marbre, d'un travail exquis, les autres, les plus massives, des arcades et des voûtes couvertes de précieux travaux d'art.

« Les voûtes méritent une mention détaillée. D'abord, il faut dire que de la voûte prise dans son ensemble s'élancent cinq hautes coupoles, trois sur la grande nef, deux au-dessus des bras latéraux du transept. A partir de la plateforme des arcades, le haut de l'église, coupoles, plafond et murailles est *entièrement doré*. Je parle de l'intérieur, Sur ce fonds doré, des scènes de toute sorte sont figurées et j'ai été quelque temps à me rendre compte que ce sont des mosaïques, non des peintures. En montant aux galeries supérieures, on voit de près le travail, et on juge de la magnificence : dorures et personnages composent une multitude à effrayer l'imagination de petits carrés ou morceaux juxtaposés. Mais quant au visiteur qui se tient en bas, il ne peut qu'admirer l'immense richesse dont est frappé son regard. Là où un rayon de soleil pénètre et vient faire étinceler ces dorures, c'est d'un éclat splendide.

« Au reste, ce que je dis de l'intérieur de Saint-Marc, il faut dans une certaine mesure, le dire aussi de l'ornementation extérieure ; car, au portail, elle est dans le même genre : sur la façade, au-dessus des portes, sont également des mosaïques sur fond doré. C'est magnifique au coucher du soleil, quand les rayons y arrivent plus directement, et que la façade, alors, semble avoir allumé tous ses feux.

« Tout cela, c'est ce qui attire le plus vivement le regard, mais les colonnes qui se trouvent partout, et plus encore à l'extérieur qu'à l'intérieur, méritent bien aussi l'attention du voyageur sérieux. Il y en a, dit-on, dans Saint-Marc, plus de cinq cents. Mon « Guide » déclare qu'on ne trouve nulle part une semblable profusion de dorures, de bronzes et de marbres ; je le crois aisément, et à coup sûr, je suis fort impressionné du cachet oriental que Saint-Marc imprime à la belle Venise. En fait, il la rend comme fantastique.

« Il y a un moment où j'aime encore à contempler Saint-Marc : c'est le soir, au clair de la lune. Mon bonheur, évidemment, a voulu que je vinsse à Venise au temps de la splendeur de l'astre des nuits ; j'ai eu la révélation de l'effet produit dès le soir de mon arrivée. Je savais par mon livre que la musique militaire se faisait entendre sur la place Saint-Marc les dimanches, et quelquefois le jeudi. C'était jeudi, et en effet, la musique jouait quand je revins de ma promenade en gondole. Figure-toi la place Saint-Marc, grande à peu près comme celle de Beauvais, carré long bordé sur trois de ses côtés par les Procuraties anciennes et nouvelles, palais magnifiques, mais surtout, à mon goût, les anciennes ; et du quatrième côté par Saint-Marc avec ses clochetons, ses colonnes innombrables, les arcades de sa façade, ses dorures, ses coupoles. La place Saint-Marc est, à vrai dire, l'unique promenade terrestre des Vénitiens ; de plus, on n'y est pas, comme ailleurs, dérangé et menacé par les voitures ; tu peux donc t'imaginer la foule, dans cette ville de cent-vingt mille âmes, qui se rassemble là chaque soir, mais surtout les soirs de musique. J'écoutais cette musique : italienne et militaire, ce sont, sans nul doute, deux raisons pour qu'elle fût bonne ; je contemplais les splendides Procuraties, l'oriental Saint-Marc : je regardais la foule, circulant animée pendant l'intervalle des morceaux de musique, groupée et attentive dès que se faisaient de nouveau entendre quelques notes ; au-dessus de tout cela, un ciel d'une limpidité parfaite, les étoiles de première ou de deuxième grandeur scintillant dans l'atmosphère, une lune calme et brillante versant sa lumière sur tout et éclairant doucement le tableau : vraiment, c'était féerique !

« Toutefois, ne va pas t'éprendre trop vite d'amour pour la belle Venise, si belle soit-elle — au clair de la lune ! Il y a bien le revers à cette médaille brillante, et je te le dirai. Mais auparavant j'ai encore à te parler d'une autre merveille offerte à l'admiration par l'ancienne Reine des mers. et c'est le palais des doges. Venise reine des mers ! C'est au palais des doges que l'on voit à quel point cette dénomination fut autrefois justifiée : il est tout orné de tableaux rappelant ces grands souvenirs. Quelles richesses ! Quelle magnificence ! Les Vénitiens n'ont pas besoin d'aller à Paris, dans les palais que n'ont pas encore brûlés les communards, pour voir des splendeurs royales. Les doges étaient logés comme des Rois. Le nom ne fait rien à la chose : que l'on soit roi, doge, ou... même républicain moderne, on veut toujours s'imprégner de luxe comme se saturer de jouissance. Escaliers monumentaux, salles immenses en même temps que splendidement décorées, trônes même à l'usage des potentats du lieu, rien ne manque là.

« Le palais des doges, au reste, est peut-être plus remarquable encore au dehors qu'au dedans. L'architecture extérieure en est assurément superbe, et il est difficile de trouver mieux que la façade contigüe à Saint-Marc, ou même celle donnant sur la mer. Cette dernière ne manque jamais d'être reproduite par les photographies. Quant à l'autre, elle offre une particularité toute curieuse, que je ne connaissais pas à mes premiers soirs passés au son de la musique sur la merveilleuse place (le palais des doges, sans être précisément sur la place, n'en est qu'à deux pas), et qui n'eût pas laissé, si je l'avais connue, de me donner alors à penser : elle porte une rangée de colonnes ornant le premier étage, parmi lesquelles on en distingue deux en marbre *rouge*. C'est entre ces colonnes que la sombre autant que splendide république faisait proclamer ses arrêts de mort ! Entre dans ces salles toutes princières, et l'on t'en montrera une à la porte de laquelle s'ouvrait la gueule de lion qui recevait les dénonciations anonymes. N'est-ce pas que cette Venise est une ville étrange ? Quelle singulière cité, que celle qui a proscrit tant de citoyens, encouragé tant de délations, versé tant de sang ; et qui étale partout les plus belles productions du génie humain, les plus suaves effusions de l'art ; qui, pour couronner le tout, fournit chaque jour, maintenant encore, aux frais du trésor public, à une multitude de pigeons — les pigeons de la place Saint-Marc — la nourriture qu'elle refuserait peut-être à un homme ! Je dis peut-être, et je crois avoir tort ; car, à voir la misère qui règne en maîtresse dans cette ville sans travail, il est clair que les nécessiteux n'y reçoivent pas les secours officiels avec la même fidélité bienveillante dont sont l'objet les pigeons.

« Une autre chose aussi que j'ai retrouvée ici

telle qu'elle est partout. Au palais des doges, il y a les célèbres prisons, et elles sont de deux catégories : les prisons « criminelles » et les prisons « politiques ». Rien n'est plus aisé que de constater combien ces dernières sont plus dures que les autres. Cela m'a rejeté violemment vers la pauvre France, où volontiers, en ce moment, on donnerait une générale absolution à tout ce qui est vice ou crime, tandis que l'on y tend de plus en plus à devenir implacable et comme féroce sur les questions politiques.

« Mais qu'en dis-tu ? Si je m'arrêtais-là pour aujourd'hui ? Voilà d'ailleurs, il me semble, un volume qui peut compter. C'est que j'utilise mes loisirs en t'écrivant : il ne me reste plus guère à visiter ici que des églises ; or, à Venise, les églises sont fermées l'après-midi. J'avais donc du temps à te consacrer. Puis, je me repose aussi par ce changement d'occupation. C'est bien assez, en général, d'avoir marché toute une matinée sur ce pavé brûlant et dans ces rues sans air. Comme pourtant je ne t'ai pas encore dit tout ce que je veux te dire, et qu'il me reste quelques traits de mœurs à noter, quelques coups de burin à donner, je dirai, comme l'on faisait autrefois dans les feuilletons : « La suite au prochain numéro » ; ce que l'on remplace maintenant par la formule plus concise : « A suivre ». Donc, à demain. »

« 18 Octobre. — Décidément je quitte Venise demain, si mes lettres viennent : elles n'étaient pas encore arrivées ce matin. J'ai vu de Venise tout ce qu'on en peut voir sans l'habiter, et ma curiosité à son endroit est aussi pleinement satisfaite que possible. Je crois même que j'aurai ce soir une occasion spéciale de la voir par un côté intéressant, celui d'une fête populaire. En circulant tout-à-l'heure, je suis arrivé dans un quartier tout enguirlandé de drapeaux, festons, pièces d'étoffes voyantes, voire même de tableaux et estampes exposés à la façade des maisons. Je me suis rendu compte que j'étais sur la paroisse Saint-Luc ; et c'est aujourd'hui la fête de ce saint. Il faut te dire que, à Venise, le titre de la paroisse est soigneusement indiqué sur les murs, au coin des rues principales, en même temps que les noms des rues elles-mêmes. C'est un reste des vieux « empiètements cléricaux », qui ne peut manquer d'offusquer les puissants du jour, et qu'ils feront bientôt disparaître, sois-en sûre.

« Donc, on est en liesse sur la *Parrochia di San Luca*. Je retournerai par-là tantôt en allant à la poste ; car outre que cette animation a son intérêt pour un touriste tel que je suis, et que Paris même, je crois, n'a pas fait plus grande débauche d'oripeaux au 14 juillet, il y a tous les préparatifs d'une illumination. J'avais déjà vu samedi, à l'occasion de la musique de notre rue, allumer des espèces de lustres à couleurs mélangées. En retrouvant tantôt des préparatifs identiques, je me suis rappelé que, au fait, ce ne doit pas être pour rien qu'on dit « lanternes vénitiennes ». Seulement, autant que je l'ai pu constater, les véritables lanternes vénitiennes sont presque toutes en verre. Et le petit nombre de celles qui sont en papier affectent les formes et les longueurs les plus fantastiques.

« En attendant, je dois revenir, n'est-ce pas ? à mes descriptions. Et elles auront moins d'éclat aujourd'hui qu'hier, car je t'ai montré jusqu'ici le côté brillant : il en faut arriver maintenant à te faire connaître le revers de la médaille. Le revers ! Il est dans ces rues étroites où l'air ne circule pas, où la lumière, même celle de l'Italie, pénètre à peine. Il est dans ces canaux mêmes, qui ne sont pas tous d'une irréprochable limpidité. On ne sent pas toujours des odeurs de rose, oh ! loin de là ! dans ces ruelles en couloirs et près de ces boutiques.

« Le revers est encore dans la pauvreté évidente du populaire vénitien. Il se cache évidemment bien des misères à quelques pas de cette somptueuse place Saint-Marc. Le nombre, non pas de mendiantes seulement, mais de mendiants, qui m'ont tendu la main depuis cinq jours est incalculable. Il n'y a que des sollicitations des cochers que l'on est entièrement à l'abri. Mais, par exemple, vous entrez dans une église ou vous en sortez : il y a un homme, même jeune quelquefois, qui vous ouvre la porte, ou simplement vous écarte la portière (les portières sont d'un grand usage en Italie), dans l'espoir de recevoir un sou. Ailleurs, avant d'entrer dans l'église, ou sur la place pendant que vous regardez un monument, ou encore pendant que vous lisez dans votre « Guide », ou consultez votre plan, vous êtes abordé par un officieux en pleine force de l'âge.

« M'sieu, vous désirez visiter l'église, M'sieu ? — M'sieu, voulez-vous voir la cathédrale ? — Voulez-vous aller à tel endroit, M'sieu ? — Monsieur l'Abbé, Monsieur l'Abbé, voici des photographies de Milan, de Venise, etc. ; cinquante centimes, M'sieu ; je vous les donnerai pour quarante, M'sieu. — M'sieu, voulez-vous un guide pour visiter l'église ? Je vous expliquerai tout, vous n'aurez pas la peine de lire dans votre livre ! — Etc., etc. » Et ils vous harcèlent, s'attachent à vos pas, et vous poursuivent de leurs offres avec autant d'acharnement qu'ils vous en ont assailli. Pour moi, je ne trouve moyen de m'en débarrasser, qu'en faisant comme si je ne les voyais ni entendais : ils me suivent tant qu'ils veulent, et me quittent quand ils sont fatigués. Quelquefois aussi ils me font rire malgré moi, car en général ils ont l'air bon enfant.

« Il y a encore une autre petite industrie qu'il faut que je te décrive. Partout où aborde une gondole (et les points de débarquement se comptent par centaines), on voit venir un officieux armé d'un court bâton qui se termine par un crochet en fer. Avec son crochet, l'officieux touche le bord de la gondole, et fait mine de la maintenir, pendant que vous entrez ou sortez. Note que l'on n'a nullement besoin de lui, et que, soit seul, soit avec le secours du gondolier, on est parfaitement en état d'embarquer ou de débarquer. Pour ce simulacre de travail, on donne à l'homme un sou, deux centimes même si l'on veut ; et il est content. Voilà un métier de paresseux ! Et c'est cette ville qui a été la Reine des mers ! C'est ce peuple de mendiants qui a tenu le sceptre du monde !

« A un autre point de vue aussi, il y aurait beaucoup à dire. Venise est, comme toute l'Italie, et à l'instar de la France, livrée à la Révolution. Regarde aux étalages des libraires ; ou plutôt, non ! je ne voudrais pas toujours t'y laisser regarder : les nombreuses productions *françaises* qu'on y offre au public sont ce que les temps actuels ont produit de pire, soit en fait de mœurs, soit en fait de politique. Il faut, de plus, venir en Italie, ou tout au moins étudier son voyage dans un « Guide », pour voir quelle glorification du régime actuel, le spoliateur de l'Église, on a faite partout. Les plus vieux noms des rues et des places, consacrés par l'antiquité et par une renommée universelle, ont été changés pour mettre celui de l'excommunié Victor-Emmanuël ou celui du fou Garibaldi. De tous côtés, on trouve le nom de ce même roi dans des inscriptions louangeuses.

« Tout cela, c'est peut-être, comme en France, le parti actuellement dominant qui le fait, plutôt que la population elle-même dans sa masse ; mais tout cela prouve du moins que, comme en France, c'est la Révolution qui est maîtresse. Ce soir, à un théâtre quelconque, on joue « *La Marsigliese* ». Quelque baroque que paraisse à des yeux français ce titre ainsi orthographié, l'esprit de la pièce n'est pas douteux, et certainement c'est la Révolution qui sera là exaltée et glorifiée. Voilà l'Italie ! Elle n'est pas plus heureuse que la France, en se traînant à sa remorque. Je n'en suis pas surpris : je le savais avant d'y venir ; mais je le constate pour l'avoir vu.

« Pour moi, je ne crois pas à cette unification de l'Italie. Ce n'est pas en vain que tous ces peuples se sont si longtemps battus entre eux. Qu'on parcoure les galeries du palais des doges, ses salles, ses escaliers : on y voit, par exemple, glorifiées les luttes et les victoires de Venise sur Vérone, Gênes, etc. Ces souvenirs sont-ils entièrement morts, morts à jamais ? J'ai peine à me le persuader.

« Mais il ne faut pas que la politique me fasse oublier l'art, d'autant plus que, précisément, je parle de tableaux. Tu me demandes sans doute mon avis sur les peintures et sculptures dont l'Italie est la patrie par excellence.

« Je dois te le dire tout d'abord, je suis un profane ; je n'ai pas l'ombre d'une prétention au titre de connaisseur. Et je ne sais si c'est cela qui me rend difficile, mais je vois très-peu de tableaux qui me plaisent. Je puis rendre mon impression d'un mot : je trouve qu'il y a beaucoup de *convenu* dans cet art, tel que l'on en admire les productions. Ainsi, par exemple, j'ai horreur de ce nu continuel, dans lequel les artistes, même religieux, se complaisent presque uniquement. Ce n'est pas seulement parce que c'est du nu ; c'est aussi parce que ce n'est pas *vrai*. On ne se met pas nu dans la vie réelle, ordinaire, et surtout les personnages n'étaient pas nus, plus ou moins, dans une foule de scènes historiques, bibliques ou évangéliques, que les artistes nous retracent. Là est, à mes yeux, le factice de la peinture, que je ne puis digérer.

« Je sais bien qu'il y a autre chose dans cet art. Il y a « l'idéalisation », devant laquelle je m'incline ; mais elle ne peut que transfigurer le vrai, elle ne doit pas le faire disparaître. Il y a ensuite le coloris, le dessin, etc. Sur ces derniers points, je décline toute compétence. Mais, malgré tout, je doute toujours que ces qualités extrinsèques rachètent l'absence de la grande qualité que j'appellerai intrinsèque, la vérité. Je pensais encore à tout cela tantôt, en voyant je ne sais quel étalage de photographies. Les photographies qui sont la reproduction d'êtres vivants, et non pas d'objets d'art, n'ont aucune ressemblance avec... les objets d'art. C'est la meilleure preuve que l'art est en dehors de la vérité, et jamais on ne me fera admirer complètement ce qui n'est pas vrai. Je m'obstine avec Boileau à répéter :
Rien n'est beau que le vrai, le vrai seul est aimable.

« Voilà mon impression sur l'Italie considérée dans les productions de son art tant célébré.

« J'en ai une autre d'un genre différent qui, si elle ne m'a pas été suggérée, a du moins été renouvelée en moi tantôt par une visite que j'ai faite au Musée des Beaux-Arts. C'est que la Révolution est essentiellement voleuse. Il n'y a presque pas d'institutions publiques qu'elle ne loge dans un ancien couvent volé par elle. C'est le cas, j'en suis à peu près sûr, pour ce musée, — il y en a bien d'autres aussi en France; et, de plus, il est historique que ce même musée, encore comme en

France, n'est si riche que des dépouilles des églises. Cela revient aux réflexions que je faisais après la visite de la Chartreuse de Pavie.

« Hélas ! j'ai pu faire des réflexions tout aussi pénibles hier matin. Sans prendre de renseignements, je suis allé pour dire la sainte Messe à une église que je voyais du quai de la Piazzetta, place annexe de la place Saint-Marc. Je savais que cette église, bâtie sur une île, était San Giorgio Maggiore, et qu'elle valait une visite ; mais j'ignorais que ce ne fût pas une paroisse. J'arrive, je trouve la porte fermée ; je demande des explications, et enfin un frère bénédictin vient ouvrir. C'est une magnifique église, qui dépend d'un couvent de bénédictins bâti près d'elle. On m'a expliqué que le Gouvernement, en chassant les religieux, a bien voulu laisser, comme gardiens, deux vieux Pères et deux Frères. C'est un acheminement : dans très peu d'années, le Gouvernement prendra le couvent pour agrandir une caserne voisine, fera de l'église un grenier à foin, et transportera les peintures, les marbres et les superbes stalles sculptées dans ses musées. »

S'il fallait terminer par un mot sur les toilettes vénitiennes, je signalerais simplement ce que j'ai déjà noté pour ailleurs, l'absence fréquente de tout couvre-chef. Cela pourtant, à Venise, se complique très-souvent, quoique non pas toujours, d'un voile noir. Quand je dis un voile, c'est (je ne saurais mieux exprimer la chose) une sorte de voilette aussi claire que possible, posée par le milieu sur le haut de la tête, vers la nuque, et descendant sur les épaules. Cette coiffure est gracieuse. « Mais, écrivais-je encore à ma correspondante, quant à celles de tes sœurs en Eve qui portent des chapeaux, il y en a beaucoup qui sont coiffées, comment dirai-je ? à la brigande, de ces grands chapeaux, presque toujours noirs, comme les peintres et les romanciers en donnent aux bandits. »

Si j'ajoute que, en raison sans doute de cette pauvreté dont j'ai parlé, les femmes du peuple, même endimanchées, m'ont toujours fait l'effet d'être habillées de loques, j'aurai consigné tout ce que j'ai remarqué sur ce sujet.

J'allai, le soir, à la fête de la Paroisse Saint-Luc ; mais je n'en vis, tout compté, que peu de chose. Le populaire encombrait les rues étroites, et toute circulation était impossible. Je me dégageai comme je pus, puis je m'en revins donner un dernier coup d'œil nocturne à la place Saint-Marc, et me préparer au départ du lendemain.

Encore une dernière course en gondole pour aller à la gare : dans la Gondole-Omnibus, cette fois. La vapeur chauffe, le sifflet déchire les airs, le train suit en sens inverse le pont sans fin. Venise a disparu. Adieu à Venise ! Adieu sans doute pour toujours !

CHAPITRE DOUZIÈME

Padova — Bologna — Ancona.

« Rimini, 22 Octobre 1880.

« ....Me voilà à Rimini ; et vous me demandez peut-être ce que je fais là ? Eh bien ! j'y attends un train, voilà tout ; un train qui partira demain à 11 h. 35, heure militaire. Ma journée d'aujourd'hui peut se résumer en deux mots : quatre heures de chemin de fer. C'est peu ; mais après avoir retourné mon indicateur dans tous les sens, je n'ai pas vu de meilleur moyen d'arranger mes affaires. Pour aller plus vite, il m'aurait fallu ou partir plus matin, ce qui est impossible à cause de la messe, ou arriver tard, c'est-à-dire à la nuit close, ce dont je ne veux à aucun prix. J'ai un excellent « Guide », sobre de renseignements, mais plein de cartes et de plans: avec cela, on est dans une ville inconnue comme chez soi ; mais ce n'est qu'en plein jour que cela peut servir. Et puis, comme je me souviens de vous l'avoir dit, je veux avant tout *voir*.

« Je suis donc parti de Bologne vers midi, et arrivé ici à cinq heures environ. Demain, trajet tout semblable jusqu'à Ancône. Et à Ancône ? — Ah ! là, je vais manquer à ma règle d'observation stricte du dimanche : mon plan est d'aller d'Ancône à Lorette dimanche matin, et d'en revenir dimanche soir. Je ne trouve pas d'autre moyen de ne pas gaspiller le temps, et d'arriver enfin à Rome. Comme ce n'est pas autre chose, en définitive, que faire un vrai pèlerinage, Lorette étant tout à fait hors de ma route, où Ancône, au contraire, est encore, cela peut aller ainsi par exception. L'activité voyageuse me paraît être assez restreinte par ici ; on est sur une très-longue ligne où, d'une extrémité pour l'autre, on part de bonne heure, pour arriver tard ; mais les stations médianes ou à peu près sont assez peu favorablement desservies.

« Bref, je suis à Rimini, dont je n'ai encore rien vu. Il est vrai que je crois, d'après mon « Guide » même, qu'il n'y a rien à y voir. Au sortir de la gare, je me suis dirigé, grâce à mon livre, vers les bains de mer. Car il faut que vous sachiez que Rimini est ville de bains — non pas sur la Manche précisément, mais sur l'Adriatique. Heureux bain de mer ! Il a de la verdure, lui ! Vous y pouvez contempler — et envier —, à cinquante mètres du bord, des villas opulentes, toutes baignées dans la verdure, les fleurs et l'ombre. Je dois dire pourtant que les plantations du Casino font assez maigre figure ; il est vrai qu'elles paraissent toutes jeunes ; et, en fait, la vogue des bains ne remonte, dit-on, qu'à quelques années. J'ai remarqué aussi tout au bord de la mer une ligne de jeunes peupliers qui, je suis forcé de l'avouer, a subi récemment un coup de vent. A Rimini, il n'y a pas de galets (je veux dire aux bains, car d'ailleurs il n'en manque pas dans les rues). Il n'y a pas non plus de dunes : la mer commence brusquement, et le rivage finit de même, avec une bordure de sable qui, à marée haute, peut être d'environ vingt mètres. En somme, absence de tout pittoresque.

« Ce qu'il peut se trouver d'intéressant à Rimini en dehors de cela, je le verrai demain, Dieu aidant. J'ai tout le temps voulu jusqu'à 11 heures 35. Je disais tout à l'heure : « heure militaire ». C'est que j'ai été frappé ce soir de la complète exactitude des trains sur cette ligne. On est ici sur les chemins de fer méridionaux : on part à la minute juste ; ce n'est pas comme sur les lignes de la Haute-Italie, où je ne crois pas avoir vu un train autrement qu'en retard.

« Et puisque j'en suis à cette comparaison des deux contrées, j'ajoute, corrigeant une impression passée, que, en arrivant vers Bologne, et depuis, j'ai trouvé la terre très-soigneusement cultivée. Elle est d'une fertilité sans bornes ; mais la fertilité paraît bien mise à profit.

« Cela dit pour être juste envers tous, il faut, je crois, que je revienne en deux mots sur Venise, que vous connaissez. Vous me parlez des chants des gondoliers ; je dois reconnaître que pendant mon séjour assez long, et parmi passablement de courses en gondoles, je n'ai entendu aucun chant. Je me suis promené sur la Riva degli Schiavoni, j'ai passé bien des fois devant la station principale des gondoles, qui s'y trouve en effet : aucune mélodie n'a frappé mes oreilles. C'est donc un souvenir de Venise en moins pour moi. Cela tient-il à ce que le peuple italien, en devenant de plus en plus révolutionnaire, prend plus de ressemblance avec le peuple français. qui ne sait plus chanter... que la *Marseillaise*? Je ne sais.

« En somme, je puis peut-être maintenant donner mon impression vraie de Venise, et je la résumerai en disant qu'il est très-beau de contempler l'originale et orientale Venezia sur la Rive des Esclavons ou la place Saint-Marc, au clair de la lune et aux sons de la musique ; voire même à plusieurs endroits du Grand Canal (qui n'est pas beau partout) ; mais que, en somme, Venise gagne à être vue ainsi ; que ses corridors étroits, à dire vrai, et ses tortueux sentiers suintent la misère ; qu'il n'y a un peu de propreté que dans les églises ; et que les brillants magasins eux-mêmes me semblent spéculer surtout sur l'affluence des étrangers. « Bonne à voir pour quelques jours, me disait mardi un étudiant à qui j'avais demandé mon chemin ; mais mauvaise à habiter ». Je suis de cet avis entièrement.

« Oh ! j'aime mieux Padoue ! La connaissez-vous ? Je suppose que non, que vous n'avez fait qu'y passer. En tous cas, vous ne l'eussiez sans doute pas considérée au même point de vue.

« Padoue, donc, laissera dans mes souvenirs l'idée de la ville pieuse. Il s'y trouve, assurément, autre chose que la piété : il y a son Université et ses étudiants ; il y a ses églises Saint-Antoine et Sainte-Justine, fort remarquables ; il y a ses rues bordées d'arcades, qui la rendent bien pittoresque ; il y a ses nombreux jardins, je parle des jardins particuliers : la ville est fort étendue, avec une population relativement restreinte ; par les portes entr'ouvertes, on voit partout de profonds massifs de verdure. Tout cela a bien sa valeur ; c'est calme, c'est tranquille. Mais combien j'ai plus aimé encore l'atmosphère pure que l'on respire à Saint-Antoine !

« J'ai dit la messe vers sept heures et demie. Avant moi, il y avait eu d'autres messes, et il s'y était distribué des communions ; j'ai, moi aussi, donné beaucoup de communions ; il y en a eu avant et pendant la messe qui a suivi la mienne ; et j'ai vu communier chaque fois que je suis retourné ensuite à Saint-Antoine, jusqu'à onze heures et demie. Notez que beaucoup d'hommes et de jeunes gens tiennent leur place dans ces communions.

Avant, pendant, et après les messes, on va derrière l'autel, on met la main sur le tombeau de saint Antoine, et on fait là sa prière d'une façon véritablement remarquable de ferveur. J'étais à Padoue un jour ordinaire ; qu'est-ce donc quand il y a quelque fête ou solennité ?

« Il m'a paru que la douce et bienfaisante influence de saint Antoine, du « Saint » par excellence pour les bons Paduans, *il Santo*, s'étend toujours sur la ville et la préserve. Non pas que, à Padoue comme ailleurs, l'impiété dominante n'ait essayé sa puissance : en entrant dans la ville, j'avais traversé une place que la municipalité actuelle a fait dénommer place Garibaldi ; mais sur la place Garibaldi, et en face de ce nom inscrit aux murs, est une statue de la Sainte Vierge ; et, en repassant par-là le soir, j'ai vu que cette statue était éclairée par une lampe. Saint Antoine de Padoue, ô vous le grand saint des miracles, faites ce miracle supérieur à tous les autres, de vaincre le démon, « à qui a été donnée momentanément la puissance », et de préserver les âmes ! »

A Saint-Antoine de Padoue se rapportent deux souvenirs que je veux consigner ici. Pendant que j'étais dans cette église, un des franciscains qui la desservent vint me trouver, et me raconta en latin les expulsions des religieux de France. C'était une triste nouvelle de la patrie à recevoir en pays étranger ; car cela disait persécution et injustice.

Le second souvenir est celui du soin extrême avec lequel, sur l'autel de saint Antoine, étaient enchaînés tous les objets, chandeliers et reliquaires. En ce qui concerne ces derniers, je vis, je ne sais plus à quelle occasion, un clerc quelconque venir en faire baiser un à divers assistants ; mais ce clerc était armé d'une clé, et avait dû ouvrir préalablement le cadenas de la chaîne protectrice. J'ai dit comment Vérone m'avait donné le premier échantillon de cette extrême crainte du vol qui m'a paru être un peu partout la caractéristique de l'Italie, et que je devais tellement rapporter de ce voyage, que, de retour à Paris, j'étais tout surpris de n'avoir plus ces précautions à prendre pour mon parapluie et mon sac.

« ..... C'est de Bologne qu'il faut que je vous parle. Deux choses m'y attiraient : le corps conservé de sainte Catherine, *la Santa* disent les Bolonais, comme les Padouans disent de saint Antoine *il Santo* ; et la Madone de saint Luc. Il y avait bien encore le tombeau de saint Dominique; mais il aurait fallu avoir trois messes, et j'ai dû me borner.

« C'est par la Sainte Vierge que j'ai commencé. Bologne a quelque chose, à la gloire de Marie, qui est, je crois, unique dans son genre, et dont j'ai été enchanté en tant que manifestation pieuse. Il faut savoir que l'église, splendide, de la *Madonna di san Luca*, s'élève au sommet d'une montagne assez éloignée de la ville. Une bonne heure de marche en montant, voilà ce qu'il faut compter, même pour un piéton de la Suisse comme moi. Au début, quand je suis sorti de la ville, et avant d'atteindre le commencement de la montée, j'admirais la longueur et la beauté des arcades qui bordent un des côtés du chemin. C'est, du reste, le genre de Bologne : les arcades y sont nombreuses, et plus hautes qu'à Padoue et à Mantoue. Mais là, je les trouvais particulièrement régulières et prolongées. En avançant, avançant encore, j'ai trouvé que les arcades duraient toujours ; et je me suis aperçu enfin qu'elles allaient tout le long du chemin, montant la montagne avec le chemin même et conduisant jusqu'à l'église.

« Quel travail! C'est un mur en briques de quatre à cinq mètres de haut, avec un toit que les arcades soutiennent jusqu'à une certaine distance du mur. Il y a 635 de ces arcades. Çà et là, des inscriptions disent ou les familles ou les corporations aux frais de qui ce portique, comme on l'appelle, a été élevé, telle partie étant due à tel ou tel donateur et bienfaiteur. Aux environs de l'église, on a entrepris une remise à neuf, les noms des familles restauratrices y sont inscrits sous la date de 1880.

« Tout cela est grandiose. J'étais bien heureux de voir que la piété envers la Sainte Vierge a pu inspirer une œuvre aussi considérable. J'ai donc aimé mon pèlerinage à ce béni sanctuaire. Il est pourtant pénible, tant la montée est longue (1).

« Le nom de l'église lui vient de ce qu'une image de la Sainte Vierge, que l'on dit peinte par saint Luc, y est conservée et vénérée. Il y avait du monde, des communions ; à cette distance de la ville, c'étaient là des indices de dévotion et de ferveur. Les moines gardiens de l'église vous montrent l'image avec toutes les démonstrations italiennes du plus grand respect, quelque chose

---

(1) Au départ de Bologne, l'église était visible du chemin de fer. Je l'ai regardée et saluée de cœur tant que j'ai pu la voir; et on la voit encore après la deuxième station.

comme ce que j'ai vu plus tard à Rome pour *Il Bambino*.

« Bref, ma matinée, qui a été employée à cette course tout entière, a été bonne. Elle eût seulement été moins fatigante si j'avais su qu'il fallait emporter des provisions : je n'ai vu nul moyen de me réfectionner de quoi que ce soit après la messe. Ce que je comprends chaque jour davantage à mesure que je pénètre dans ce pays, c'est qu'il faut tenir compte sans cesse de l'*inhospitalité italienne*.

« L'après-midi a été consacrée aux curiosités de la ville même. Je ne citerai que l'une des deux tours penchées, la plus haute, naturellement, sur laquelle je suis monté. Le lendemain, messe à Sainte-Catherine ; mais, hélas ! il n'y avait pas là la piété ni le concours de Padoue ! Je n'ai pas encore retrouvé cela, pas même à Lorette, qui est pieux, mais un peu bruyant, et peut-être surtout trop *voyant* ; pas à Rome, où les églises célèbres : Saint-Pierre, Saint-Jean-de-Latran, Saint-Paul, Saint-Laurent, Sainte-Croix, Sainte-Marie-Majeure elle-même, écartées de la ville actuellement habitée, ne sont un peu animées que par de rares visiteurs. Pas non plus à Assise, où je n'ai pour ainsi dire vu personne »

En fait, je ne devais retrouver quelque chose de semblable qu'à Gênes, ville pourtant bien différente de Padoue. En ce qui concerne Bologne, il faut dire qu'on travaillait alors, dans l'église Sainte-Catherine, à la chapelle de la Sainte, où je ne pus dire la messe à cause de cela, et que ce bruit et cette poussière nuisaient au bon aspect et au recueillement de l'église. Cependant, je crois que mon observation ne manquait pas de vérité.

A Saint-Dominique, très-vaste édifice, il y avait aussi mouvement et bruit : on préparait un centenaire de sainte Catherine de Sienne ; ce n'est même pas sans quelque difficulté que j'ai pu entrer. Il m'a semblé que certaines statues, autour du tombeau du Saint, étaient bien un peu mondaines. Et aussi, en voyant là deux anges, dont l'un est de Michel-Ange, et apprenant que, après avoir cru longtemps que c'était l'ange de gauche qui était l'œuvre du Maître, on croit maintenant que c'est l'ange de droite — ou peut-être *vice versa* —, je n'ai pas manqué de faire en moi-même des réflexions légèrement narquoises au sujet des prétendues connaissances des connaisseurs.

C'est peut-être ici le lieu de mentionner en quelques mots toute la profusion de marbres qui enrichit universellement ces églises italiennes. Il y a tant de marbre partout, que, en allant célébrer la sainte Messe, j'étais obligé sans cesse à de grandes précautions pour marcher. Je n'eusse pas voulu faire comme le secrétaire-général de l'Evêché de Carcassonne qui, allant dire la messe à la Confession de Saint-Pierre, glissa sur le pavé et tomba, et fut boiteux pour le peu de jours qu'il avait à passer dans la ville. Ces mêmes précautions étaient souvent nécessaires pendant la messe même, le marchepied des autels étant en marbre également, et dépourvu de tapis.

A Venise, où mon hôtel, tout en étant bon, n'était pas de premier ordre, j'avais à parcourir de même des corridors pavés de marbre. Dirai-je ce que j'ai trouvé assez fréquemment de plus caractéristique en ce sens ? C'est l'emploi du marbre pour... je suis embarrassé d'exprimer ma pensée, c'est-à-dire indiquer la chose — certaines tables, percées d'un trou dans des endroits où l'on va seul. C'est d'un froid ! Mais les Italiens sont ingénieux : j'ai pu souvent constater qu'ils étendent au préalable une feuille de papier. *Paulo majora canamus* !

J'ai eu deux torts à Bologne. L'un, de visiter le musée d'antiquités installé au premier étage de la Bibliothèque communale : il n'en vaut pas la peine ; et le préposé m'a demandé l'aumône en se déclarant peu payé. Ce n'est point mon goût d'aider ainsi le gouvernement italien à subventionner ses fonctionnaires.

L'autre tort, beaucoup plus grave, a été de ne pas voir la célèbre Sainte-Cécile de Raphaël. C'est un *lapsus* que je regrette encore. J'ai peine à concevoir comment j'ai pu faire un tel oubli. Je n'avais pas alors pris le goût pour les collections de peintures que je devais puiser plus tard dans mes visites réitérées au palais Pitti et aux autres musées de la belle et riche Florence.

Puisque j'en suis au chapitre regrets (bien que je doive prochainement signaler celui que j'ai alors cru le premier ; mais je me suis mieux rendu compte plus tard), je note aussi la faute commise, c'en est une évidemment, de n'avoir pas, entre Bologne et Rimini, poussé une pointe jusqu'à Ravenne. Je reconnais maintenant que j'ai négligé là l'une des plus intéressantes études à faire dans mon voyage. Une fois en route, on n'a plus guère le temps d'étudier son « Guide ». Ainsi, d'avance, le voyage n'est jamais trop bien préparé ; quelquefois même, comme dans ce cas particulier, il ne l'est pas assez.

CHAPITRE TREIZIÈME

Loreto

« Dimanche, 24 Octobre.

« ... As-tu pensé à Lorette aujourd'hui ? Puisque d'avance tu avais porté tes vœux pour moi dans cette direction, je ne serais pas surpris que tu aies en effet voyagé, par l'esprit, de ce côté, quoique plus ou moins à l'aventure. Eh bien ! véritablement, j'étais à Lorette. Quelle journée j'ai passée ! Et elle a été remplie d'impressions si diverses ! Voyons si je saurai rassembler mes idées, et fixer convenablement ces souvenirs.

« Avant tout, j'ai à te dire que j'ai célébré la sainte Messe dans ce qu'on appelle ici *la Santa Casa*, la sainte maison de Celle que nous aimons tant, et aussi, pour un espace de temps considérable, de Celui que nous voulons aimer par-dessus tout, sur la terre d'abord, au Ciel ensuite. T'étonneras-tu si j'ajoute que, en offrant là le grand sacrifice, j'ai pleuré presque tout le temps ? Songe donc que je me voyais dans ces murs témoins de tant de merveilles, de tout ce que je crois, de tout ce que j'aime, de tout ce que j'adore, de tout ce en quoi j'espère ! Dans ces murs sanctifiés par le séjour de l'Immaculée, imprégnés en quelque sorte de sa prière, et comme respirant sa sainte Pureté ; dans ces murs où est venu l'archange Gabriel, là où a été apporté à Marie le message célèbre et à jamais béni, là où le Verbe divin a pris un corps ! J'étais là où Jésus, mon Dieu (ce mot dit tout pour moi), a vécu tant d'années, faible enfant d'abord, puis adolescent « plein de grâce », et enfin homme fait, mûr pour la souffrance et l'humiliation !!!... Que de souvenirs ! Et, je puis le dire avec plus de vérité encore que lorsque je te parlais de Rome l'autre jour — à l'avance —, quels grands souvenirs ! Ah ! j'ai bien baisé plus tard ces murs bénis, ces murs consacrés ! J'y ai, tant que j'ai pu, recueillli pour moi leurs bénédictions ; et j'aurais voulu les recueillir aussi pour tous ceux que j'aime, après, comme dit sainte Gertrude, « le plus aimé de ceux qui sont aimés ». J'y ai du moins, et dans ce but, fait toucher des médailles qui rapporteront, je l'espère, au temps du retour du pèlerin, un peu de grâces.

« Tu me demanderas peut-être: « Mais vous croyez donc vraiment à *la Santa Casa*? » — Dans notre siècle sceptique, où l'on met aisément en doute tout ce qui sort du cercle ordinaire des choses naturelles, on a traité cela, je le sais, de fable impossible. Sache-le : je n'en crois pas moins à cela de tout cœur, et pour une raison fort simple. Ce serait un plus grand miracle de l'avoir fait croire, je ne dis pas depuis si longtemps, mais plutôt encore dès l'abord, cette croyance, dis-je, et cette crédulité du peuple environnant serait un plus grand miracle que le miracle même de la transportation.

« Penses-y un instant. Une construction ne se fait pas sans bruit, ni par la nuit close, ni instantanément. S'il te passait, à toi, la fantaisie ou de faire construire une « casa » quelconque, ou d'en choisir une ancienne, et, par un beau jour, de monter sur un piédestal et de dire aux peuples : « Venez tous, et adorez ! Cette construction est la maison de la Vierge, apportée ici cette nuit par les Anges » — si cette fantaisie te passait, on t'emmènerait vite... à Charenton.

« Je ne veux pas d'autres preuves, bien qu'elles ne manquent pas. Et les philosophes plus ou moins dignes de ce titre, qui poursuivent ce miracle, comme tant d'autres, de leur incrédulité dédaigneuse, oublient un point fondamental en philosophie, la valeur du témoignage humain dans des choses aussi matérielles que l'est celle-ci. Voilà pourquoi j'ai dit la messe ce matin en pleurant, et ai vénéré la chère *Santa Casa* de tout mon cœur.

« J'y suis arrivé en voiture : il y a une petite distance de la gare à la ville, en sorte qu'il était bon, pour ma messe, de gagner du temps. Après avoir donné, chemin faisant, un rapide coup d'œil aux rues de Lorette, tout enguirlandées d'étoffes voyantes exposées en étalage, je me trouvais en butte, du haut des marches de la basilique, aux malédictions de mon cocher, avec qui j'étais convenu de soixante centimes pour la course, à qui j'en donnais quatre-vingts, et qui voulait absolument avoir un franc, quand tout à coup résonnent à mon oreille des paroles de bienvenue françaises. C'était une dame qui, m'ayant reconnu pour français, me demande à quelle contrée de la France j'appartiens et à quel hôtel je vais. Je m'étais bien gardé de m'engager pour aucun hôtel : je regarde les hôtels avant de m'y aventurer. Elle m'explique donc que sa mère (ladite dame étant une demoiselle) est française d'origine ; qu'elle empêche autant qu'elle peut que les prêtres français n'aillent se faire écorcher à l'hôtel ; et bref, me prie de venir chez elle, tout à côté de l'église, une fois ma messe dite. J'ai accepté ; peut-être surtout par curiosité de voir un intérieur italien ; un peu aussi pourtant par satisfaction vraie de rencontrer un accueil cordial. Je t'assure que cela m'a paru rare en Italie : je ne sais ce qu'ils sont entre eux ; mais en général, et malgré des exceptions, ils me paraissent peu aimables vis-à-vis de l'étranger.

« Tout ce que je te raconte là se passait, se disait au sein d'une cohue nombreuse de pèlerins et de pèlerines. Il y avait foule. Mais nous étions tout particulièrement assistés d'un témoin qui attendait que je fusse libre de le suivre. C'est que, avant que l'aimable personne dont je te parle ne m'eût fait ses communications, c'est-à-dire dès que j'eus posé le pied hors de ma voiture, j'étais déjà aux mains d'un officieux qui s'était emparé de moi comme d'autorité. Véritablement, je l'ai pris tout d'abord pour un employé de la basilique, chargé de « piloter » les pèlerins prêtres. En moins de temps que je n'en mets à te l'écrire, nous avions percé la foule, lui et moi, la foule aux couleurs multiples et aveuglantes, au milieu de laquelle il m'aurait fallu, seul, un instant pour me reconnaître ; nous entrions, après une courte prière (de moi) dans la sacristie ; mes papiers étaient vérifiés, l'heure de ma messe fixée, c'est-à-dire que j'allais monter à l'autel immédiatement ; et c'est presque sans trop savoir comment que je me suis trouvé au cher *Introibo* de la *Santa Casa*. Je sus ce qu'était mon homme quand il fallut le payer ; mais je le fis volontiers, il m'avait vraiment rendu service. Décidément, il peut arriver que les *Ciceroni* italiens aient du bon, quelquefois !

« La basilique est vaste et belle. J'y ai passé le temps d'entre mes repas, car d'ailleurs il n'y a rien autre chose à voir à Lorette, assistant aux vêpres des chanoines, examinant toutes choses, et égrenant partout mon chapelet. Que peut-on faire de mieux si près de la *Santa Casa* ?

« Je dis si près, et non pas dedans : l'après-midi, la *Santa Casa* était fermée. On n'en voit rien à l'extérieur : elle est extérieurement toute revêtue d'un placage en marbre blanc superbement sculpté.

« Il faut maintenant que je t'esquisse la physionomie du pèlerinage. En général, je dois dire peut-être que je l'ai trouvé moins pieux que celui de Padoue : il y avait à Saint-Antoine un parfum de piété que l'on ne rencontre guère. Pourtant, l'édification ne manquait pas ; et, sans même parler des communions nombreuses que j'eus à donner à ma messe, tous ces italiens et toutes ces italiennes, agenouillés dans la ferveur, formaient un tableau bien chrétien.

« Je parle d'italiennes. Ah ! cette fois, c'est bien en Italie que l'on est ! Te décrirai-je les costumes, les toilettes ? Ce n'est pas trop mon affaire, et je ne sais si j'y réussirai bien. Et puis, il faudrait un pinceau aux couleurs si vives, non moins que si variées !

« En fait de couleurs, je puis te le dire, toutes celles de l'arc-en-ciel étaient représentées, et au-delà, soit dans les rues de Lorette, soit dans la basilique. Au-delà ; car il y avait des mélanges, et le nombre sept se trouvait, en conséquence de ces combinaisons, de beaucoup dépassé. Déjà, depuis deux jours, j'avais vaguement constaté l'amour des italiennes pour ce qui tire violemment le regard, en les voyant travailler aux champs généralement en rouge. Aujourd'hui, c'était le peinturlurage sans bornes. Figure-toi un bariolage de rouge, de bleu, de jaune, de violet, de blanc, sans compter le reste.

« Toutefois, il y a mieux encore que les couleurs ; voyons si je saurai te faire cette description. La toilette d'une italienne dans tout son coup de feu m'a paru être ceci. D'abord, des jupes d'une largeur, ou plutôt d'une rondeur démesurée, qui m'ont de suite et immédiatement reporté à un temps que je croyais bien passé, le temps des crinolines. La crinoline est morte, oui, sans doute, pour le reste du monde ; mais elle vit toujours dans la Marche d'Ancône.

« Je n'ai même pas souvenance d'avoir vu, aux plus splendides jours de cette trépassée, rien d'aussi rond que les jeunes ancônaises. Certainement et sans exagération aucune, deux d'entre elles (je parle des plus huppées) couvrent une surface en longueur de trois mètres, largeur proportionnée.

« Elles ajoutent d'ailleurs à la crinoline un instrument que je crois plus moderne, et que ton sexe appelle, sauf erreur de ma part, la tournure. Mais quelles tournures ! Non jamais je ne vis hanches aussi démesurément développées ! J'ai calculé mentalement (tu comprends que je faisais ces remarques dans la journée, tout en allant et venant), j'ai calculé, dis-je, que dix des congénères de mon chien Boulot, d'une taille équivalente à la sienne, tiendraient à l'aise sur les reins d'une italienne en ses habits de fête. Ton imagination peut se donner carrière sur ce thème.

« Si maintenant il faut, pour te représenter le tout, revenir aux couleurs, figure-toi quelque grosse fille, ainsi fagotée, tout en bleu, ou tout en gris, ou la jupe en gris et le corsage tout jaune, ou tout en violet, etc., etc., etc. La jupe est large, mais elle est courte, laissant très-bien dépasser les deux jambes. Elle est d'ailleurs sans plis ni bouffants d'aucune sorte, garnie seulement, à quinze centimètres du bord inférieur, d'une bande d'étoffe la plus éclatante possible, large de trois doigts sans plus.

« Tout cela, c'est la partie la moins élevée de ces petites personnes. J'avoue que je n'ai fait attention ni aux bas, ni aux chaussures. Je suppose qu'ils n'ont rien de particulier, puisque je n'en ai pas été frappé. Reste la partie supérieure. Elle n'est pas moins curieuse, en ce que nos héroïnes portent sur la poitrine une espèce de plate-forme très-proéminente, toute saillante en avant. Là, il ne pourrait qu'un seul Boulot; mais il y trouverait fort bien sa place.

« Si tu ajoutes à ces hanches et à cette poitrine également sorties un voile blanc, suspendu au sommet de la tête comme les autres italiennes y suspendent leur voile noir, et retombant sur le dos jaune, bleu, violet, rouge ou vert (je ne t'avais pas nommé le vert, je crois, dans la nomenclature de mes couleurs), tu auras, avec fort peu d'efforts de ton jeune esprit, le portrait vivant de mes lorettoises en grand gala.

« On m'avait parlé, pendant que je dînais, des « épouses », et ce nom est revenu plusieurs fois sur les lèvres de mes interlocutrices. J'ai demandé des explications, et j'ai su que ces dames si pimpantes sont les mariées de la semaine, faisant le pèlerinage solennel à la *Santa Casa*, accompagnées de leurs « époux » et de leurs demoiselles d'honneur. Voilà qui doit t'en donner de l'envie! Quoique mariées, m'a-t-on dit, elles n'entrent définitivement dans la vie conjugale qu'après ce devoir pieux accompli. Je suppose donc que je les ai vues dans toute la splendeur de leur toilette de noces. Pauvres petites lorettoises! Je prie pour elles de mon mieux. Elles ont vécu leurs plus beaux jours ; et c'est bien certainement, pour celles qui sont devenues dames et ne sont plus demoiselles, l'une des dernières fois où elles se pavanent dans ce brillant étalage. Pour elles s'est ouverte la période sérieuse et souvent pénible de la vie féminine. Mais passons !

« Il reste toujours un mystère que je ne me charge pas d'éclaircir : c'est celui des procédés par où l'on arrive soit à composer ces formidables hanches, soit à étaler ces immenses jupons, soit enfin à faire tenir le tout. Il y a là un de ces secrets que vous avez, vous autres, et que vous avez seules. Glissons, mortels, n'appuyons pas !

« Mais au reste, si tu veux que je finisse « par un trait de satire », voici ce que je dirai en terminant. Mes villageoises italiennes, surtout quand elles étaient pieusement agenouillées, me faisaient, sans doute, quelque peu l'effet de ces montagnes suisses que j'ai tant parcourues, à base énorme et à sommet en pointe de cône ; mais après tout, et à parler de plein sang-froid, leur façon de s'attifer n'est pas plus ridicule que nombre de toilettes parisiennes. Lesquelles ? me demanderas-tu peut-être. Je n'en citerai aucune, pour la bonne raison qu'elles changent sans cesse, et que celle d'aujourd'hui est destinée à n'être plus celle de demain. Tout ce que je sais, c'est qu'on semble, en général, s'y ingénier à ce qui est à la fois incommode et laid. Et puis, à vrai dire, c'est là un chapitre sur lequel je ferai bien, probablement, de garder maintenant un « silence prudent » ; car tu ne manquerais pas de me prendre à partie à ton tour, et de me dire : « Que vous êtes méchant ! »

« Laissant donc la question toilette, veux-tu maintenant que je te dévoile un des arcanes les plus intimes de l'Italie ? Je vais essayer de le faire. Mais je ne sais si je trouverai sur ma palette, ainsi enluminée aujourd'hui au soleil de Lorette, des tons assez affaiblis. L'Italie, à mon goût, serait bien belle,... si elle était plus propre. Mais l'Italie n'est pas propre. Voyons, il faut que je m'exécute, car il est requis, quand on parle de l'Italie, de savoir « braver l'honnêteté » — chose d'autant plus juste, en somme, que, au dire du poète, c'est là la mission du latin, fils de l'Italie.

J'appellerai donc
« ... Un chat, un chat ; et Rolet un fripon »,
et je te dirai que l'Italie a des puces. Oh ! les puces sont mon cauchemar depuis quelques jours ! Mais je ne crois pas en avoir attrapé encore autant qu'à Lorette. En vérité, je me demande si c'est qu'elles me prennent pour de la viande fraîche !

« Sont-ce les mendiants et mendiantes, qui se gênent assez peu, dans leur importunité, pour vous approcher de tout près et vous toucher le bras ! Sont-ce les « épouses » et leurs compagnes, dans un flot desquelles je me suis trouvé pris un moment, et leurs jupes sans bornes dont elles m'ont emprisonné sans façon ? Serait-ce plutôt que le sol même, pour ainsi parler, est imprégné de cette désagréable engeance ? Toujours est-il que, sorti de la basilique pour faire emplette de médailles, je me trouvais, pendant que j'étais à l'étal de la marchande, dévoré par ces vilaines bêtes. Il y a eu pis que cela : sentant je ne savais quoi remuer dans mon chapeau, que j'avais sur la tête, j'ai ôté machinalement cette partie indispensable du costume ; et c'était une puce, visible à l'œil nu, je te prie de le croire, qui faisait de ce désert son lieu de promenade. Tu sauras que j'ai horreur des puces. Boulot lui-même ne trouverait pas grâce devant mes yeux s'il en donnait. Juge si j'aime d'être ainsi accompagné, et si je ne suis pas à peu près constamment tourmenté par l'idée que les puces circulent librement sur le grand chemin de ma peau. Il y a là une « impression » d'un autre genre, dont j'ai pensé que je te devais la confidence.

« Je ne suppose pas que j'aie attrapé des puces dans la maison où j'ai déjeûné et dîné ; cependant, c'est là chose si complètement italienne, qu'il ne faudrait jurer de rien. La façon toute inattendue dont j'ai fait ces deux repas, à vrai dire, m'a été agréable. J'ai été content d'être bien accueilli, de causer cordialement, d'échapper du moins pour un jour à la dureté italienne. Je ne sais, il me semble que la qualité de français n'est pas une recommandation en Italie. C'est plutôt ma robe de prêtre qui me recommande, parfois peut-être me préserve. J'ai donc mangé dans cette maison, y buvant d'un vin du pays qui m'a paru particulièrement parfumé. A l'heure du train, on est venu me reconduire jusqu'à la gare ; et on recommandait bien, si je n'arrivais pas au train, de m'adresser à la même porte. Mais je ne manque pas les trains, c'est ma réponse. Et je n'ai pas manqué celui-là plutôt qu'un autre.

« Qu'en dis-tu? N'est-ce pas là une journée bien pleine? Et pleine, comme je te le disais en commençant, d'impressions fort diverses? En somme, je trouve ma journée bien bonne, toute bonne. Ancône, d'où je t'écris tout ceci, n'aura été pour moi qu'une hôtellerie, dont je n'ai rien à dire; mais Lorette! oh! j'en garderai le souvenir!

« Ne trouves-tu pas bien touchant ce pèlerinage des « époux » et des « épouses », ce retard surtout apporté pour lui à l'entrée en ménage, qu'on ne veut faire que sous la bénédiction de Marie? C'est touchant et bien chrétien.

« Des fenêtres de mon auberge improvisée, mes hôtesses m'ont montré à quelque distance les champs de Castelfidardo. Là s'engloutit, on peut le dire, la fortune temporelle des Papes, en 1860. Triomphe de la franc-maçonnerie, machiné, au fond, par Napoléon III. Lamoricière et ses héros n'auront recueilli là aucune autre récompense que celle de leur foi. C'est assez, et il ne faut rien de plus. Et nous, voyant que Dieu conduit toutes choses en des desseins qui ne sont point les nôtres, nous n'avons qu'à adorer, espérer et attendre.

Le souvenir de Napoléon 1er revient également à Lorette, ou plutôt celui de Bonaparte à ses débuts. Il y a dans la *Santa Casa* une Vierge noire, que la tradition dit sculptée par saint Luc : cette statue partage avec la sainte Maison proprement dite les honneurs et la vénération du pèlerinage. Quand il passa à Lorette en 1797, refoulant, lui aussi, les peu nombreux soldats du pape, Bonaparte se fit apporter la madone, retint à dîner le chanoine qui l'accompagnait, et se borna, disent les chroniques du temps, à interdire de nouveaux miracles :

« De par le Roi, défense à Dieu.
De faire miracle en ce lieu. »

Qu'il y a longtemps que Bonaparte a passé ! Et que les Napoléon sont loin ! C'est d'eux surtout que l'on peut dire qu'ils ont été engloutis. Mais la madone est toujours là ; et le Pèlerinage subsiste dans toute sa splendeur. »

CHAPITRE QUATORZIÈME

Assisi.

Le lendemain, 25, je partais d'Ancône, refaisant jusqu'à la première station un chemin déjà parcouru en venant de Rimini, chemin qui longe constamment la mer d'aussi près que possible. Or le possible, là, peut changer de nom ; c'est le *tout*. Il n'y a entre la mer et la voie ferrée qu'un simple mur. Ce ne sont pas là les élévations ni les dépressions de nos marées de la Manche ou de l'Océan ! Il ventait assez frais, en sorte que l'écume des vagues, charriée par la brise, arrivait parfois jusqu'au train ; mais, évidemment, on ne redoute pas là de violences capables d'emporter ni la voie, ni même le mur qui la protège, mur d'épaisseur ordinaire, et maintenu assez bas pour que les voyageurs aient la vue des barques et vaisseaux voguant au loin.

Sauf l'imprévu des trains plus ou moins exacts, je devais avoir assez de temps pour visiter Foligno ; et là, je changeais un instant de ligne pour aller à Assise.

« . . . . . Assise ! voilà, depuis mon départ, le premier nom qui me laisse un peu de regrets, en ce sens que je ne l'ai pas vu autant que j'aurais voulu. Qui eût pensé, en traçant un itinéraire, qu'Assise eût besoin, pour être bien vu, de plus d'une demi-journée ? C'est pourtant ainsi : outre qu'il faudrait deux messes pour Assise, l'une à Saint-François, l'autre à Sainte-Claire, j'ai trouvé la ville on ne peut plus curieuse. Je suis arrivé à Assise dans l'après-midi vers trois heures ; j'en suis parti le lendemain à midi et demi ; et il a manqué à mon excursion d'y rester encore une nuit, pour avoir une après-midi de plus.

« Après la visite à Sainte-Marie des Anges, et du temps perdu en efforts infructueux pour obtenir d'être logé au couvent voisin (d'où j'aurais ensuite rayonné à mon aise), je me suis dirigé vers la ville. Sainte-Marie en est à une petite distance, tout près du chemin de fer ; vous savez que c'est là où se trouve encadré dans les murs de l'église, à peu près comme à la *Santa Casa*, l'oratoire célèbre et si favorisé de la Portiuncule. La ville se détache, à droite, sur le flanc de la montagne. Le chemin traverse d'abord des champs mêlés de vignes, puis des plantations d'oliviers au feuillage blanchâtre. Le couvent de Saint-François, père de tous les couvents de l'ordre, s'annonce de loin fort majestueusement ; car il est assis sur le talus, soutenu par d'énormes soubassements en arcades.

« Vu de près, avec sa grande église à trois étages,

l'étage du milieu sortant déjà de terre, mais encore tout sombre néanmoins, et qui force l'admiration par ses puissantes voûtes, celui d'en haut, malheureusement enlevé au culte en ce moment pour des réparations de fresques, se déployant dans sa splendide architecture gothique (je dis : gothique *italienne*), le couvent n'est pas indigne de cette beauté lointaine. Lui aussi, je le comparais un peu au Mont-Saint-Michel ; et si cette comparaison est forcée, évidemment, en ce que, à Assise, il n'y a pas eu à la construction les difficultés toutes particulières de la situation du Mont-Saint-Michel, en ce que aussi on n'y admire pas le même fini « merveilleux » d'architecture, il reste vrai pourtant que les Bénédictins, si grands partout, n'ont pas eu le monopole des belles choses, que les Franciscains eux-mêmes ont su marcher après eux dans la voie du beau.

« Le couvent de Sainte-Marie des Anges, dont je viens de parler, est occupé par les franciscains de l'Observance ; celui d'Assise, proprement dit est en la possession des Conventuels, vêtus de noir. Je suppose qu'il y a quelque part dans la ville des Capucins : il n'est pas probable que les trois familles séraphiques ne soient pas également représentées au berceau de l'Ordre.

« J'ai dit : Les Conventuels sont en possession ; ce n'est vrai qu'incomplètement. L'histoire d'Assise est l'histoire de partout en Italie ; là aussi, il y a « sécularisation », c'est à dire triomphe de Satan et de ceux qu'il mène, c'est à dire confiscation, car c'est toujours à cela que l'on aboutit en ce genre ; et c'est une bien faible partie des immenses constructions qui a été laissée aux pauvres religieux. Le croirez-vous? C'est à une école d'enfants d'instituteurs que l'on a utilisé le couvent confisqué! Par ce temps où les instituteurs, si souvent serviteurs dévoués de la franc-maçonnerie (comme ils le sont, en général, de tout ce qui est puissant), sont tant devenus des instruments actifs de déchristianisation, l'insulte est poignante. Les braves moines font ce qu'ils peuvent, m'a-t-il semblé, vivant côte à côte avec ces ennemis nés, pour tirer parti du voisinage et faire quand même le bien autour d'eux. Il n'y a jamais pour Satan une victoire tout à fait complète.

« J'ai célébré la sainte messe dans l'église inférieure, la crypte, autrement dit, au tombeau précieusement conservé de saint François. On vous fait remarquer là ce qui est indiqué dans notre Bréviaire, que c'est le rocher même du tombeau primitif qui subsiste toujours. Il a été taillé et ornementé ; lui aussi, comme la *Santa Casa*, on l'a enveloppé de marbres et de sculptures ; mais il est resté intérieurement tel quel. Un ordre des Papes, vous le savez, l'a prescrit ainsi, et c'est très-bien fait.

« Il m'aurait fallu une seconde matinée pour dire la messe à Sainte-Claire. Ils sont là tous les deux, aux deux points extrêmes de la petite ville, saint François et sainte Claire, lui l'amant enthousiaste des choses divines, elle, entraînée par son exemple et ses discours à vivre si saintement! Les Franciscains gardent saint François, les Clarisses ont leur fondatrice et mère, c'est dans l'ordre. Mais, comme il convient aussi, peut être, l'église Sainte-Claire n'a rien de la splendeur monumentale qui distingue le grand temple franciscain.

« Je suis du moins allé vénérer les précieux restes de la chère et grande sainte. Comme sainte Catherine de Bologne, le corps virginal de sainte Claire est resté à l'abri de la décomposition.

« Une balayeuse m'a conduit à une demi-porte où s'est bientôt présentée une petite religieuse au visage caché. Elle parlait le français si purement, même si élégamment, que j'ai peine à croire qu'elle ne soit pas une compatriote. Elle m'a montré la tête d'Agnès d'Assise, la sœur de sainte Claire, menée par elle à Jésus, comme sainte Claire elle-même l'avait été par saint François. C'est un crâne décharné, relique bien précieuse, mais qui n'offre rien d'extraordinaire. Quant à sainte Claire, comment exprimerais-je mon sentiment ? Je l'ai mieux aimée que sainte Catherine. Sainte Catherine est assise, couverte, sauf la tête et les mains, de riches étoffes : il est sûr que, en la voyant ainsi dans toute la rigidité de la mort, et pas suffisamment prévenu à l'avance, je n'avais été impressionné qu'assez péniblement. Sainte Claire est étendue, j'ai trouvé cela beaucoup plus naturel. L'une et l'autre, d'ailleurs, dans les parties découvertes, sont entièrement noires.

« C'est ici que se place mon regret ; car c'est après avoir été implorer ainsi les douces bénédictions de sainte Claire, que j'ai dû partir d'Assise. J'avais fait la veille déjà, dans l'ombre du soir, une promenade par les rues d'Assise ; j'y avais remarqué deux choses dont j'aurais aimé à mieux me rendre compte.

« D'abord, c'était le sombre, le solennel, presque le menaçant de ces rues désertes. Il ne me semble pas que qui n'a pas pénétré dans une de ces petites, mais antiques villes d'Italie, se puisse rien figurer de semblable. Des rues étroites, montueuses, bordées de hautes maisons. Mais ces maisons-là ne sont habitées que par le haut, en sorte que chacune d'elles, avec ses portes massives, son rez-de-chaussée élevé, ses murs épais de fortes pierres, a tout l'air d'être disposée pour soutenir un siège.

« De loin en loin, passait, dans un sens ou dans l'autre, quelqu'un de ces italiens de haute taille (je n'ai pas encore dit, il me semble, combien je remarque qu'il y a d'hommes grands par ici), coiffé d'un chapeau mi-pointu, les épaules chargées d'un long et large manteau noir. Il ne manquait au costume qu'une rapière battant les jambes, et on aurait pu justement se croire revenu au temps du moyen-âge, à l'époque où chaque ville de ce genre, toujours armée pour la guerre, ne s'occupait que de se défendre contre sa voisine ou de l'attaquer!

« Je parle de manteau. Il faut vous dire qu'il faisait très-froid à Assise quand j'y suis arrivé, de ce froid des montagnes dont l'âpreté rivalise avec celui de la mer. Assise est en pleine montagne ; et c'est là précisément le second point de vue (à ne parler que profanement) sous lequel j'eusse aimé à l'étudier plus à fond.

« J'avais eu, à un certain moment de ma promenade, une échappée de vue sur les montagnes derrière la ville. J'ai été frappé de leur cachet sauvage, je dirais presque exalté. Et ce caractère devait être plus marqué encore autrefois, quand il leur restait des parties boisées ; car maintenant tout y est bien nu. Je me suis dit que Dieu, quand il veut se faire un saint d'une trempe spéciale, choisit pour lui sans nul doute le milieu, même matériel, le plus approprié à une aussi haute vocation. J'aurais même eu, je le suppose, d'autres raisons de le penser ainsi, si j'avais pu aller au Subasio, à la montagne où l'extatique François s'était fait un ermitage. Du peu que j'ai vu, il m'a semblé pouvoir tirer la conclusion que le cadre avait dû être en rapport avec la sainteté ; que cette nature âpre, grandiose, sauvage, aux cimes entassées, ayant quelque chose comme de titanesque, avait pu influer sur le cœur et l'esprit de notre grand saint François, le saint à l'extase perpétuelle et aux brûlantes ardeurs. Des montagnes, il doit être plus facile de s'élever jusqu'à Dieu !

« Je ne suis point allé au Subasio. Et de même, j'ai dû passer sans rechercher si les reliques de sainte Angèle sont à Foligno. Je ne dirai point des trains de ces contrées ce que je disais naguère à Rimini : nous avions à Foligno près d'une heure de retard. Le corps, cette fois, l'a emporté sur l'esprit, et je n'ai pris dans cette dernière ville que le temps de déjeûner à la prochaine auberge.

« Nous avions pourtant deux locomotives, pour

un train d'ailleurs de proportions restreintes. Mais il faut dire que le chemin de fer monte tant, tant ! qu'il y a lieu à indulgence. D'Ancône, pendant une vingtaine de lieues, la voie ferrée va toujours en montant : ce sont les Apennins qu'il s'agit de traverser.

« A un certain moment, on arrive dans un tunnel, le train s'arrête, des cris d'employés se font entendre ; et on reste là. C'est le point culminant de la montée, au moins dans cette partie ; et l'arrêt vient de ce que la locomotive supplémentaire se détache pour s'en retourner seule, juste comme, au Saint-Gothard, quatre chevaux, sur les six qui avaient péniblement hissé le chariot porteur de mon sac, furent dételés et remmenés par un enfant.

« Même système encore après Foligno, où l'on va passer à six cents mètres de hauteur. On n'allait pas vite, et il n'y faisait pas bien chaud ; mais que c'est beau cette traversée des Apennins ! Comme c'est sauvage ! Comme c'est désert ! Comme c'est grandiose ! On a tout le temps d'admirer, c'est là du moins un avantage. Et moi, en même temps que ces grandes beautés de la Création, j'admirais le génie de l'homme, être si petit par lui-même, faisant passer ses convois dans cette solitude, parmi ces sables, à travers ces rochers, et vraiment devenu le vainqueur de la nature. Puisque les voyages pédestres sont impossibles en Italie, j'ai été bien heureux, du moins, de suivre cette magnifique ligne.

« Je n'étais pas le seul qui jouît : là, comme en Suisse, tout le monde était aux portières des wagons. Dieu a mis au cœur de l'homme le sentiment des belles choses ; et, après tout, ce sont encore *ses* œuvres qui ravissent nos admirations le plus sûrement. »

FIN DE LA DEUXIÈME PARTIE

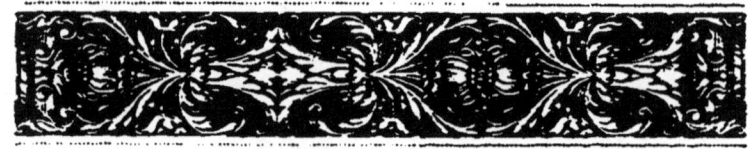

Troisième Partie

L'ITALIE

ROME

CHAPITRE QUINZIÈME

ROMA ! — L'arrivée. — Vive Léon XIII ! — Saint-Pierre.

« Rome, le 28 Octobre 1880.

« Je suis donc à Rome, mes chers Parents, comme vous voyez ! Enfin ! ce n'est plus seulement un projet, mais une chose faite. J'y suis même arrivé un peu plus tôt que je ne vous avais dit : c'est mardi soir (26) que j'y ai fait mon entrée. Hier et aujourd'hui, j'ai bien circulé à droite et à gauche.

« Ce qu'il y a de plus clair pour le moment dans mon esprit, c'est qu'il faut beaucoup de temps pour tout voir, et le voir convenablement. Je compte rester tout au moins quinze jours, peut-être plus. Oui, vers la Saint-Martin je commencerai à penser au départ ; jusque-là, il faut que je reste bien tranquille. Je me suis installé dans un hôtel où je dîne et je couche ; mais, naturellement, je suis absent toute la journée, et j'ai fait mon marché de déjeûner comme je l'entendrai, n'importe où, là où je vois un restaurant qui ne m'a pas l'air trop sale. La saleté italienne est jusqu'à présent ce qui me coûte le plus ; car d'ailleurs je comprends assez bien leur langage, et il y a moyen de se tirer d'affaire avec eux.

« Vous n'avez pas, je le vois, un aussi beau temps que moi : il pleut chez vous, et il y fait froid. Ici, il fait chaud : depuis que j'ai arrêté ma chambre d'hôtel et y ai déposé mes affaires, ma douillette se repose ; et hier soir, j'ai fini par acheter une canne pour l'avoir dans mes courses, car cela a l'air sot de sortir sans cesse avec un parapluie dans un pays où il ne pleut pas. Il y avait longtemps déjà que je ruminais cette acquisition, quand, hier soir, au milieu de la foule, un jeune commis est venu avec des cannes dans ses bras ; il m'a d'abord demandé un franc cinquante pour une, puis un franc, puis soixante-quinze centimes, puis dix sous : j'ai enfin accepté à ce dernier prix.

« Rome est bien intéressante, autant par ses ruines que par ses monuments neufs ; il n'y a qu'une chose qui m'est toujours désagréable et pénible, c'est le pavé, quoiqu'il ne soit pas fait de galets comme dans beaucoup des autres villes que j'ai visitées jusqu'ici. Quant à parcourir les villages comme je le faisais en Suisse, il n'y faut pas penser : on est trop malpropre, et je n'oserais pas aller coucher dans les auberges telles qu'on les voit sur les routes ; c'est déjà bien assez d'attraper des puces de tous côtés, sur les chemins, dans les églises, et à tous les mendiants déguenillés que l'on rencontre. Ainsi il n'y a pas à craindre que je fasse encore des excursions à pied.

« ... Je souhaite que mon absence ne vous soit pas à charge outre mesure. Il faut prendre un peu patience ; car, de Rome, j'aurai encore une course à faire plus loin, pour pousser jusqu'à Naples ; mais après, par exemple, on pensera à se rapprocher. ... Ci-joint une autre lettre, celle-là écrite d'avance, comme à l'habitude : il y aura là-dedans toutes les autres nouvelles de mon voyage, autant que je les ai pu relater... »

Oh ! j'étais bien content d'être à Rome ! Et j'ai gardé de mon séjour dans la ville éternelle un bien bon souvenir ! Avec quel bonheur je verrais venir une occasion d'y retourner ! Rome et Florence ont eu, dans ce voyage, toutes mes sympathies ; mais, naturellement, la première plus encore que la seconde ; et je n'ai pas de revoir Florence, si riche pourtant et si belle ! le désir que je conserve de revoir Rome. A Rome, il y a tout, la piété et l'art, l'antique et le moderne, le passé et le présent. Que dis-je ? Il y a l'éternel : « Je suis avec vous jusqu'à la consommation ». Et malgré bien des sujets de tristesse, inhérents à la situation actuelle, suscités par le triomphe momentané du diable, on se sent toujours, à Rome, dans le centre et à la source vitale.

Cela est si vrai que pour moi la personnalité même du Pape, une fois que j'ai été à Rome, a vite disparu dans une certaine mesure ; et il est resté surtout l'institution. J'allais à Rome et j'y arrivais avec un vif désir de voir le Pape : c'était alors Léon XIII. qui a depuis brillé de tant d'éclat. Ce désir n'a pu être satisfait ; et je suis presque surpris moi-même du calme qui s'est promptement fait en moi là-dessus, et qui persiste. Je n'ai point vu le Pape, mais j'ai vu le siège de la Papauté ; j'ai vu le Vatican, j'ai vu Saint-Pierre, j'ai vu Rome qui est la ville du Pape ; et cela m'a suffi à un point que certes je n'eusse pas prévu d'avance.

Bien entendu que je ne fais pas fi de la visite au Pape. Surtout, j'aurais reçu avec bonheur sa bénédiction : je demandais pour cela seulement à assister à sa messe ; mais on me déclara la chose non faisable. C'était peut-être bien rigoureux : la chose se fait maintenant, les journaux la racontent, et je crois que c'est bien fait. Notre grand Pape a compris. Vive Léon XIII ! quoiqu'il ne m'ait pas été donné de le voir !

Je le répète, une fois à Rome, et surtout quand j'ai été un peu familiarisé avec ses trésors de toute sorte, Rome m'a suffi. Les personnes passent, mais la chose demeure. Comme je le disais dans une lettre, « tout ce qui a occupé mon esprit et mon cœur depuis trente ans et plus se trouve résumé par ces deux noms : la Rome religieuse et l'ancienne Rome ! »

C'est ce qui a fait que dès le premier jour, après la première satisfaction donnée à mes besoins religieux par la messe à Saint-Pierre, je suis allé de suite à la Rome antique, au Capitole et au Forum.

Mais n'anticipons pas. Le chapitre précédent me laissait sur le chemin de Rome, après avoir quitté Assise, et repris à Foligno la ligne directe vers la ville de mes aspirations. J'avais rêvé, dans mon ignorance des mœurs italiennes, d'arriver à Rome pédestrement, et d'y entrer par la Porte du Peuple : je crois que, pour qui pourrait le faire, ce serait vraiment là la manière souhaitable. En fait, je suis arrivé dans la ville éternelle prosaïquement par le chemin de fer.

Après Foligno, je l'ai déjà dit, la ligne continue pendant longtemps d'être très belle. Je n'ai pu l'apprécier jusqu'au bout, le soir étant venu avant que le but ne fût atteint ; mais dans la plus grande partie du chemin, je l'ai trouvée intéressante. Une fois sorti des montagnes, on suit diverses vallées où se cultive la vigne, et au-dessus de la région vinicole se montrent les oliviers. De terribles inondations sont fréquentes, évidemment, sur ces versants de collines, où à chaque instant on voyait sur le sol les traces des torrents qui venaient de passer, dévastant tout.

Aux gares, les habitants viennent vous offrir des rafraîchissements. On vend du vin blanc très bon qui vous est livré pour quelques sous dans des bouteilles en verre blanc mince, renforcé d'une claie d'osier. Le col de ces bouteilles est très-étroit, et, au lieu de se terminer par un goulot plus ou moins ouvragé, est cassé sans plus de façon. Singulière mode !

J'ai hésité longtemps avant de prendre une décision au sujet des cascades de Terni. J'ai fini par passer sans m'y arrêter. Peut-être ai-je eu tort. Mais j'étais si fatigué des importunités des guides et mendiants ! Quelle plaie que cette mendicité italienne ! car le prétendu métier des *Ciceroni* n'est rien autre chose qu'une mendicité importune. J'avais là, malgré toute ma patience et tout mon sang-froid, une impression désagréable, pénible, dont l'écho sera encore plus d'une fois réveillé dans ces pages. C'est, pour une très-grande part, la perspective de nouvelles luttes de cette espèce qui me fit renoncer à la visite de Terni.

A Orte, je vis avec bonheur le Tibre, le fleuve antique et célèbre, aux eaux moins jaunes là qu'elles ne le sont dans Rome même. A Rome c'est vraiment le *flavus Tiberis* d'Horace.

Bref, j'arrivai à Rome à la tombée de la nuit. Je me fis aussitôt conduire à la Poste : on est bien aise, si loin des siens, et pour si longtemps, d'apprendre leurs nouvelles ! Une fois là, je me savais au centre des quartiers habités. J'eus bientôt fait choix d'un hôtel pour la nuit, et remis au jour suivant à chercher le Séminaire français, dont je me savais également tout près. Pour le dire de suite, au Séminaire français, on donne volontiers et libéralement tous les renseignements désirables ; mais il m'a paru qu'il ne fallait compter sur aucun autre service, d'aucun genre.

Le lendemain devait être consacré par moi à une course d'orientation. C'était, par le fait, un bon moyen pour cela que de faire ce que j'ai déjà indiqué, d'aller de Saint-Pierre au Forum et au Colisée.

« ...Sans nul doute, mon cher ami, vous attendez que je débute tout d'abord, en venant vous parler de Rome, par vous conduire à Saint-Pierre. Pour moi, arrivé à Rome un soir vers les sept heures, c'est à Saint-Pierre et sur le tombeau de ce grand Apôtre que j'ai été dire la messe dès le lendemain matin.

« Ce n'est pourtant pas que Saint-Pierre soit la première et la principale église de Rome. C'est à Saint-Jean de Latran que revient ce titre de « Mère des églises », non-seulement de Rome, mais du monde entier. L'inscription *Sacrosancta Lateranensis Ecclesia omnium urbis et orbis ecclesiarum mater et caput* éclate, à Saint-Jean, aux yeux du pèlerin, au-dehors et au-dedans.

« En fait, néanmoins, c'est la basilique de Saint-Pierre qui prime, par l'importance, l'attraction, la splendeur architecturale, et plus encore, peut-être, parce qu'elle est la Cathédrale du Pape.

« Elle est, dis-je ! Hélas ! il faudrait presque écrire *elle était*. J'ai passé à Saint-Pierre l'un des jours les plus solennels de l'année chrétienne : c'est là où j'ai célébré la fête de la Toussaint. Des premières vêpres de la veille jusqu'à l'absoute terminant la messe des morts du lendemain, les offices ont été faits selon toutes les règles de la liturgie : les chanoines et bénéficiers étaient là, avec l'armée des enfants de chœur au complet ; les chantres de la Chapelle Sixtine exécutaient les motets de Palestrina, et ont usé de toutes leurs merveilleuses ressources ; mais le Pape n'y était pas ! et il n'a été donné à personne de le voir, de l'entendre, ni de recevoir sa bénédiction. J'ai trouvé, je vous l'assure, que cela faisait un grand vide. D'autant plus que les offices habituels de Saint-Pierre, après tout, se faisant dans une chapelle latérale, manquent, sur cet espace restreint, de pompe et de grandeur.

« Mais c'est aller, peut-être, un peu bien vite, car avant de pénétrer à l'intérieur même de Saint-Pierre, ne dois-je pas vous dire un mot de ses abords ? Quand on a franchi le pont bordé de statues, quand on a passé devant les sentinelles du Château-Saint-Ange (sentinelles au service du roi d'Italie, bien entendu), et qu'on arrive sur la célèbre place, on peut constater de suite l'animation qui règne en cet endroit écarté. Vous savez que le Vatican est très-loin : c'est un quartier qui est plutôt comme une annexe de Rome, que faisant partie de Rome même. Longue file de fiacres stationnant, omnibus qui arrivent ou qui partent, visiteurs traversant la place dans la direction soit de l'église, soit du palais, voilà ce que j'ai vu toutes les fois, et elles ont été nombreuses, que j'ai eu le bonheur d'aller de ce côté. Il y a là un but, et le pèlerinage est constant. En moi-même, je faisais la comparaison avec le Quirinal, qui m'a toujours fait l'effet d'un temple de la solitude, bien qu'il soit au centre de la ville. Pourtant, il ne faudrait pas trop se hâter de tirer des conclusions de ce que je dis là : le jour anniversaire de la naissance de la reine Marguerite, il y avait dans Rome bien des drapeaux et des illuminations. Je note simplement ce que j'ai remarqué.

« La place si connue qui précède Saint-Pierre est bien belle ! Le grand obélisque surmonté de la croix, qui en marque le centre ; les superbes eaux jaillissantes de droite et de gauche, prenant aux rayons du soleil les couleurs de l'arc-en-ciel, ou emportées par la brise et se pulvérisant sous son effort ; les grandes lignes du pavé ; la rose des vents tracée sur le sol en marbres de diverses couleurs ; la splendide colonnade unique au monde, avec sa population de statues ; le vaste escalier à trois rampes qui, de la place, conduit à la grande église ; les statues de saint Pierre et de saint Paul se dressant comme une protection visible sur le chemin de la basilique : tout concourt à former un ensemble merveilleux.

« Peut-être, dans sa complète régularité d'ellipse, la grande place n'offre-t-elle qu'une entrée un peu trop fermée : cela, il m'a semblé, l'empêche de paraître, quand on y arrive, aussi grande qu'elle l'est réellement. Pour bien apprécier la place Saint-Pierre, il faut être parvenu déjà au haut de l'escalier et se retourner. C'est de là que l'ensemble est vraiment imposant. Jusqu'à cet endroit, la vue de la place même, contrairement à ce qui se produit ailleurs, ne vaut pas les photographies, prises de haut, et, naturellement, aux points de vue les plus avantageux.

« Saint-Pierre est, comme Saint-Marc de Venise, précédé d'un vaste *atrium* ou vestibule, régnant sur toute la largeur du monument. Je passe sur les détails d'architecture que l'on y peut remarquer ; sur la mosaïque de la Tempête, symbole des destinées de la sainte Église, que le cardinal Baronius salua chaque jour pendant trente ans ; sur les statues et les fontaines ; sur les sculptures mi-chrétiennes, mi-païennes, de la grande porte de bronze, toutes choses dont on trouve la description dans les livres. Je vous fais seulement remarquer sur la droite l'une des cinq portes, murée et plaquée d'une croix : c'est la porte du Jubilé. On en voit de semblables aux autres basiliques romaines. Nous soulevons non sans quelque peine la lourde portière retombante très en usage à Rome dans les églises, et, pour le dire en passant, assez peu commode ; et nous entrons.

« Vais-je, mon cher ami, répondre à votre attente ? J'ai peur que non ; car, pour être vrai, je dois dire que l'intérieur de Saint-Pierre, à certains points de vue, ne m'a que médiocrement satisfait. C'est pourtant grand, tout le monde le sait, et c'est riche ; c'est peut-être comme temple chrétien ce qu'il y a de plus riche au monde en même temps que de plus grand. Mais cette grandeur n'apparaît pas, du moins au premier coup d'œil ; et j'ai osé trouver quelquefois cette richesse d'un goût douteux.

« Les livres disent que ce défaut, qui fait manquer l'effet que Saint-Pierre devait produire par ses proportions colossales, est imputable au dernier architecte. Je le crois, puisqu'on le dit ; mais ce que je constate, c'est que tout d'abord Saint-Pierre ne m'a pas paru grand. Saint-Paul de Londres, le Dôme de Milan, la cathédrale d'Anvers, même quelquefois des églises bien inférieures, telles que, par exemple, Sainte-Croix de Florence, m'ont donné l'idée de l'immensité : je ne puis en dire autant de Saint-Pierre.

« C'est par réflexion, et en examinant bien, que l'on se convainc de son amplitude. La première chose qui m'a donné à réfléchir, ce sont les dimensions vraiment gigantesques des statues qui garnissent les parois. En voyant ces immenses niches, bien dignes des énormes statues qu'elles abritent, je me suis dit que, en effet, Saint-Pierre était plus grand qu'il n'en avait l'air, et que nulle part ailleurs ces proportions grandioses n'eussent pu être à leur place.

« Puis, mon cher ami, j'ai regardé attentivement ces statues, et je vous déclare que je ne les aime guère. Ce sont, en général, des statues de fondateurs ou fondatrices d'ordres ; mais on leur a donné à tous des poses impossibles, des bras levés, des torses contournés, des vêtements flottant, que dis-je ? s'envolant dans toutes les directions les plus extraordinaires. J'aime à croire que notre bon saint Vincent de Paul n'a jamais eu, pendant sa vie, la « tenue » qu'on lui voit là. Le supérieur de la maison de la rue de Sèvres ne la supporterait pas dans ses novices. Il y a tout particulièrement une pauvre sainte qui tient de ses deux mains je ne sais quelle espèce d'écharpe ; l'aquilon, il faut croire, s'est engouffré dans cette écharpe, et veut l'emporter à toute force ; la sainte résiste, cela va sans dire ; et elle a ainsi tout juste la pose évaporée des fillettes que j'ai vues quelquefois au bord de la mer, lorsqu'elles tendaient leur tablier au vent pour se faire traîner par lui, les jours de tempête. C'est le genre du Bernin, dit-on. Eh bien ! je n'en fais pas mes compliments au Bernin. Il est pourtant l'auteur de la superbe colonnade que j'ai tant admirée ; cela prouve qu'il n'y a personne de parfait en ce monde.

« Je ne vois pas pourquoi je ne vous raconterais pas ce qu'on trouve dans les livres, que quelqu'un reprochant un jour à l'architecte ces « coups de vent » en un endroit si clos, un plaisant, comme il s'en trouve à Rome, patrie des pasquinades, déclara que ce devait être un effet des fissures qui s'étaient, à cette époque, produites dans la coupole. Depuis lors, par bonheur, la coupole a été consolidée, les fissures ont été fermées, et les massives portières closent plus que jamais hermétiquement la vaste étendue ; mais les vêtements des saints du Bernin s'envolent toujours !

« Passons, n'est-ce pas ? et parlons d'autre chose. Il y a de tout à dire sur Saint-Pierre, qui d'ailleurs est de taille à supporter une anodine critique. En somme, et quoiqu'il y ait là tant à voir et tant à admirer, c'est encore plus par la pensée que par les yeux qu'il y a lieu, à Rome, de sentir et de vivre. C'est là le centre, c'est là le cœur, c'est à ce foyer que se réchauffe l'univers chrétien. Les détails manqués s'effacent et disparaissent à cette considération. On peut fermer les yeux, et l'on verra quand même : on verra tout ce qu'il y a au monde de plus auguste, de plus sacré, de plus grand. Le pèlerin, sans aucun doute, a bien le droit d'apprécier, suivant ses idées et son goût, les choses extérieures offertes à ses regards; mais qui pourrait rendre la grandeur et la beauté du langage qui est, dans ces lieux bénis, tenu à sa foi, à son cœur et à son âme ?

« La coupole de Saint-Pierre nous fait précisément entendre ces grands accents, si significatifs à qui les sait comprendre. Un penseur connu disait : « Je crois sous le dôme de Saint-Pierre »; on n'est pas encore arrivé sous cette voûte merveilleuse, que déjà la grande inscription aux lettres flamboyantes : « *Tu es Petrus*, vous êtes Pierre, et sur cette pierre je bâtirai mon Église, et les portes de l'enfer ne prévaudront pas contre elle », vous transporte jusqu'aux plus lumineux sommets. Oui, elle est bien là à sa place, cette grande parole, qui établit et assure notre confiance ! Elle ne pouvait être nulle part plus justement proposée à nos méditations.

« Je n'ai point de critique à faire de ce dôme incomparable ; c'est la majesté, c'est l'ampleur, c'est le génie. Je n'ai pas besoin d'être sous la belle coupole pour croire, mais je m'incline et j'admire.

« La coupole, vous le savez, recouvre la « Confession », la crypte ouverte par le haut où sont conservés les restes vénérés de saint Pierre. C'est dans cette crypte que j'ai dit ma première messe célébrée à Rome. Tout y est revêtu de marbre et de sculptures ; mais je dois avouer que, à cette première visite, j'ai peu vu ces richesses, étant alors dans mes vêtements sacerdotaux. Un enfant de chœur à mine éveillée vous conduit là (j'ai trouvé les enfants de chœur de Saint-Pierre particulièrement imprégnés de désinvolture : ils m'ont consolé des miens). Sous cette direction enfantine, vous passez rapidement.

« Que vous signalerai-je encore de Saint-Pierre ? J'ai beaucoup aimé à y voir les confessionnaux surmontés chacun d'une inscription qui l'attribue aux pénitents des divers langages : « *Pro lingua Gallica ; Pro lingua Græca* ; etc. » C'est bien là la couleur « catholique ». Cela, du reste, se voit de même dans plusieurs basiliques romaines. Et, à propos de confessionnaux, laissez-moi vous dire un usage que j'ai remarqué à Sainte-Marie-Majeure, celui de mettre une verge à côté du confesseur. Ce bâton m'intriguait bien ! jusqu'à ce qu'enfin je vis des pénitents ou pénitentes sortant du confessionnal recevoir un coup de cette verge, et venir ensuite baiser la main qui les avait frappés. L'idée est belle. Pourtant, je n'aimerais pas toujours, je crois, la mettre à exécution...

« Il y a aussi à Saint-Pierre ce que tout le monde sait, la statue assise et couronnée du grand Apôtre, dont on va pieusement baiser le pied légèrement saillant. Ces baisers ont vraiment usé quelque peu le pied de bronze : j'ai bien examiné cela et je me suis convaincu qu'il n'y a pas eu d'autre frottement. Combien il en a fallu de ces témoignages d'amour et de respect donnés à saint Pierre, pour produire un tel effet, pour user le bronze ! J'examinais ; et, en vérité, cela me faisait rêver en même temps !

« Vous parlerai-je des tableaux ? Ce sont, en général, des mosaïques, reproduction de peintures dont les originaux sont au musée du Vatican. Il s'y trouve, entre autres, et à bonne place, la célèbre Transfiguration de Raphaël. Je l'aimerais, à ne vous rien cacher, plus entièrement si, par la double scène du haut et du bas, elle ne donnait lieu de croire que la Transfiguration a eu d'autres témoins que ceux que Jésus même avait appelés à lui sur la montagne. A mon goût, la vérité historique doit être respectée toujours.

« Dans une chapelle latérale à droite, tout près de l'entrée, j'ai vu aussi la *Pietà* de Michel-Ange. Je ne l'admire pas non plus sans réserve. J'apprécie très-bien la perfection du travail, le fini des membres, la suavité des figures, tout ce qu'il y a de virginale beauté dans celle de Marie en particulier. Mais j'ose trouver deux choses bien défectueuses dans l'œuvre tant vantée. L'une est que la Vierge supporte le corps de son Fils sans effort apparent ; c'est contre nature : une femme quelle qu'elle soit ne peut tenir, partie sur ses genoux, partie sur son bras droit, un corps d'homme dans tout son développement, sans avoir pour cela une certaine force à déployer. La seconde faute, plus grave encore, selon moi, c'est que le corps de Jésus est à peu près complètement nu. Cela aussi est contre nature dans un autre sens. C'est toujours le résultat de cette tendance artistique si fâcheuse qui cherche le nu pour avoir des membres à modeler. Je ne sache pas une mère dont, en cas semblable, le premier soin ne serait pas de voiler pieusement le corps de son enfant. L'artiste, avec moins d'occasion, peut-être, de faire briller son talent à sculpter des muscles et des tours de jambes, eût assurément fait preuve d'un sentiment beaucoup plus délicat, s'il avait représenté la Mère précisément dans cette action de recouvrir, avec non moins d'amour que de douleur, ce corps mille fois chéri. C'est cela que j'eusse trouvé une vraie « Pietà ».

« Enfin, j'aurai peut-être tout dit, du moins tout ce que je veux remarquer de l'intérieur, quand je vous aurai signalé l'absence complète de sièges. Je ne parle pas de quelques saillies de la pierre pouvant çà et là servir de bancs, presque toutes à des endroits d'où l'on ne saurait rien voir ni entendre. Cela n'est pas toujours agréable. Aux fêtes de la Toussaint, pendant ces longs offices, nous sommes restés, nous autres auditeurs, constamment debout : les belles compositions du « maëstro » et les voix ravissantes des chanteurs ne parvenaient pas à empêcher de sentir la fatigue. On fait ce qu'on peut pour s'appuyer du moins sur quelque pan de muraille : et, çà et là, sont bien échangées quelques poussées entre les heureux possesseurs de l'un de ces pans et... ceux qui voudraient l'être. C'est un petit détail, mais je vous le donne comme pittoresque (1).

---

(1) Au fond, l'on ne saurait se dissimuler que c'est là l'une des mille formes de « l'inhospitalité italienne ». On y

« On monte à la coupole, et l'on en a deux vues qui justifient l'ascension, l'une à l'intérieur, l'autre à l'extérieur. On est admis aussi dans une certaine mesure à aller et venir sur le toit de la basilique. C'est tout un monde de statues, de coupoles, de toits aux dimensions variables et aux diverses formes. Un peuple de gardiens a là ses habitations; et je m'imagine que c'est une espèce de village aérien, dont on soupçonne l'existence plus qu'on ne la voit. »

met une rigueur qui est poussée bien loin, quelquefois. L'auteur se souvient qu'un vieux Prêtre avait cru pouvoir se glisser, pendant ces solennités si fatigantes pour nous, entre deux stalles, dans un endroit où il était assis sur le plancher, et ne gênait rien ni personne. Dès qu'on l'aperçut, un employé vint lui intimer l'ordre de déguerpir, et, malgré sa résistance, presque ses supplications, le fit déloger impitoyablement. — N'est-ce point en vertu des décrets d'une justice souverainement équitable, que d'autres délogent aussi quelquefois ?...

CHAPITRE SEIZIÈME

Rome habitée. — Mouvement. — Inscriptions. — Fontaines. Le Corso. — Le Pincio. — Alentours de Rome. — Les Catacombes.

Les importunités des *Ciceroni* ne sont ni aussi nombreuses, ni aussi tenaces à Rome qu'à Venise. Ce sont surtout les cochers romains qui vous fatiguent de leurs invites. Comme j'utilisais peu leur bonne volonté, et que je suis allé presque partout à pied, j'ai pu me rendre bien compte de la physionomie de Rome sous une foule d'aspects. On en trouvera plusieurs décrits dans la lettre suivante.

« Novembre 80.

« .... Il y a deux Rome : la Rome habitée et la Rome déserte. Je fais maintes promenades dans l'une et dans l'autre, et je voudrais te les bien faire comprendre toutes les deux. Parlons d'abord de la Rome habitée.

« A te parler sincèrement, je ne puis pas dire c'est certain, que ce soit une belle ville au sens moderne. Elle est, au contraire, une agglomération de toutes petites ruelles qui montent, descendent, s'entrecroisent, s'enchevêtrent et sont parcourues dans tous les sens avec une extraordinaire activité. Je ne comprends pas comment il n'y arrive pas des centaines d'accidents chaque jour, étant donnés les fiacres, les omnibus, et les véhicules de toutes sortes qui menacent sans cesse les malheureux piétons. Il y a quelques exceptions : par exemple dans le quartier du Corso, du côté du Quirinal, et de Sainte-Marie-Majeure ; mais la règle subsiste dans de très-larges proportions, et la règle est que plus un quartier est animé, plus les rues y sont étroites et emmêlées. Aussi je ne me retrouve pas toujours, malgré la perfection de mon plan.

« Je loge justement dans la partie de Rome ainsi mouvementée, et ce mouvement est l'une des choses qui m'ont tout d'abord le plus frappé. Il y en a une autre que je vais te dire : ce sont les Inscriptions. Ah ! c'est par elles que l'on voit bien que Rome est la ville des Papes ! Tu sais à quel point les monuments abondent dans la ville éternelle. Eh bien ! c'est presque à chaque pas que l'on rencontre une grande inscription relatant que ce monument, relativement moderne, est l'œuvre de tel ou tel Pontife ; que cet autre, vieux de deux milliers d'années, a été sauvé d'une ruine complète par la même sollicitude ; que telle ou telle restauration est encore due aux mêmes maîtres soigneux et diligents. Pie IX, Souverain

Pontife ; Paul III, Souverain Pontife ; Sixte-Quint, Souverain Pontife ; Innocent XII, Souverain Pontife ; et tant et tant d'autres, sont les noms qu'on lit partout.

« Il y a toute une série de ces noms protecteurs au Colisée ; et dirai je suite que, pour le préserver un peu, il a fallu, en vérité, des travaux gigantesques comme la construction elle-même ? Il y en a sur la colonne Trajane, sur l'arc de triomphe de Titus, sur les aqueducs anciens qui amènent à Rome une si bonne eau et en si grande abondance. Il y en a sur les fontaines ; il y en a a sur les obélisques ; il y en a même sur le palais du Quirinal, et le roi Humbert ne peut entrer chez lui sans que, au-dessus de la porte d'honneur franchie par son attelage fringant, le nom de Grégoire XIII lui soit un reproche.

« Nos ennemis accusent les Papes d'obscurantisme. J'estime, moi, que les générations romaines ont pu apprendre à lire rien qu'en ayant ces inscriptions constamment sous les yeux. Et aussi... que les Papes n'auraient pas mis tant d'inscriptions, si leurs peuples n'avaient pas su lire. Elles sont généralement en latin ; mais le latin est, surtout avec la prononciation d'ici, à peu près la même chose que l'italien : cela, pour le peuple, ne doit pas faire beaucoup de différence.

« Je viens de te parler des fontaines. On peut en voir ailleurs d'aussi belles qu'à Rome ; on n'en voit nulle part, pour mon compte je n'en ai jamais vu, d'aussi abondantes. Il y a tout particulièrement une certaine *Acqua Paola* (ce nom t'indique une restauration papale : c'est la Fontaine Paul V), située tout en haut d'une colline sur une extrémité de Rome, un peu au-dessus de Saint-Pierre-in-Montorio, qui est un véritable fleuve, un fleuve qui arrive comme avec furie, cascadant et mugissant non moins que dans les montagnes. J'aime aussi à en revoir une autre, l'*Acqua Vergine*, comme qui dirait la Fontaine de la Pucelle, moins babylonienne, sans doute, mais pourtant grandiose encore. Celle-ci, comparativement à la précédente, regagne du côté de l'étendue ce qui peut lui manquer quant à l'impétuosité. Comme les eaux y sont toujours calmes, et en plusieurs endroits peu profondes, on voit constamment à cette fontaine des centaines de pigeons se désaltérant. En pleine grande ville, cela ne laisse pas que d'être curieux. C'est Nicolas V qui a opéré là l'œuvre de conservation et de restauration.

« Mais comprends-tu, pour qui aime les Papes comme je les aime, toute la jouissance qu'il y a à les trouver ainsi partout dans les belles choses? C'est là l'un des grands bonheurs des promenades dans Rome.

« En fait de promenades, je m'en suis accordé plus d'une sur le Corso, cela va sans dire. C'est même au Corso que se rattache mon premier souvenir de Rome un peu saillant. Le soir même de mon arrivée, cherchant, dans la demi-obscurité, à m'orienter, je demandais à un sergent de ville où était le Corso. « Mais, me dit-il, vous y êtes! » Et j'y étais en effet, à la façon de Monsieur Jourdain dans sa prose, sans le savoir. C'est que le Corso est tout simplement une rue, rue bien droite, c'est vrai, et, sur une bonne partie de sa longueur, un peu plus large que la plupart des autres qui sont si étroites, mais n'ayant, à cela près, rien qui la distingue très-particulièrement.

« C'est pourtant cette rue qui est, tu le sais déjà, la promenade favorite des Romains et des Romaines. Voici comment les choses s'y passent. Dans l'après-midi, vers les trois heures, les brillants attelages se donnent là rendez-vous. La Société aristocratique de Rome défile sur le Corso à peu près tout entière, et quand tout le monde est arrivé, on peut dire que ce n'est, d'un bout de la longue rue à l'autre, qu'une file de voitures. On trottine un peu quelquefois. Le plus souvent, l'encombrement est tel, que l'on ne peut aller qu'au pas. Je t'avoue que je trouve médiocre, pour les grands seigneurs et les belles dames, ce plaisir de parader dans cette foule entassée, entre deux rangées de magasins plus ou moins étincelants. Il faut te dire qu'il n'y a pas que les voitures : les trottoirs sont, de chaque côté, chargés de monde, je dis d'un monde qui chemine pédestrement, puisqu'il est entendu que pas mal de gens sont hors d'état de se payer ces belles calèches. Les trottoirs manquent de largeur, à certains endroits deviennent comme embryonnaires ; sur eux aussi on va à la file, non sans danger, pour peu qu'on veuille les quitter et avancer plus vite, de se faire écraser.

« Mais quelqu'un est là qui court ce danger de l'écrasement d'une façon que j'ai souvent trouvée effrayante : c'est le sergent de ville planté au milieu de la rue étroite, et veillant à ce que l'ordre des véhicules soit bien observé : car les allants doivent se tenir sur un côté, et les revenants suivre l'autre. J'ai plus d'une fois pensé que le pauvre homme devait être rasé de bien près par les roues des équipages !

« Je ne prétends pas que cet encombrement si complet dure toute l'après-midi : il y a ce qu'on peut appeler le coup de feu ; on va au Pincio, à la villa Borghèse, on s'arrête pour écouter distraitement la musique militaire, et tout cela occasionne des dégagements. Ce que j'appelle le coup de feu, me paraît se produire surtout au retour, alors que l'on fait deux ou trois tours de Corso avant de rentrer.

« Le Pincio est une fort jolie promenade établie sur une colline qui touche à la Place du Peuple. Elle est comme un naturel prolongement du Corso. C'est sur l'esplanade du Pincio que la musique joue presque tous les jours. L'Italie est la terre de la musique, au moins officielle, en même temps que celle du soleil.

« Je dis musique officielle ; car d'ailleurs je ne m'aperçois pas qu'il y ait énormément de musique autre que celle-là. Quand j'étais sur le lac Majeur, une société de quatre musiciens ambulants, deux violons, guitare et contre-basse, profitèrent d'une éclaircie pour nous donner une aubade sur le pont du bateau. J'avais trouvé que cela annonçait bien l'Italie, que c'était là « la couleur locale ». Mais, en fait, un seul concert en plein vent excepté, que j'ai *vu* dans une rue de Milan, parmi un bruit assourdissant d'omnibus, fiacres et cris de toute espèce, je n'ai pas eu jusqu'à présent d'autre échantillon du talent inné des artistes plébéiens réchauffés à ce beau soleil.

« Il se fait sentir, le beau soleil, et on en voit les effets : au mont Pincio il y a ce qu'on ne voit guère en Italie, des fleurs ! Ah ! je me trompais bien quand, admirant les belles fleurs suisses, je pensais en trouver tout autant, plus encore, en Italie ! Les indolentes italiennes, sans doute, ont bien trop peu de ressort pour cultiver les fleurs ! Mais au Pincio, du moins, il y a des fleurs, et beaucoup. J'y vois, en particulier, nombre de massifs de roses qui me font grande envie. Heureux pays ! heureux climat ! que celui où les massifs de roses sont en pleine floraison à la Toussaint !

« Au reste, la chaleur ici est étouffante, et l'on cherche l'ombre comme chez nous au mois de juillet. Je suis allé dernièrement me mettre à l'ombre sous les beaux arbres de la villa Borghèse. Cette villa est gracieusement ouverte au public presque chaque jour, et on se promène là-dedans, à pied ou en voiture, comme dans un immense parc anglais. Elle n'est pourtant pas immense, tout bien considéré ; on a même assez vite fait de la parcourir en tous sens. Elle est moins étendue et, en somme, moins belle que la villa Pamphili, que j'ai visitée également. Mais la villa Pamphili est loin, sur un chemin détourné (on passe, pour y arriver, devant cette belle « Acqua Paola » dont je t'ai parlé) ; tandis que la villa Borghèse est justement à la porte de Rome, du côté habité. C'est là le charme de celle-ci : le contraste des frais ombrages Borghésiens avec les rues brûlantes de la ville est d'une grande valeur.

« Il m'est arrivé aussi de pousser de ce côté une pointe beaucoup plus longue, jusqu'au *Ponte Molle*. C'est, je te le déclare, une course dénuée de tout agrément ; mais je voulais aller à l'endroit où apparut à Constantin le *Labarum*, gage de victoire, et où périt Maxence. A ce pont se rattache la fin des persécutions, le définitif triomphe du christianisme. Ce souvenir méritait d'être salué. Heureusement, il y a, pour faire cette longue et aride course, une ligne de tramway, allant de la Porte du Peuple au Pont.

« Je t'ai nommé *San-Pietro-in-Montorio*. On a là la plus belle vue de la ville de Rome. C'est l'endroit choisi par mon « Guide » pour donner un panorama qui est d'une exactitude absolue. Et l'ascension en serait d'ailleurs tout agréable, si la folie du jour n'avait fait donner à la rue en lacets qui y monte cet odieux nom de Garibaldi.

« Dresser la liste de tout ce qu'on aperçoit de là, ce serait établir la nomenclature de tous les monuments de la ville, depuis Saint-Pierre, le grand Saint-Pierre du Vatican, à l'extrémité gauche, jusqu'à Saint-Paul-hors-les-Murs, à l'extrémité droite. N'est-il pas curieux que Rome se trouve ainsi toute comprise entre les deux Apôtres ? Ne sont-ils pas de la sorte ses Protecteurs ? Et ne doivent-ils pas de même être ses Maîtres ?

« On ne voit pas que Rome du haut du Montorio. On y voit aussi les montagnes qui entourent la ville au loin : le mont Mario, le Soracte, les monts

Albains, dans les anfractuosités desquels se détachent, en leurs maisons blanches, Frascati, Marino, Castel-Gondolfo, Rocca di Papa, et d'autres localités qui sont souvent pour les visiteurs de Rome le but d'excursions. Mais quant à moi, ai-je besoin de te le dire? ni mon temps ni mes moyens ne me permettent de semblables courses.

« Au reste, je trouve Rome si intéressante à elle seule, que je n'éprouve, en vérité, nul désir de l'abandonner pour aucun des lieux voisins. Oh! je la visite avec amour, ma chère Rome! Et que je suis heureux de faire ainsi, jour par jour, sa connaissance! Combien je me félicite d'avoir eu l'idée de ce voyage, et de l'avoir mise à exécution! Elle m'est arrivée brusquement, cette idée : je ne pensais guère, il y a trois mois, à partir ainsi.

« Je me félicite tout autant, peut-être plus, du mode d'exécution que j'ai adopté, ou plutôt que la Providence m'a fourni. Je vais lentement, je vois tout, et ne passe rien. Je n'eusse pas aimé du tout parcourir l'Italie en quinze jours, et ne visiter Rome qu'en courant, comme la plupart de mes confrères, à la bourse et aux loisirs également limités, sont obligés de le faire. Dans l'hôtel où j'ai pris gîte, je vois que tout le monde passe rapidement, et c'est moi qui reste le plus longtemps. Ma bourse est limitée; oui, sans doute; mais, grâce à Jules Ferry, mon temps ne l'est pas. Je voyage aussi économiquement que je peux.

« Me voilà loin du Panorama de Rome et de la splendide vue de Saint-Pierre-in-Montorio. J'y reviens pour te dire qu'on entrevoit aussi, entre la ville et les montagnes, ce qu'on appelle la Campagne romaine. Oh! les solitudes qu'il y a par là! Tu sais peut-être déjà que la grande ville est posée comme une île animée au sein d'immenses espaces dépourvus de vie. Mais tu ne te figures certainement pas à quel point ces environs de Rome sont nus, arides et silencieux. La *mal'aria* en a fait son séjour, et la fièvre y règne en souveraine. Les fièvres, toutefois, ne sont point à redouter en cette saison. Et puis, l'essentiel, pour les éviter, est de ne pas passer la nuit dans les lieux infestés.

« J'ai fait deux excursions pédestres dans la Campagne ; naturellement à une distance assez restreinte. Allant à Saint-Paul-hors-les-murs, j'ai poussé, en montant pas mal, et en traversant des exploitations de pouzzolane, jusqu'à Saint-Paul-aux-trois-Fontaines. En allant à Saint-Sébastien, j'ai suivi quelque temps la *via Appia* jusqu'au tombeau de Cécilia Métella. Quelle solitude, encore une fois! Qui pourrait se croire là à quelques mille mètres à peine d'une si grande ville toute pleine de mouvement? Je crois bien que Rome est le seul exemple en Europe d'une semblable situation. Pour Rome, le mouvement et la vie finissent brusquement aux portes fortifiées. A peine quelques *osterie*, hôtelleries rustiques, s'échelonnent-elles encore sur la route, pendant quelques centaines de pas; puis, plus rien que le désert.

« Saint-Paul-*alle-tre-fontane* est le lieu où l'Apôtre fut décapité, comme Saint-Pierre-in-Montorio (ce que je ne t'ai pas encore dit, je crois) celui où fut plantée la croix du premier chef de l'Église. En sa qualité de citoyen romain, saint Paul ne pouvait être condamné à aucun autre supplice que la décapitation. Sa tête séparée du tronc bondit trois fois, et à chaque fois une source jaillit. Les trois fontaines ont été recouvertes d'une église. Mais il y a d'ailleurs trois églises aussi dans l'abbaye. J'ai été reçu là fort aimablement par un bon frère trappiste qui m'a chargé d'un bonjour pour une sienne filleule, religieuse carmélite à Amiens. Il faut te dire que le gouvernement d'ici concède cette abbaye à des Trappistes français, pour ....je ne dirai pas pour qu'ils y attrapent la fièvre; mais pour qu'ils s'y occupent aussi d'assainir l'atmosphère par des plantations d'eucalyptus. Ils réussissent, m'a dit le bon frère, à y passer la nuit maintenant sans trop de risques. Autrefois, ils revenaient en ville chaque soir, comme, si je ne me trompe, on le fait encore de Saint-Paul-hors-les-murs.

« Les trappistes fabriquent avec l'eucalyptus une liqueur dont ils m'ont donné à goûter, et que je ne dédaignerais pas. Ils sont, de plus, chargés du soin spirituel de galériens employés à leurs travaux. Ceux-ci, sur le chemin, je les avais rencontrés enchaînés par bandes, en habit rouge, sous la surveillance d'un garde-chiourme au fusil toujours amorcé. Brrr ! cela donne froid, même à Rome !

« Je n'ai pas trouvé la voie Appienne aussi intéressante que je me l'étais figuré. On sait par les livres qu'elle est longtemps bordée de tombeaux à droite et à gauche. Mais ces tombes sont tellement en ruines, cachées sous l'herbe et les débris, que, en somme, cela vaut tout juste la peine d'être vu.

« J'ai visité la Voie Appienne après être passé à Saint-Sébastien et y avoir célébré la sainte messe. Or si tu te rappelles qu'il y a là une catacombe, ton imagination trotte sans doute là-dessus, et attend des détails. J'ai vu deux catacombes : à Saint-Sébastien et à Sainte-Agnès. Par malheur, mon expression « vu » est trop exacte : il faudrait étudier, et non pas voir seulement ; par conséquent, il faudrait avoir du temps, la liberté de circuler, et le fil d'Ariane. Est-il, au surplus, très nécessaire que je te décrive les Catacombes, alors qu'elles ont été si bien, si complètement décrites par le cardinal Wiseman dans son beau livre de *Fabiola* ? C'est un peu lourd, sans doute, comme à peu près tout ce qu'écrivent les Anglais ; mais c'est consciencieux, savant et exact. *Fabiola* nous peint les Catacombes telles qu'elles sont, telles que je les ai contemplées ; et je te renvoie à ce document ou aux souvenirs que tu en conserves.

« Que je te dise pourtant que, à Saint-Sébastien, comme à Sainte-Agnès, après ma messe dite, et sur l'expression de mon désir, un moine est venu avec double paquet de queues de rat. On allume les deux bougies, on prend chacun la sienne, on descend un escalier aux marches plus ou moins nombreuses, et l'on est bientôt dans les étroites galeries bordées de tombes du haut en bas. Le sous-sol de Rome est formé d'un tuf compact et suffisamment résistant pour qu'il n'y ait qu'à y creuser, sans employer de maçonnerie. Dans la partie déserte de la ville, dont je te parlerai tout à l'heure, on voit plus d'une de ces carrières, aux galeries assez larges même pour que l'exploitation s'en fasse au moyen de voitures. Dans les Catacombes, l'espace a été ménagé parcimonieusement ; c'est que la mort fauche sans cesse, et les cadavres s'accumulent avec rapidité.

« Le long de l'étroite galerie, donc, à droite et à gauche, des tombes sont creusées dans le tuf les unes au-dessus des autres, de façon qu'il s'en trouve cinq ou six superposées. Dans chacune de ces excavations a été déposé un chrétien, une chrétienne ; et je n'ai pas besoin de te dire que c'est là où l'on a rapporté, toutes les fois qu'on l'a pu, les restes sanglants des martyrs. Le moine conducteur vous fait suivre rapidement quelques-uns de ces étroits boyaux, répond aux questions que vous pouvez lui poser, vous montre le mode de fermeture des « loculi », la fiole de sang qui indique le martyre, vous laisse entrevoir en passant quelques chambrettes souterraines où ont pu être dressés des autels et qui ont servi au culte ; et c'est tout : vous remontez ensuite sans autre forme de procès. Le pauvre religieux qui fait cela sans cesse, pour ainsi dire, en a assez, évidemment. Il faut lui tenir compte de son indifférence acquise, de sa fatigue même, et reconnaître que, à moins de beaucoup de temps et d'une situation privilégiée, on ne peut exiger davantage. »

CHAPITRE DIX-SEPTIÈME

Suite du précédent: Rome déserte. — Des vignes sur les décombres. — Thermes antiques. — Forum et Palatin.

« Rentrons maintenant, tu le veux bien sans doute, dans l'enceinte de la ville marquée par les hautes murailles de briques. Ce ne sera, surtout au retour de Saint-Sébastien, que revenir au cœur même de ce que j'ai appelé et qui est la Rome déserte, et que je pourrais tout aussi bien appeler la ville morte. Cette ville sans vie et sans mouvement (tout au contraire de l'autre!), je l'ai bien parcourue, je t'assure. Après les endroits consacrés par la Religion, la vieille Rome avec ses ruines était ce qui m'attirait le plus.

« Ce n'est pas que je m'y sois toujours trouvé très-bien, très en sûreté, veux-je dire ; loin de là ! J'aime encore mieux être dans la campagne solitaire, hors de l'enceinte, qu'à l'intérieur inhabité ; car dans la campagne, du moins, on est en plaine et on voit autour de soi; tandis que circuler à l'intérieur, c'est marcher continuellement entre deux murs sans fin, j'entends les murs qui enclosent les vignes dont toute cette partie de la ville est remplie. Les Romains eux-mêmes me disent que la sécurité n'est guère là plus grande qu'au fond des solitudes où sont encore, plus ou moins, les brigands aux grands chapeaux, aux aiguillettes innombrables, et aux espingoles chargées jusqu'à la gueule. De fait, les figures que l'on rencontre dans ces espèces de corridors à ciel ouvert ne sont pas toujours rassurantes ; les maisons mêmes, les rares maisons semées de loin en loin sur ces immenses espaces, ont mauvaise mine. C'est quand j'ai eu vu un peu cette physionomie, que j'ai fait, pour mes courses, l'acquisition d'une canne. Il faut peu de chose, quelquefois, pour empêcher un crime. Et puis, à vrai dire, c'est surtout en ma soutane que je me confie ; je vois et je sens que les Italiens la respectent. Mais je ne conseillerais pas à un Monsieur porteur d'un paletot d'aller partout où je vais.

« Si tu as un plan de Rome à ta disposition, jettes-y les yeux, et tu te rendras compte que les deux tiers, ou peu s'en faut, de la ville fortifiée sont veufs de leurs habitations. La Rome déserte n'a plus guère de vie que par ses églises : les églises y subsistent presque seules, toujours aux mêmes endroits où elles furent bâties primitivement, quoique, bien entendu, après avoir eu besoin de plus d'une restauration, après avoir été l'objet aussi de plus d'une modification. Quant aux palais, ils se sont écroulés ; les maisons de quatre et cinq étages sont tombées par morceaux ; le temps, accomplissant son œuvre, a transformé ces décombres, les a recouvertes de terre végétale ; et ce sont des vignes qui occupent maintenant la majeure partie de l'ancien emplacement. Il y a des rues là-dedans ; je crois même bien que ce sont les anciennes rues, toutes bordées de ces murs interminables dont je te parlais tout à l'heure. Elles sont, cela va sans dire, veuves de leurs pavés. On est là dans le royaume du vent et sur le domaine de la poussière.

« Il y a cependant des parties auxquelles ne sauraient s'appliquer les réflexions précédentes, soit parce qu'elles se rapprochent davantage des quartiers habités, soit parce qu'elles sont gardées officiellement. Parmi ces dernières, je te citerai les Thermes de Caracalla, énorme construction en briques, aux voûtes puissantes comme des voûtes de cathédrale. Elles sont, ces voûtes, presque partout effondrées ; et dans leur chute, elles avaient, en nombre d'endroits, fait fléchir le pavé ancien, déblayé depuis et mis à découvert ; pavé en mosaïque, qu'il est intéressant d'étudier.

« Les Thermes de Titus, eux, sont tout au bord de la ville vivante, mais ils sont eux-mêmes plus que morts, ils demeurent ensevelis : on y est dans des souterrains qui ne sont que très-imparfaitement déblayés. Avec une lanterne fichée au bout d'une longue perche, un gardien vous fait voir au plafond des peintures que l'on dit très-fines. Que de changements depuis le temps où la lumière du jour inondait ces immenses salles et galeries ! Et que de trésors en tout genre recèle encore cette terre romaine ! Les Thermes de Titus sont grandioses tout autant que ceux de Caracalla; et les voûtes subsistent : mais elles demeurent jusqu'à présent enfouies sous des terres rapportées par l'exhaussement du sol. Au-dessus d'elles, il y a des jardins, des cultures, des propriétés diverses qui sont l'obstacle au dégagement complet. Le dégagement viendra, sans doute ; mais il y faudra de l'argent et du temps.

« Mais veux-tu que je te nomme deux des ruines qui m'ont le plus parlé à l'esprit, sinon au cœur — le cœur se réserve pour les monuments religieux, ruinés ou subsistants, peu importe ? Ce sont le Forum et le Palatin.

« Parlons du Forum, d'abord, de l'antique et renommé Forum, encore aujourd'hui appelé dans la langue des Italiens « foro romano ». Ah ! comme les souvenirs se pressent en foule dans l'esprit, à la vue de cette place, de ces rues, de ces dalles, sur lesquelles ont été agitées tant de fois les destinées du monde !

« Mais tu te figures peut-être que le Forum est une place comme toutes les autres. Erreur ! trois fois erreur ! Même ton livre des « Monuments impérissables » ne saurait ici te bien renseigner ; car le Forum n'a été un peu fouillé que depuis peu d'années. Le Forum est une place qui se trouve en contre-bas du sol actuel, et sa profondeur est grande. Pense que, à certains endroits, le vieux sol, l'antique pavé de basalte, sur lequel se voient très-bien les ornières tracées par les chars romains, est à treize mètres plus bas que le sol actuel ! C'est une hauteur à laquelle bien des arbres n'atteignent pas. Il s'y trouvait des arcs de triomphe, de magnifiques colonnes, restes de temples anciens, demeurés debout jusqu'ici, qui étaient à peu près complètement ensevelis. On a fouillé quelque peu à différentes reprises, encore dans ces derniers temps ; et on a fini par mettre au jour une toute petite partie de la vieille place. Au Forum, à la suite des fouilles, les vieilles rues passent sous les rues actuelles. Dans mille ans, si le monde dure encore, il y aura des rues passant par-dessus les nôtres. Tu sais que cette loi d'exhaussement est générale : à Paris on accédait autrefois à Notre-Dame par un perron de je ne sais plus combien de marches, dont, tu l'as vu, il ne reste rien.

« J'avais déjà donné plus d'un regard au Forum, et je l'avais étudié d'en haut : dernièrement, j'y suis descendu. Circule librement qui veut dans ces ruines, quoique, pour dire la vérité, les gardiens, défiants comme on l'est en Italie, aient l'air de vous surveiller de près. Je ne sais trop ce qu'ils surveillent : il y a là des blocs de marbre, sculptés ou non, de toutes les dimensions, depuis la charge de quatre chevaux robustes jusqu'à une tête d'homme ou d'animal quelconque ; mais je ne m'imagine pas qu'on puisse être tenté d'emporter, en s'en allant, ni les uns ni les autres sous son bras ou dans sa poche. Affaire d'habitude, je suppose, pour ce pays où la crainte du vol hante tous les cerveaux.

« J'ai donc foulé sous mes pieds ces pavés véritablement romains ! Ah ! je me plains des pavés de nos jours : il est heureux que je n'aie pas fait mes quelques pérégrinations deux mille ans plus tôt! Ce peuple qui a laissé de si magnifiques choses, qui faisait si grand! ce peuple qui a su porter une délicatesse toute idéale dans ses ouvrages d'art, avait un mépris sans bornes pour les commodités publiques. Les rues montent et descendent le long des collines sans le moindre adoucissement, se prêtant à toutes les inflexions du terrain. Et elles sont pavées, comment? de blocs de basalte de toutes grandeurs, souvent d'une forme qui touche au rond, avec des interstices aussi grands que l'exigeait l'irrégularité des morceaux. Tire-toi de là, Romain, comme tu pourras! Donne-toi des entorses, brise les roues de tes chars et crève tes chevaux; mais arrive! Et les Romains « arrivaient ». Jambes des chevaux, roues des chars, vie des hommes, tout cela ne pesait que peu dans la balance de ce peuple fort. Je ne dis pas que je regrette cette insouciance; mais je regrette pourtant un peu cette force.

« C'est à Rome qu'il faut venir pour comprendre, je ne dis pas comment une ville meurt, mais comment une ville peut être morte. Ce quartier du Forum, autrefois centre de la vie la plus active dont nous ayons eu connaissance dans le monde, il est pour ainsi dire désert. Ôtes-en d'abord les étrangers qui affluent sans cesse, puis la basilique Saint-Jean-de-Latran qui est sur le même chemin un peu plus loin; et je gagerais que trois personnes par jour ne passeraient pas sous l'arc de triomphe de Septime-Sévère, sous l'arc de Titus, sous celui de Constantin. Quelle leçon et quel avertissement, s'ils le voulaient comprendre, pour les habitants des grandes capitales que l'on rencontre ici à chaque pas! Songe que Rome aussi a compté deux millions d'habitants. Quel sujet encore de réflexions à tant de gens qui pensent éterniser leur nom en l'inscrivant sur un monument!

« Il est vrai que tout n'est pas détruit de ce qu'avaient édifié les Romains : il reste du moins les ruines. C'est que les ouvrages des Romains étaient grandioses et de proportions colossales : ce peuple, quand il voulait faire quelque chose, ne le faisait pas à demi. Ni espace, ni masse, ni prix n'étaient épargnés.

« Le fini non plus ne leur coûtait, ce semble, rien. Je pensais à cela dernièrement à propos du Saint-Gothard, et de ces divers et nombreux tunnels, quelques-uns fort considérables, que l'industrie moderne perce de tous côtés. Je me disais que si les Romains avaient eu des excavations aussi extraordinaires à construire, ils en auraient orné chaque entrée des plus magnifiques œuvres de l'art. Notre siècle est plus utilitaire, ce qui suffit le contente.

« Je doute pourtant que les tunnels même les plus soignés soient encore subsistants dans vingt siècles, comme subsiste le grand égout collecteur de l'ancienne Rome, la *Cloaca maxima*; comme subsistent également plusieurs des anciens aqueducs qui font de Rome la plus remarquable de nos villes pour l'eau à la fois pure et abondante dont elle est approvisionnée.

« On trouve à Rome un autre forum, le forum de Trajan, dont une partie a été dégagée. Ce que l'on en voit est un assez grand quadrilatère, moins enfoncé dans le sol actuel que le vieux Forum, et duquel surgissent des fragments de colonnes de diverses hauteurs, dressés, autant qu'on a pu le faire, à la place que les colonnes entières occupaient autrefois. Le tout est dominé par la colonne Trajane, au sommet de laquelle Sixte-Quint fit placer une statue de saint Pierre. La colonne Trajane est toute en marbre, et chargée de sculptures : elle offre aux regards, disent les livres, plus de deux mille cinq cents figures humaines, plus les animaux, machines, etc. Le forum de Trajan est compris, lui, dans la partie habitée de la ville ; et sans qu'il soit aussi foncièrement intéressant que le vieux Forum, il est pourtant curieux pour le promeneur de le rencontrer ainsi dans ses courses.

« J'ai dit le Palatin, le vieux mont où étaient les palais des empereurs. C'est tout à côté du Forum, les deux entrées se regardent presque, celle du Forum descendant, celle du Palatin montant.

« J'ai visité deux fois le Palatin, et étudié le vieux Mont avec le plus grand intérêt. On y a fait des fouilles depuis longtemps déjà, et on remet à jour, encore maintenant, les palais impériaux, depuis les salles où se donnaient les audiences solennelles, jusqu'aux appartements les plus intimes. Quand je dis que l'on découvre ainsi les palais, il faut entendre, tu me comprends, ce qu'il en reste. Les palais des empereurs ne sont plus, mais leurs ruines subsistent. On ne voit partout que murs énormes dont les pans dégagés restent debout, colonnes brisées, morceaux de marbre et de porphyre, sculptures partielles, souterrains superposés les uns aux autres, arcades de support sur lesquelles reposent toutes ces constructions. La construction est généralement en briques; l'ornementation seule était en matériaux précieux: et on voit ici presque partout comme c'était la coutume des Romains de revêtir leurs murs en briques de plaques de marbres plus ou moins riches.

« A certains endroits, on a pu retrouver l'ancien dallage, et précisément dans cette salle du trône à laquelle je faisais allusion tout à l'heure, le fond en hémicycle où se tenait l'empereur a conservé son pavé. C'est une mosaïque en marbre et porphyre telle qu'on en voit dans les riches églises. J'ai foulé de mes pieds, et je l'ai fait avec intention, ce pavé qui a porté orgueilleusement les maîtres du monde.

« Le tout, vu dans son ensemble, forme d'ailleurs un chaos de constructions élevées les unes sur les autres. Tibère, Caligula, Vespasien, Domitien et tant d'autres ont bâti capricieusement. On élevait une salle, une aile, un palais sur les ruines du palais, de la salle précédente. De là toutes ces voûtes, qui en même temps assuraient la solidité du nouvel édifice, et devenaient commodes pour établir des communications couvertes et souterraines entre les diverses parties.

« Çà et là aussi, on voit des restes des antiques murs, de ceux qui sont tout à fait primitifs et remontent à la fondation de la ville. Ceux-là ne sont point en briques : ils sont faits de grosses pierres rectangulaires, posées les unes sur les autres sans mortier ni ciment. Voilà un procédé que l'on ne connaît plus de nos jours.

« On comprend, en voyant toutes ces masses de murailles, que le sol se soit exhaussé. Songe que depuis vingt-cinq siècles, les générations ont apporté dans cette enceinte de Rome des millions et des millions de mètres cubes de matériaux ! Je dis vingt-cinq siècles, et c'est peut-être trop peu dire ; car il y a maintenant une opinion d'après laquelle Rome n'aurait pas été bâtie du tout sept cent cinquante ans avant Jésus-Christ, mais serait beaucoup plus ancienne. Brique à brique et parcelle à parcelle, on a toujours monté.

« Quoi qu'il en soit, les palais des empereurs n'ont pas, quant à eux, duré longtemps. A voir les énormes murs, on se rend compte que Néron et les autres croyaient avoir bâti pour l'éternité. Ce sont justement les constructions de celui que je viens de nommer ici qui sont tombées les premières. Il était à peine mort, que ses successeurs s'empressaient de crever les toits, de combler les interstices non encore remplis par cette chute, et de bâtir à nouveau sur cette base. Les Thermes de Titus n'ont pas été élevés autrement. Vanité des vanités ! C'est là, sur ces hauteurs que les ruines exhaussent encore, en foulant ces restes de mosaïques, en contemplant ces œuvres d'art brisées, en mesurant de l'œil ces immenses murailles qui semblent monter au ciel, c'est là que l'on peut se rendre compte de la vanité des choses humaines. Césars, qui faisiez trembler la terre, qui avez usé tant d'hommes pour vos plaisirs ou votre orgueil, où êtes-vous et qu'êtes-vous devenus ? « Et maintenant, entendez, ô rois de la terre, dirait Bossuet après l'Esprit-Saint ; instruisez-vous, arbitres du monde ! »

On comprendra que, sur le Palatin, tout cela, ces murs et ces décombres, forme une entière solitude, en sorte que le silence du désert règne là où furent entendus tant de bruits de toute sorte. Ce grand calme, le calme, au fond, de la mort, puisque c'est là véritablement un endroit mort, m'a fourni une occasion rare, donnée sans doute à peu de voyageurs. Je me trouvais au Palatin la veille de la Toussaint, vers midi. J'étais en haut de je ne sais plus quel temple antique, je veux dire sur le parvis du temple, seule partie qui en reste, où l'on monte par quatre ou cinq perrons successifs. Le coup de canon habituel du Château-Saint-Ange ayant annoncé l'heure, toutes les cloches de Rome se sont mises en branle en l'honneur de la fête du lendemain. On peut se faire une idée du carillon que j'ai entendu là. Le ciel était splendide, le temps parfaitement calme ; je crois bien que j'étais seul, les autres visiteurs étaient allés déjeûner. Bourdons des grandes basiliques, celui de Saint-Pierre dominant tous les autres, cloches des églises, clochettes des communautés, tous ces sons se mariaient d'une façon, à coup sûr, indescriptible, toutes les nuances y étant représentées, depuis le plus grave jusqu'au flûté. Je me fis un grand plaisir d'écouter cette harmonie tant qu'elle dura, et je n'allai moi-même chercher mon déjeûner qu'après l'avoir bien entendue.

CHAPITRE DIX-HUITIÈME

Prison Mamertine. — Colisée.

« 3 Novembre.

« Aujourd'hui, j'ai passé une bonne matinée, une de ces matinées à laisser d'impérissables souvenirs. Vous allez en juger vous-même.

« J'ai commencé par aller célébrer la sainte Messe, devinez où? dans la Prison Mamertine. Quelle messe ! Et que de souvenirs, doux en réalité dans leur apparente rudesse, vous assaillent et presque vous accablent là !

« Vous pouvez vous figurer la Prison Mamertine. Sur un sol déjà très-bas, puisqu'il est l'ancien sol autour duquel le nouveau s'est tant exhaussé, on descend trois escaliers passablement longs. Au bout du troisième, le sacristain ouvre une porte et l'on se trouve dans la prison. Mais au temps de saint Pierre et de tant d'autres saints et saintes qui ont consacré ce lieu, il n'y avait pas de porte: on entrait dans la prison Mamertine par un trou circulaire percé à la voûte, trou qui subsiste toujours. On en sortait comment? Peut-être par cet étroit souterrain dans lequel je me suis glissé après ma messe, un boyau d'énormes pierres, mesurant de cinquante à soixante centimètres de large, sur un mètre vingt de haut, peut-être ; en sorte que j'y étais tout plié en deux. J'ai suivi ce souterrain jusqu'à une double bifurcation qui le rejoint à droite et à gauche. Au retour, j'ai demandé au sacristain des explications qu'il m'a données, mais dont je n'ai eu qu'une incomplète intelligence. Ce que j'ai compris, pourtant, c'est que le souterrain direct conduit au Colisée ; les bifurcations, je ne sais où : une au palais des empereurs, je crois.

« D'entendre parler du Colisée, cela me suffisait. C'est par là, sans nul doute, que les généreux compagnons des Apôtres, et tant d'autres qui leur ont succédé, étaient conduits devant les bêtes, et devant le peuple altéré de sang, plus cruel encore. C'est par là sans doute aussi qu'on les apportait pantelants, quand une première épreuve n'avait pas suffi à former leur couronne céleste. Alors la Lumière de Dieu venait parfois inonder le ténébreux et fétide cachot, et l'Ange du Seigneur stupéfiait les gardiens en rendant les martyrs à une complète santé.

« Que de plaintes sauvages a entendues cette prison! plaintes des malheureux qui y ont trouvé la mort dans les tourments subis pour la terre : Jugurtha, qui y est mort de faim! Vercingétorix, l'illustre gaulois! et tant d'autres. Que d'hymnes d'actions de grâces et que de chants de victoire y ont retenti ! effusions ineffables sorties du cœur des souffrants pour Jésus ! Oui ! elle est vraiment, cette prison, le lieu du triomphe royal de Jésus-Christ !

« On y a entassé bien des saints à la fois ; mais elle est toute petite pouvant à grand'peine contenir cinquante personnes debout. Il est vrai qu'une autre prison plus vaste est au-dessus d'elle : c'est dans cette grande pièce que débouche l'ouverture de la voûte, et sans doute bien des communications saintes se sont opérées par cette voie. Au jour de l'éternité seulement, nous saurons tout ce que ce trou circulaire a apporté aux martyrs du Seigneur de consolation, de force, d'encouragement.

« La voûte est toute basse. Jamais je n'avais dit la messe à un autel aussi peu exhaussé ; et jamais aussi je n'avais été comme là empêché par le toit d'élever la sainte hostie à la hauteur ordinaire. En prenant le sang divin et les ablutions subséquentes, on doit faire attention, car le pied du calice irait frapper la voûte de pierre.

« Je dis la voûte de pierre. Tout est pierre là-dedans, vous le comprenez bien : pierre en dessous, pierre sur les côtés, pierre au-dessus, toujours en blocs énormes.

Tout près de l'autel, se trouvait un enfoncement avec une espèce de margelle très-basse. Je me suis informé, et j'ai su que c'était là la source que saint Pierre avait fait jaillir, un jour, ou plutôt sans doute une nuit (c'est là d'ailleurs, vous le comprenez aussi, la nuit éternelle), qu'ayant converti à la foi saint Processe et saint Martinien, ses geôliers, avec quarante-quatre autres personnes, il manquait de l'eau nécessaire pour leur baptême à tous. J'ai été heureux, sachant cela, de voir que c'était là où le servant puisait l'eau des burettes.

« J'ai touché mon chapelet contre ces murs, et j'y ai aussi appliqué mes lèvres.

« Après cela, savez-vous où je suis allé? Ma journée avait été arrangée d'avance dans ma tête, et c'est aux martyrs que j'avais décidé d'en consacrer la première partie.

« Je suis allé au Colisée. Non que je ne l'eusse déjà vu. Au contraire, je lui avais fait une visite dès le premier jour, car je savais bien d'avance que c'était là, pour une âme chrétienne, un des endroits les plus intéressants; et, depuis, j'y étais repassé bien des fois. Une fois, entre autres, j'avais reçu des nouvelles de notre amie commune. Elle racontait toute sorte de choses graves, et implorait mes prières avec une insistance particulière. En détruisant sa lettre, j'en ai jeté les centaines de petits morceaux dans ce lieu saint, sur ce sol imprégné du sang de tant de martyrs; et je me suis dit que, sans nul doute, les saints Martyrs entendraient cette façon de les prier. Qu'en pensez-vous? N'était-ce pas une bonne inspiration?

« C'était donc une visite de plus que je voulais faire au Colisée, mais, cette fois, je voulais la faire complète. L'entrée du Colisée est libre, chose assez rare à Rome pour les curiosités autres que les églises, j'avais usé de la liberté. Mais on n'est pas libre de monter aux étages supérieurs, c'est-à-dire dans leur partie restaurée : il faut une autorisation, qui s'obtient d'ailleurs sans peine. Je voulais voir aujourd'hui le Colisée dans tout son ensemble.

« Je l'ai parcouru enentier, depuis le quatrième étage, ou plutôt galerie, celle qu'occupait, tout en haut, le bas peuple, *plebs*, jusqu'à l'étage inférieur, réservé aux sénateurs, aux vestales, et à l'Empereur. Non, cette façon de parler n'est pas exacte : il faut dire que je l'ai parcouru jusque sous le sol qui a tant absorbé le sang des martyrs de Jésus. L'arène du Colisée, en effet, a été fouillée, dans ces dernières années, à peu près sur la moitié de son étendue. On a découvert par ces fouilles que sous l'arène était un labyrinthe de galeries, de voûtes, d'espaces en général très-étroits, dont on ignore la destination. J'ai suivi ces galeries et passé sous ces voûtes, en pensant que peut-être l'une d'elles communique avec le souterrain de la Prison Mamertine, et que, en tous cas, très-probablement, elles ont vu souffrir et mourir bien des martyrs. Je suis allé me placer à ce qu'on appellerait maintenant la loge impériale, un endroit de l'étage inférieur visiblement réservé et distingué, celui d'où la vue était la plus complète, en même temps qu'il était le mieux à portée. J'ai visité, dans le monumental édifice, les parties des galeries intérieures qui demeurent accessibles. Je parle ici des galeries qui se trouvent, non plus sous l'arène, mais à l'intérieur même de la colossale masse de marbre. Elles sont hautes et larges ; chaque étage a la sienne, qui faisait tout le

15

tour de l'immense ellipse ; et c'est sur leurs voûtes qu'étaient disposés, au-dehors, les gradins à usage de sièges pour les spectateurs. Je me suis figuré les Romains circulant dans ces galeries avant et après le spectacle, comme ils circulent maintenant dans leurs rues, au Corso, par exemple, s'y coudoyant comme ils s'y coudoient, s'y rencontrant comme ils s'y rencontrent, et causant avec animation tantôt de leurs jeux, tantôt des affaires publiques.

« Mais il ne reste plus nulle part de ces gradins sur lesquels ils étaient assis ou debout : assis pour l'ordinaire, debout dans les moments d'enthousiasme soulevé par la vue d'un spectateur sachant mourir avec grâce, ou lorsque, non rassasiés encore de leurs jeux favoris, ils en réclamaient la continuation par les martyres, et poussaient leur cri solennel : « *Christianos ad leones !* Les Chrétiens aux lions ! » Je crois même que j'aurais eu de la peine à bien comprendre le Colisée, si je n'avais vu d'abord l'Arène, mieux conservée, de Vérone. Ces deux monuments se rendent le service de s'expliquer l'un par l'autre.

« Quelles masses ! Et comme cette colossale construction peint bien, à elle seule, toute la Rome antique ! La hauteur du dernier étage est absolument vertigineuse. Je m'imagine qu'il devait y avoir bien des précautions prises pour éviter les accidents. Et dans cette gigantesque grandeur, on voit encore çà et là des traces de ce soin avec lequel bâtissaient les Romains, qui jamais ne posaient une pierre sans l'ornementer. Corniches et chapiteaux, escaliers mêmes, tout est non-seulement fait, mais *travaillé*.

« Ah ! c'était bien le peuple roi ! Il n'a pas tout perdu de cela, il me semble. Plus d'une fois, hier encore, sur le Pincio, j'ai regardé autour de moi tout en écoutant la musique militaire : et je dois le dire, bien qu'aimant peu, en général, les Italiens, que je trouve inhospitaliers et durs, dans cette foule d'hommes de la classe un peu relevée qui écoutait comme moi, ils avaient généralement l'air intelligent. Saint-Pierre et les centaines d'églises de Rome disent tout ce qu'a eu de grandeur et de vie la Religion chrétienne dans la ville des Papes : le Colisée reste comme le plus frappant témoignage de ce qu'a été l'ancienne Rome. Il faut le réédifier par l'imagination ; car la moitié, peut-être, de la construction a péri, et même tout serait anéanti sans les soins des derniers Papes. Mais que ce qui en reste est grandiose !

« Je passerais des jours et des jours rien qu'à regarder ce colosse dans sa ruine ! Je l'ai du moins bien regardé aujourd'hui. Je n'ai pas besoin de vous dire que j'y ai aussi bien prié, du moins de mon mieux. J'ai voulu dire mon chapelet sur ces dalles et sous ces voûtes, et j'en ai semé partout et tout le temps les *Ave, Maria*.

« Revenu à l'arène, je me suis figuré un double spectacle ; car pour moi le Colisée se présente sous deux aspects : il y avait au Colisée les jeux proprement dits, ou les gladiateurs ; et il y a eu les martyrs.

« Les martyrs ! J'avais déjà bien pensé à eux dans

les étroites galeries du sous-sol, comme aussi dans certains cachots mi-prisons pour hommes, mi-étables pour bêtes, que l'on voit encore çà et là. Je les avais accompagnés en esprit dans ce trajet de la prison à l'arène, qu'ils faisaient quelquefois d'un pas assuré, quelquefois aussi, on n'en peut douter, avec un corps moins ferme que leur esprit et surtout leur cœur; car, bien certainement, beaucoup d'entre eux ont eu à faire effort pour surmonter, sur ce chemin de la souffrance, une horreur inévitable à la nature. J'ai pu, alors, les assister en esprit dans leur suprême combat.

« Oh! ce n'est pas une lettre qu'il faudrait écrire pour parler de cela; c'est un livre, que dis-je? c'est toute une série de volumes, actes des martyrs, déjà rédigés cent fois, et qu'il faudrait refaire encore!

« Vieillards exhalant leur dernier souffle dans un suprême élan d'amour pour Jésus; hommes vigoureux arrachés à leur femme, à leurs enfants et subissant dans cette séparation, mais subissant sans faiblesse, quelque chose de pis que les tourments et la mort même; femmes généreuses se sacrifiant elles-mêmes, et sacrifiant plus qu'elles-mêmes dans la personne de leurs enfants; tendres vierges empressées de s'unir au divin Epoux, dans cette pourpre de leur sang virginal, corps délicats dont la faiblesse a été plus forte que toute la puissance des tyrans, fragilité de fleur dont n'a pu venir à bout la force qui a soulevé ces blocs de pierre et dressé ces montagnes de marbre; tout petits enfants, même, que leurs mères, quelquefois, ont vu périr avant elles, et qui, eux aussi, dans leur innocence et leur balbutiement, ont confessé Jésus : tout s'est trouvé là ! Sur cette arène, des pères et des mères ont été enlevés à leurs enfants, et des enfants à leurs tendres parents ; des fiancés ont été séparés l'un de l'autre ; il n'est genre de douleur qui n'y ait été éprouvé. Et ce peuple, après tout (car il faut admettre que beaucoup des victimes du Colisée, martyrisées par les Romains, étaient elles-mêmes romaines), ce peuple s'est montré grand pour mourir, comme il s'était montré grand à construire !

« Je vous disais qu'il y a un autre point de vue, tout profane, celui des jeux proprement dits, et des gladiateurs. Savez-vous ce que j'ai fait au Colisée, dans cette immense enceinte (je dis immense surtout par le haut évasé ; car d'ailleurs l'arène, je dois l'avouer, m'a toujours paru assez petite)? J'ai chanté à mi-voix une strophe dont j'ai gardé mémoire depuis les premiers temps de mes études. On avait joué au Petit-Séminaire, avant que je n'y arrivasse, quelque pièce de théâtre, où sans doute la scène était au Colisée. L'air est magnifique ; mais les paroles aussi rendent de la façon la plus exacte ce qui devait se passer dans ce lieu aux étranges souvenirs.

« D'abord, c'est un chœur de gladiateurs, debout dans l'arène, et tourné vers la loge impériale, vers cette place distinguée entre toutes où j'avais tenu à me placer un instant. Voici ce qu'il chante, et vous allez voir comme c'est bien cela :

« Salut ! César, salut ! Rome t'adore.
Pour toi nous allons tous mourir.

Que ta Bonté d'un regard nous honore
A notre dernier soupir. »

« C'est là comme un refrain chanté en chœur. Puis il faut se figurer une voix, une voix comme en ont les chanteurs romains, faisant vibrer entre ces gigantesques murailles du Colisée l'acclamation suivante :

« D'abord tourné encore vers l'Empereur :
« Heureux qui sous les yeux des vainqueurs de la
[terre
Peut répandre son sang ! »

Puis, envisageant de toutes parts la foule des quatre-vingt-dix mille spectateurs, et la saluant à la ronde :

« Heureux qui peut entendre, à son heure dernière,
Le Peuple-Roi l'applaudissant ! »

« N'est-ce pas que c'est *vrai*? Ah ! je croyais entendre le tonnerre des applaudissements faisant trembler ces murs d'airain ! Et si je me suis bien expliqué, si vous avez compris ma description du Colisée, vous devez pouvoir vous figurer la majesté de la scène, majesté, j'en conviens, terrible et sauvage dans son grandiose, comme je me la suis représentée moi-même. »

CHAPITRE DIX-NEUVIÈME

Quelques églises — Pèlerinages divers

Tout près du Colisée est une belle ruine d'un autre genre que j'aimais bien aussi à contempler : c'est celle de la haute *Basilique de Constantin*, aux puissantes voûtes. Ces voûtes ont servi, dit-on, de modèle pour la construction de Saint-Pierre. Elles sont là subsistantes, sans aucun abri protecteur, défiant le temps et les siècles, visibles de quantité d'endroits et notamment de Saint-Pierre in Montorio, forçant de partout l'admiration. Je n'aurais pas voulu manquer de les mentionner dans ces souvenirs.

Il faudrait parler des grandes et célèbres basiliques, *Saint-Jean-de-Latran, Saint-Paul-hors-les-Murs, Sainte-Marie-Majeure*, sans compter *Saint-Laurent-hors-les-Murs* et *Sainte-Croix de Jérusalem*. Mais je ne suis guère en état que de les mentionner. Tout au plus ajouterai-je volontiers, au sujet de quelques-unes d'entre elles, ce que je disais dans une lettre : « Ces églises hors les murs sont si loin ! » Aller de Saint-Pierre à Saint-

Jean-de-Latran (deux extrémités de la ville), oh! c'est une longue course ! Et quand il faut franchir les fortifications, aller à Saint-Paul, à Saint-Laurent, à Saint-Sébastien, à Sainte-Agnès, c'est de beaucoup pire encore.

Quant à la description technique de ces édifices, seule chose qu'il y eût à en entreprendre, elle est dans les livres. Ce n'est point là le genre des cathédrales gothiques de nos pays du Nord. Les colonnes de marbre ou de granit sont minces, en raison de leur solidité ; les plafonds sont horizontaux, parfois à caissons, et diversement ornementés ; d'autres fois, il n'y a pas de plafond du tout, et on voit la charpente du toit sans rien d'intermédiaire. Voilà les édifices italiens, que l'on aurait tort, je crois, de dénigrer. On s'habitue vite à ce genre, et il ne me semble pas dépourvu de mérite. Il n'y a à Rome qu'une église qui rappelle un peu notre gothique : c'est celle *de la Minerve*. Elle est tellement sombre, qu'on n'y voit rien.

Saint-Jean-de-Latran est vieux, assez dégradé à l'intérieur. On y faisait, du reste, lors de mon passage, des travaux considérables, qui ne laissaient de libre que la nef.

Saint-Paul-hors-les-Murs (*San Paolo fuori*) est tout moderne, on le sait : le vieux Saint-Paul a brûlé en 1828. C'est grand, majestueux, et surtout d'une richesse absolue : on peut aller là pour voir des marbres de tout prix. Il reste beaucoup à faire encore à Saint-Paul, en ce qu'il n'y a point de façade. On entre par les côtés, ou le fond ; et ce qui serait le portail ou la façade principale est fermé par des planches.

C'est peut-être le moment de dire combien est considérable le nombre des églises à Rome. En tenant compte des nombreux oratoires consacrés au souvenir des saints qui les ont habités à titre de chambres ou maisons ordinaires, et des chapelles de communautés, plus nombreuses encore, il semble que l'on puisse dire que chaque rue a son église, ou peu s'en faut. Sur la Place du Peuple, il y en a trois. Deux églises regardent le forum de Trajan, sans parler même de celles qui l'avoisinent. Un plan de Rome offre aux yeux de toutes parts les croix qui signalent les lieux où Notre-Seigneur est honoré et invoqué. Quatre-vingts de ces églises sont dédiées à la Très-Sainte Vierge.

Il faut citer parmi ces dernières, et justement à côté de cette « Minerve » ci-dessus mentionnée, l'un des plus curieux monuments de l'ancienne Rome ; mais celui-là, par exception, n'est pas dans la ville déserte, il est au centre du mouvement et de l'animation. C'est le *Panthéon*, temple antique que ses murs de près de sept mètres d'épaisseur ont sauvé de la destruction, et dont on a fait l'église *Santa Maria-Rotonda*, ou encore Sainte-Marie-aux-Martyrs.

Comme l'indique le premier de ces deux noms, c'est une rotonde, d'une largeur égale à sa hauteur, uniquement éclairée en-dedans par une ouverture béante au centre de la coupole. Il y a une belle colonnade à l'entrée. Bien des décombres se sont, comme partout, accumulées autour de ce temple, qu'un fossé profond sépare de la rue voisine, beaucoup plus élevée que le niveau intérieur de l'église. Du côté de la façade, on y accède par une pente ; il s'y trouvait au contraire dans le passé un perron de plusieurs marches. J'ai à peine besoin de dire que, par l'ouverture du haut, la pluie entre librement. Il faut être en Italie pour voir cela. Et en fait, j'y ai vu pleuvoir torrentiellement aussi.

Une autre rotonde que j'ai visitée est *Saint-Etienne-le-Rond*. C'est un autre genre. C'est là où sont les fameuses peintures, médiocres comme talent, mais pleines de foi comme inspiration, représentant les divers genres de supplices infligés aux martyrs. Mon « Guide » déclare cela « affreux ». C'est bien là une appréciation toute conforme à l'esprit mondain. Fausse délicatesse qui a tant contribué à éteindre toutes les énergies chrétiennes. En tous cas, ces peintures sont propres à susciter des pensées graves ; car ces supplices *affreux* à voir ont pourtant été infligés ; et ils étaient sans doute encore plus *affreux* à subir.

« Une tristesse : San-Stefano-Rotondo n'est plus livré au culte. C'est je ne sais quel gardien à la physionomie et au langage tudesques qui est venu m'ouvrir la porte, m'a introduit, et, à mon départ, a clos de nouveau le temple derrière moi.

Fragment.

« ..... Le jour de la Toussaint, j'ai dit la sainte messe au Panthéon. C'était le jour d'aller là, car c'est en mémoire de la consécration de ce vieux temple à la Sainte Vierge que la fête a été instituée.

« La veille, j'étais au tombeau de sainte *Françoise Romaine*. C'est une très-grande sainte, bien célèbre, bien pleine d'œuvres comme de vertus, qui avait mérité la faveur de *voir* toujours son Ange gardien près d'elle.

« Aujourd'hui (4 novembre), c'est à *Sainte-Cécile* que j'ai fait mon pèlerinage matinal. L'église est bâtie à l'emplacement même de la riche habitation de la sainte martyre ; une chapelle latérale a été faite de sa salle de bains, et l'on y voit encore des tuyaux incrustés aux murs. C'est dans cette pièce qu'on essaya d'étouffer la chrétienne ; on n'y put réussir, et l'on décida alors de lui couper la tête. L'autel de cette chambre devenue chapelle est fait de la pierre sur laquelle tomba étendue la chère martyre, en sorte que cette pierre n'a point été consacrée comme on a l'habitude de le faire, la consécration ayant été opérée par le sang même de la vierge. C'est là que plus tard l'on retrouva son corps, chastement enveloppé de pudeur jusque dans la mort même, par cette pose virginale que j'avais tant admirée à l'abbaye de Solesmes, il y a trois ans, et que je savais devoir retrouver ici. Toutefois, ce n'est pas dans cette chapelle que j'ai offert le divin sacrifice, mais au tombeau même de la bien-aimée sainte au-dessus duquel est dressé l'autel principal.

« Il y a une autre sainte, aussi bien chère, à la mémoire si virginale ! au souvenir si pur ! que je n'ai pas encore visitée, parce qu'elle est bien loin. Je pense y aller demain. C'est sainte **Agnès**, la patricienne, la noble enfant, la céleste figure esquissée avec tant d'amour par le cardinal Wiseman dans sa « Fabiola ». Il se trouve là des Catacombes que je visiterai également.

« Voyons ! Je vais tâcher de me rappeler tous mes pieux pèlerinages depuis que je suis à Rome. Voilà déjà dix jours. Ah ! je n'ai pas trouvé ce temps long ! Saint-Pierre, Sainte-Marie-Majeure, Saint-Jean-de-Latran, Saint-Paul-hors-les-Murs ; ce sont là les quatre grandes Basiliques; *Sainte-Marie-au-Trastévéré*, Sainte-Françoise-Romaine, le Panthéon, la Prison Mamertine, Sainte-Cécile.

« Vous voyez que si Saint-Pierre a eu mes débuts, parce qu'il n'est pas seulement saint Pierre l'apôtre, mais représente en fait l'empire de Jésus sur le monde, ma seconde course a été pour la Sainte Vierge, par celle des Basiliques qui est la plus importante en même temps que la plus grande des quatre-vingts églises élevées dans Rome à la gloire de Marie. Jésus ! Marie ! ces deux noms bien-aimés ne résument-ils pas tout pour nous, tout ce qui est de notre âme, de notre foi, de notre cœur, de notre éternité ?

« Voilà ou j'en suis jusqu'à présent.

« Dimanche 7. — Ce matin, c'est encore à la vieille Rome, Rome déserte aussi, que j'ai donné mon temps. Je ne voudrais cependant pas que vous crussiez qu'il s'y puisse encore trouver aucun souvenir religieux d'un intérêt aussi saisissant que la Prison Mamertine ou le Colisée. Non, je visite maintenant des églises plus secondaires. Je commence à bien connaître ma chère Rome dans ses parties essentielles. Je dispose même mon départ pour Naples, où je serai, s'il plaît à Dieu, pour mon prochain dimanche. Il est vrai que j'ai l'arrière-pensée de revenir de Naples à Rome encore (chemin nécessaire), et que je pourrai compléter alors, s'il y a lieu.

« Je suis donc allé aujourd'hui sur l'Aventin, dire la messe à Saint-Alexis, où elle m'a été servie par un aveugle, car il y a là un hospice de ces déshérités.

« Vous dirai-je mon chemin pour aller là? Du Panthéon, près duquel je suis logé, j'ai à passer d'abord (et je l'ai fait tant de fois!) dans les quartiers les plus populeux, y compris le Ghetto. Le Ghetto est le quartier des Juifs. Il leur a été assigné autrefois, et ils y sont encore, bien que la rigueur des ordonnances qui les y confinaient ait disparu. Comme tout ce qui est juif, ils sont très-commerçants ; mais sans nulle mauvaise apparence. Sorti du Ghetto, on arrive à la solitude, et certes on se tromperait si on s'attendait, parce que c'est dimanche, à trouver une assistance dans les églises du mont Aventin.

« Je dis les églises; j'en ai visité deux, qui sont *Saint-Alexis*, avec l'escalier sous lequel le Saint vécut ignoré dans la maison paternelle, et *Sainte-Sabine*. Il y a à Sainte-Sabine des dominicains français, et cela m'a semblé bon d'être accueilli, attiré plutôt, un peu comme dans la patrie. Un Père tout rempli d'amabilité m'a introduit dans le jardin, où sont des figuiers et des grenadiers ; et, avec lui, tout en causant, j'ai longuement contemplé, soit du jardin susdit, soit des fenêtres du couvent, le Tibre roulant ses flots à nos pieds. Ils sont toujours impétueux, ces flots du Tibre, mais variables néanmoins dans leur impétuosité. Les habitants de Rome jugent par leur hauteur, par leur rapidité, par la quantité plus grande de limon qui charge et jaunit les eaux, que des orages ont passé au loin dans la vallée supérieure.

« Vendredi, j'étais, comme je vous l'ai dit, à Sainte-Agnès. Il y a à Rome deux sanctuaires consacrés à sainte Agnès, l'un dans l'intérieur de la ville, partie habitée, *Sainte-Agnès de la place Navone*; l'autre hors les murs. Cette dernière église est bâtie sur le tombeau de la sainte; la première est sur l'emplacement de son martyre. A la place Navone sont les chambres transformées en chapelle où la puissance de Jésus préserva la vierge des attentats projetés contre sa pureté; où, pour lui épargner même la nudité dont les infâmes persécuteurs voulaient l'affliger, sa chevelure poussa miraculeusement, et enveloppa la fiancée du divin Epoux tout entière. Qu'ils connaissaient bien, ces bourreaux, ce qui peut être le plus cruel à une vierge chrétienne, ce à quoi elle tient plus qu'à la dernière goutte de son sang!

« J'avais projeté de dire la sainte messe à la place Navone, et d'aller ensuite en visite seulement hors les murs. On n'eut pas trop l'air, place Navone, d'accéder à mes désirs : peut-être ne nous comprîmes-nous pas bien : bref, je partis à jeûn pour le tombeau. Mais c'est une longue course, même en utilisant les omnibus ! Et je me fais toujours prendre, en pareil cas, à ne point emporter de provisions, à ne pas même trop savoir comment m'en procurer. L'inhospitalité italienne ne permet pas de compter, autour de Saint-Agnès ou ailleurs, sur le secours d'une hôtellerie un peu sortable.

« La basilique est belle. J'ai dit la messe à l'autel surmonté de la statue de la chère Sainte, représentée accompagnée d'une brebis. C'est là que le 21 janvier sont bénits les agneaux dont la laine sert pour les palliums des archevêques.

« C'est aussi à Sainte-Agnès *fuori* qu'est le siège de la Congrégation des Enfants de Marie *Prima Primaria*. Les noms des Congrégations affiliées sont inscrits dans la Sacristie.

« L'église est presque complètement enterrée. Une fois entré dans la cour du couvent qui l'entoure, et arrivé à la porte, on descend un long et large escalier : quarante-cinq marches, indique mon livre. J'ai déjà eu occasion de dire que l'on descend encore pour aller aux Catacombes.

« Le chemin de Sainte-Agnès est un peu moins désert que de l'autre côté de Rome ; on longe presque tout le temps des villas aux murs sans fin. On ne rencontre cependant personne.

« Il passe, ce chemin, par la *Porta Pia*, où fut pratiquée la brèche par où les Italiens entrèrent le 20 septembre 1870, enlevant Rome au Pape par le droit de la force, en même temps, ou peu s'en faut, que l'Allemagne nous enlevait, par le même droit, l'Alsace et la Lorraine. La brèche rebouchée porte une plaque relatant les noms des « héros » garibaldiens, francs-maçons, et en faisant un grand éloge, naturellement.

« De ce côté aussi est l'immense Ministère des finances, construction folle, je le crois, car elle est inutile et disproportionnée. C'est bien encore dans la partie déserte de la ville, mais dans celle que le gouvernement s'occupe de repeupler, essayant de galvaniser ce corps sans âme. Il y a fait tracer des rues, on y opère un grand remuement de terrains aplanis ou comblés, et on y bâtit avec l'activité fiévreuse dont a été prise Florence, dit-on, pendant le peu de temps qu'elle fut capitale. L'avenir dira si ces constructions hâtives ne sont pas de nouvelles ruines destinées à s'ajouter aux anciennes.

« Hier, messe à *Sainte-Marie-des-Anges*, vaste église aux voûtes puissantes aussi, faite d'une partie des thermes de Dioclétien. Décidément, ces Romains étaient de grands constructeurs! On fera peut-être également quelque jour une église de ces thermes de Titus que j'ai trouvés si froids et si noirs.

« Il reste quelques sanctuaires préférés où je veux aller offrir le saint sacrifice. C'est d'abord une prison encore; mais celle-là ne ressemble point à la prison Mamertine, je l'ai déjà visitée, c'est la prison où fut incarcéré saint Paul, et où, enchaîné pendant deux ans, il prêcha Jésus-Christ; car on avait la liberté de l'y venir voir. C'est plutôt, dans son état actuel, une espèce de grande cave. L'église est au Corso, et porte le nom de *Santa-Maria-in-via-lata*. Un souvenir pieux m'attirera de même tout près de là, à *Saint-Marcel*. Le sort de ce pauvre saint pape m'a toujours particulièrement touché. L'église dédiée à sa mémoire est bâtie sur le lieu où il fut mis par Maxence, le même dont le *Ponte Molle* a vu la fin tragique, au service des écuries impériales. Il finit sa vie dans cette occupation, et il est honoré comme martyr, quoique n'ayant pas versé son sang, en raison de ce qu'il mourut accablé par la tristesse et les ennuis. »

Pour compléter la liste de mes pèlerinages, j'ai à mentionner encore les messes dites à *Sainte-Praxède* et aux *Saints Cosme et Damien*. Dans cette dernière église, tenue, si je ne me trompe, par des tertiaires réguliers de saint François, j'ai trouvé la piété soigneuse qui est assez rare à Rome, où presque toujours le culte religieux se fait avec désinvolture. — Sainte Praxède se rattache comme souvenir à saint Pierre. Dans l'église de son nom se trouve un puits où sainte Praxède et sa sœur sainte Pudentienne recueillaient le sang des martyrs. Une chapelle latérale renferme la colonne à laquelle fut attaché Notre-Seigneur pour la flagellation. L'entrée de cette chapelle est interdite aux femmes, sauf les dimanches de Carême. Je m'incline devant cette interdiction, si elle vient de haut; mais elle me paraît bizarre.

J'ai visité aussi San-Martino-ai-Monti, où une grande cérémonie se préparait pour le 11; mais je ne pus y assister. Je manquai de même, et je l'ai regretté, la dédicace de Latran, le 9 novembre. On me dit à mon hôtel que cela avait été très-beau;

les chanteurs que j'avais entendus à la Toussaint s'y étaient transportés, si les renseignements que j'ai eus étaient exacts. Il faudrait du temps, beaucoup de temps, et plus que du temps, du loisir. Or mes journées étaient bien pleines. Courses le matin, et souvent aussi l'après-midi, tout au moins un peu de promenade utile de une heure à cinq heures; et, une fois rentré, rédaction de ce que j'avais vu, par ma correspondance. Mes moments étaient bien employés.

Je cite, enfin, *Saint-Grégoire-le-Grand*, avec sa table où vint un jour s'asseoir un ange, treizième convive s'ajoutant aux douze pauvres que le saint nourrissait chaque jour. Le riche *Gesù*, où s'étalent dorures, lapis-lazuli, etc., et qui a un large perron devant son portail. *Saint-Augustin*, avec une Vierge toujours très-entourée. *Saint-Pierre-aux-Liens*, où j'allai vénérer la chaîne de saint Pierre et admirer le beau Moïse, de Michel-Ange. Je dis le beau Moïse; il est évidemment exagéré, mais on n'en reste pas moins saisi par cette conception puissante. Un avis aux visiteurs est placardé dans cette église sur une colonne, leur indiquant des heures et des modes d'admission à la visite des chaînes; et cet avis est en français, rien qu'en français. En pleine Rome ainsi, j'ai trouvé cela une singularité.

CHAPITRE VINGTIÈME

Le Vatican.

« Jeudi, 11 novembre 1880.

« Je quitte Rome demain pour Naples, et avant de laisser momentanément (car il faut que je repasse par ici) la ville éternelle, je vais employer mes dernières heures à en achever pour toi la description. Il y a plusieurs choses dont je ne t'ai pas encore parlé : c'est le moment de combler les lacunes.

« D'abord, le Vatican. Je ne sais si tu te rends bien compte que le Vatican touche à Saint-Pierre, ou plutôt l'entoure aux trois quarts. Pour entrer au Vatican en piéton, on y pénètre par la droite en regardant Saint-Pierre : là est la porte de bronze, *Portone di bronzo*, qui, à l'arrivée, se trouve cachée dans la grande et belle colonnade du Bernin. Pour arriver dans le palais en voiture, on passe par la gauche, sous diverses voûtes, on tourne tout autour de Saint-Pierre, et on traverse les cours.

« J'ai vu au Vatican la Chapelle Sixtine, que je

n'ai pas trouvée belle. Ce qui en fait le mérite est, je crois, le plafond peint par Michel-Ange ; mais je suis resté froid devant ces compositions que l'on dit remarquables comme difficulté vaincue. Je laisse les technologues s'extasier sur les effets de lumière et d'ombre, sur les torses qui se raccourcissent et les jambes qui s'avancent (je trouve ces diverses indications dans mon « Guide »), et j'ajoute, de plus, que pour regarder un peu tout cela, on est forcé de se tordre le cou à le rompre.

« Plus facile à voir est le fameux Jugement dernier, peint sur le mur de l'autel. Mais il faudrait toute une étude. Et puis, je suis, comme si souvent, offusqué par cette rage de nudités invraisemblables. Je ne sais plus quel personnage, quel pape peut-être, fut baptisé par les Romains gouailleurs du nom de « pantalonnier », parce qu'il a fait habiller plusieurs de ces figures ; mais il avait mille fois raison, — sauf qu'il aurait dû faire mettre beaucoup plus de pantalons encore.

« J'ai mieux aimé les Chambres et les Loges de Raphaël. Là, c'est la peinture comme je la rêve, la représentation au naturel. On n'y met pas nus, pour le plaisir de modeler des bras, des jambes et des torses, des personnages qui n'ont jamais paru en public qu'habillés. Je suppose que, avec mes idées (ou bien est-ce mon manque d'idées?) sur l'art, c'est là un des plus beaux éloges que je puisse faire, moi, de Raphaël et de son œuvre.

« Quant au Musée de peinture du Vatican, je reconnais que si les toiles y sont, assez peu nombreuses, en revanche, la galerie est on ne peut mieux composée.

« J'ai vu au Vatican le travail des mosaïques, je veux dire de ce procédé de reproduction des tableaux en matériaux solides, que j'ai déjà signalé à propos de Saint-Pierre. Il faut d'ailleurs que tu saches que les Italiens sont très-forts pour les mosaïques : on en voit un peu partout dans les grandes églises ; et ce goût a existé de tout temps, car le mérite de beaucoup de vieilles basiliques est d'avoir conservé leurs mosaïques. Par exemple, une disposition fréquente est que au-dessus d'un grand arc de maçonnerie qui sépare le chœur de la nef, et qui est plein jusqu'à la voûte, le mur de face est couvert de figures en mosaïque, figures qui généralement se distinguent par leur raideur. Plus elles sont raides, plus, m'a-t-il semblé, on les trouve belles et précieuses.

« Pour en revenir à l'atelier de mosaïques du Vatican, il n'y a point de raideur là. C'est, au contraire, un travail très-fin et délicat ; car on reproduit avec une exactitude parfaite les nuances les plus diverses de la peinture. Ces mosaïques ne se font point avec du marbre comme je le croyais (je parle des mosaïques *tableaux*) : elles sont faites de petits morceaux généralement en forme de dés, d'une composition chimique. On en garde, si j'ai bien compris, vingt-deux mille nuances. Voilà de quoi reproduire « les lumières et les ombres », sans compter le reste !

« On fait d'abord un encadrement dans lequel on trace les contours des figures ; au fur et à mesure, ou remplit le fond de mastic ; et c'est dans ce mastic encore frais et mou que l'ouvrier incruste le petit morceau de composition, qu'il a au préalable choisi de la couleur ou nuance voulue, et passé à la meule pour l'amener à la dimension convenable. Il faut avoir de bons yeux, de la patience, et... du goût. Mais ce dernier article surtout ne manque pas, je pense, à ces Italiens, qui ont, peut-être plus que tout autre disposition, le sentiment artistique.

« Il y a là une bonne manière de reproduire les chefs-d'œuvre, parce qu'elle est durable, et non sujette comme les tableaux eux-mêmes à périr par toute sorte d'accidents.

« Lors de mon passage à l'atelier, un ouvrier travaillait à la reproduction d'un beau portrait de Léon XIII, et le gardien me dit, en me donnant un des tout petits morceaux avec fond doré : « Tenez, vous aurez un morceau de la mosaïque du Saint-Père. » Il est certain que ce petit présent m'a été très-agréable, et je garde le morceau précieusement.

« J'ai aussi parcouru le Musée des Antiques, sculptures comprenant les chefs-d'œuvre les plus précieux du monde entier. C'est une collection unique, et dont, n'ayant pas à entrer ici dans le détail, je veux seulement signaler la richesse. Trésors incomparables, près desquels on peut mourir de faim, fût-on pape, puisqu'ils ne sont la source d'aucun revenu, tout au contraire, et qu'on ne pourrait, ne voudrait, ni en tous cas ne devrait les vendre.

« Je tirerais là une conclusion, si elle n'avait été mille fois tirée : c'est que les Papes ont très-bien su reconnaître les belles choses, les préserver de la ruine, les offrir à l'admiration et à l'imitation des artistes, par conséquent développer ou même inspirer le goût de l'art.

« Mais on ne peut forcer à voir ceux qui veulent obstinément fermer les yeux.

« A mon estime, donc, et par différence avec le Musée de peinture, les pièces sculptées du Vatican sont aussi nombreuses que parfaites.

« Naturellement, ces Musées de toute sorte demandent beaucoup d'espace. Le palais du Vatican est, dit mon livre, le plus grand du monde; ce sont des escaliers sans fin, des corridors qui se prolongent à perte de vue. Le palais est tout d'un seul tenant ; mais on a bâti, agrandi, ajouté au fur et à mesure des besoins.

« Il y a d'ailleurs au Vatican autre chose que ces galeries de peinture, de sculpture, de mosaïque, etc. : il y a la demeure du Pape et de son personnel. C'est une raison de plus de vaste étendue. Je regrette de n'être pas meilleur peintre en costumes ; il y aurait de quoi t'intéresser à te décrire ceux des gardiens du Vatican. A la porte d'entrée, on trouve d'abord la garde suisse ; elle est en très-grande partie composée de jeunes gens, que je suppose Italiens, plus encore que Suisses. Ils sont là, la hallebarde sur l'épaule, montant la garde et veillant sur chaque porte intérieure de premier accès. Leur costume est surtout gris : une toque, des culottes, et une sorte de pardessus gris sous lequel ils ont, en général, la plus fraîche mine.

« Puis viennent les gendarmes pontificaux. C'est à peu près, peut-être tout à fait, l'uniforme des gendarmes, *carabinieri*, italiens, le même que des nôtres, sauf que où ceux-ci ont *blanc*, les Italiens ont *rouge*. Pour la visite des Musées, mosaïques, Chapelle Sixtine, etc., on rencontre à chaque porte un surveillant qui a aussi ses marques distinctives, quelques galons, sans plus ; c'est comme dans tous les Musées du monde.

« Mais où l'on voit quelque chose de plus curieux, c'est quand on va aux appartements du Saint-Père (dont l'accès m'a paru facile). Là, il y a une garde en costume ancien, plein de pittoresque. C'est un bariolage de raies verticales passant par toutes les couleurs les plus voyantes, entre lesquelles m'a semblé dominer le jaune. L'ensemble est un peu à la zouave comme coupe et disposition. Ces gardes tiennent à la main une longue lance qui d'un coup, soit dit sans calembour, vous rejette en plein moyen-âge. Ce spectacle a conduit mon imagination ailleurs encore ; car je me suis, en un clin d'œil et par association d'impressions visuelles, reporté d'esprit à la Tour de Londres, dont les gardiens ont toujours le vieux costume, bariolé surtout de rouge, et avec l'antique collerette.

« Enfin, dans l'antichambre du Saint-Père, on se trouve avec les familiers de son service personnel ; et eux, ils sont tout en rouge, d'une espèce de soie cramoisie, culotte, veste et gilet.

« Si tu me demandes quelle est la richesse des

appartements, je te dirai que cela m'a paru variable. La richesse est souvent plus dans les peintures d'art qui les décorent, que dans le revêtement en marbre, tapisserie ou dorure. Les salles de peintures, et les galeries du musée de sculpture sont assez simples comme décors, suffisamment ornées pour n'être pas indignes des chefs-d'œuvre qu'elles abritent, mais sobres cependant en ornementation et luxe. Au total, il m'a semblé que les choses étaient comme il convient à la demeure d'un homme qui est Prêtre en même temps que Roi. J'ai trouvé les escaliers menant aux appartements du Saint-Père beaucoup plus riches, riches surtout par leurs revêtements en marbre et en stuc : il ne faut pas que les princes et les rois, quand ils vont offrir leurs hommages au Chef de la Chrétienté, voient sur leur chemin rien qui offusque trop leur regard accoutumé aux magnificences, accoutumé peut-être aussi à n'accorder d'estime qu'à ce qui se présente dans un suffisant apparat. L'antichambre, toutefois, était relativement simple, et assurément le musée renferme des meubles incomparablement plus précieux que ceux qui la garnissent.

« Voilà, à peu près, tout ce que je puis te dire du Vatican. Peut-être s'y trouve-t-il d'autres choses que des circonstances particulières permettent de voir ; mais je ne suis pas dans ces circonstances. Je suis seul, je ne fais pas partie d'un pèlerinage, et ne suis pas venu pour prendre part à une fête. Mon isolement, qui me plaît et a pour moi de grands charmes, m'impose aussi parfois une privation : car il est possible que, accompagné, j'eusse pénétré plus avant.

« En attendant de savoir si, définitivement, cette pointe à pousser dans le palais jusqu'à son auguste habitant me sera refusée ou non, je vais te dire, puisque je t'ai décrit des uniformes, comment l'on rencontre dans Rome, tant à Saint-Pierre que dans les rues de la ville, toutes les sortes possibles, je crois, de costumes ecclésiastiques. Je ne te parle point de ceux qui sont extraordinaires, tels que ceux (étrangers évidemment) se composant de bas noirs, culotte courte *idem,* gilet et redingote montante, le tout surmonté d'un chapeau plus ou moins tricorne. Mais je veux surtout indiquer par là la couleur de la soutane, chez ceux qui portent la soutane ; et on la porte, à Rome, à tous les âges, depuis six ou sept ans au plus.

« Ces soutanes, donc, sont de toutes les couleurs, comme les belles robes des « épouses » à Lorette. C'est du rouge, c'est du bleu, c'est du brun, c'est du violet ; tout l'arc-en-ciel y passe ; et même il n'a pas suffi, quoique je ne veuille pas dire que l'on ait été tout à fait jusqu'à utiliser les vingt-deux mille nuances de l'atelier de mosaïques du Vatican. On est dans la plus agréable perplexité, quand on rencontre un bataillon d'adolescents, visiblement des élèves en promenade, circulant dans les rues de Rome sous ces costumes voyants, mais que l'on ne voit qu'à Rome ; perplexité, dis-je, car on se demande nécessairement qui sont ces jeunes gens, et pourquoi ils sont ainsi vêtus. En fait, ce sont les élèves des différents séminaires, les uns de Rome même, les autres de toute langue et de toute nationalité. N'y a-t-il pas ici, en effet, quelque chose comme ce que décrit saint Jean en son Apocalypse, au sujet de la Jérusalem céleste? Relis dans ton Paroissien l'épître de la Toussaint ; et remercie Jésus de la gloire qu'il donne, aux yeux de ceux qui savent voir, à notre « Jérusalem » du monde catholique.

« Il me resterait à te parler enfin du Capitole, endroit assez célèbre sans doute pour mériter une mention. Mais je ne vois guère que t'en dire, sinon de te le nommer ; en ajoutant tout au plus que c'est une haute butte, à laquelle on accède, soit par un très-large et monumental escalier, soit par une belle route en lacets, — tout comme au Saint-Gothard. Dans le talus avoisinant l'escalier, à gauche, et parmi diverses plantations, est ménagée une cage où se démène, devine quoi? une pauvre louve, qui se passerait bien de cet honneur, la louve traditionnelle. Cela est assez baroque, à mon avis. Le palais qui surmonte le Capitole, en face, appuie les fortes bases de son arrière sur le sol du vieux Forum, à une grande profondeur.

« Je n'ai point visité la Roche tarpéienne, parce que, en fait, on n'a sur elle, actuellement, que des suppositions.

« Le sommet du Capitole est aussi occupé, sur la gauche, par l'église de l'*Ara-cœli*, où est révéré le célèbre *Bambino*. On m'a montré *il Bambino* en même temps qu'à une femme qui venait, je crois, faire toucher des linges, avec le même respect que l'on a pour le Saint-Sacrement. Cette piété italienne, qui semble avoir moins de profondeur que la nôtre, est plus démonstrative (1) ».

---

(1) Il faut mentionner encore une tour carrée en briques, que l'on voit un peu de partout, et qui passe pour être celle d'où Néron contempla l'incendie de Rome. Elle en porte le nom, *Torre di Nerone*. Mais il est douteux, paraît-il, qu'elle remonte plus haut que le moyen-âge.

CHAPITRE VINGT-ET-UNIÈME

Mes Adieux.

Je termine, en anticipant légèrement, et de temps et de lieu, par une lettre écrite après mon départ définitif de Rome, et qui donne mes dernières impressions comme mon suprême souvenir de la chère ville.

« Lundi 22 novembre 1880.

« .... Aujourd'hui ta sagacité est certainement en défaut. C'est bien en vain que ta jeune cervelle fait toute sorte de calculs et se livre à toute espèce de suppositions : elle n'arrivera jamais à démêler où je suis en ce moment. Prends ta géographie ; aussi ton atlas ; et vois si tu y pourras découvrir le nom d'une certaine localité qu'on appelle Orbetello. C'est là qu'est venu s'échouer ce soir mon esquif voyageur.

« Il y a loin de Rome à Florence : onze heures de chemin de fer, rien que pour arriver à Livourne ! Cela m'a effrayé. Grâce à mon « Guide », j'ai su qu'Orbetello pouvait être un asile suffisant pour une demi-journée ; j'y suis arrivé ce soir, et j'en partirai demain vers midi.

« Je te dirai ce que m'aura fait voir le jour ; d'après mon livre, ce serait un endroit assez curieux. Pour le moment, il n'y a guère que deux choses que je constate. L'une (j'espère ne pas me tromper !), c'est que le voyageur y est accueilli plus cordialement qu'ailleurs. L'autre, que cette petite ville de six mille habitants environ est diamétralement l'opposé d'une autre petite ville que j'ai aussi vue de près, de la sombre et solennelle Assise. Autant Assise est silencieuse et comme déserte, autant Orbetello est, comparativement, bruyante et animée.

« La Sainte-Cécile y est peut-être pour quelque chose ; mais je penche à croire, en outre, que c'est le genre de la ville, où l'on se promène, circule et chante, vivant au dehors comme si l'on était encore dans les contrées méridionales. En particulier, je puis te dire que les jeunes demoiselles d'Orbetello m'ont l'air d'aimer beaucoup la promenade ; elles passent sous mes fenêtres, deux à deux, ou trois par trois, et paraissent se plaire beaucoup à ce divertissement. Elles sont toutes en cheveux ; c'est évidemment la mode ici, plus que jamais.

« Pourtant, je te dirai aussi en confidence qu'il ne fait pas si extraordinairement chaud. Est-ce la position spéciale d'Orbetello ? Est-ce le voisinage du nord qui se fait déjà sentir ? Le fait est que nous avons eu froid en wagon. On chauffe les premières, mais l'inhospitalité italienne est fidèle à elle-même en se bornant là. Bref, mon premier acte, à l'hôtel, a été d'aller fourrer mes pieds dans le fourneau de la cuisine, seul endroit où il y ait du feu. Note que ce terme d'hôtel, que j'emploie par habitude, est immérité. Cela s'appelle une *trattoria*; quelque chose d'intermédiaire entre une auberge et un cabaret.

« Mais je t'entends me demander où est Orbetello ? Eh bien, c'est au bord de la mer, voilà tout ce que je puis t'en dire jusqu'à demain. Je crois que c'est à peu près en face de la fameuse île d'Elbe; de cela aussi je me rendrai mieux compte au grand jour. Ce que j'ai considéré de plus près aujourd'hui, après la Campagne de Rome déjà dépeinte, ce sont les « Maremmes », où la voie du chemin de fer court tout le temps. Tu n'as jamais vu désert pareil. Tes livres te dépeignent-ils ces plaines sans fin, toutes en pâturages, entrecoupées de flaques d'eau, avec un bois par intervalles, çà et là un troupeau de bœufs paissant, et presque jamais une habitation ? Il paraît que quand vient la saison chaude, les quelques villages qui sont cachés à droite et à gauche se voient désertés par leurs habitants. Ceux-ci fuient la *Mal'aria*, l'air qui donne la fièvre; ils vont, Dieu sait en quelles conditions de confortable et de... propreté! dans les montagnes de la Toscane, et ce n'est guère qu'en Octobre qu'ils peuvent impunément rentrer chez eux.

« Tu comprends qu'il n'y a pas d'observations philosophiques à faire dans le passage à travers cette contrée, où l'on parcourt trente lieues, ou peu s'en faut, sans rencontrer personne. Je me suis cependant posé un problème, tout en voyageant. Comment font les employés du chemin de fer, chefs de gare, hommes d'équipe et cantonniers ? Ils ne montent pas aux sommets toscans, eux, cela est sûr, et ils doivent rester là toujours ! Voilà qui ne laisse pas de mériter une certaine attention. Mais si c'était pour gagner le ciel, ils n'en feraient pas autant. Vanité des vanités ! Il est vrai, néanmoins, qu'ils peuvent, ces braves gens, étant et restant à leur devoir, qu'ils peuvent, dis-je, gagner le ciel, si seulement ils savent y penser.

« On paraît, du reste, en avoir réduit le nombre jusqu'à la limite la plus restreinte possible ; et si j'ai bien jugé, nulle part je n'ai vu gares aussi sommaires que celles des cinq ou six stations devant lesquelles a filé rapidement mon train express.

« Tu le vois, j'ai donc fait mes adieux à Rome. Oui, j'ai quitté ma chère Rome ; et j'emporte, en m'éloignant d'elle, ce sentiment qu'elle est encore davantage, étant bien connue, la Rome aimée de mon cœur.

« Définitivement, je n'ai point vu le Pape. C'est une difficulté inouïe. Ce n'est pas toujours aussi impossible, paraît-il, mais je me suis justement trouvé là dans un mauvais moment. Quand je suis allé hier m'informer au Vatican, on m'a répondu : « Le Pape ne donne pas d'audiences en ce moment, et on ne sait pas quand il se remettra à en donner. » Ainsi donc, il n'y avait qu'à partir, et d'autant plus vite que je suis limité aussi, dans une certaine mesure, par mon billet circulaire, qui me mènera bien juste où je veux aller.

« T'avouerai-je que je m'y résigne assez bien ? La personne du Pape est passagère, mais l'institution est permanente, et la ville est la ville éternelle ! Puis, si mes tentatives pour cela (et je n'ai négligé aucun moyen) ont été infructueuses, j'espère que tous mes pieux pèlerinages aux chers saints et aux chères saintes de Rome ne le seront pas. La bénédiction que j'ambitionnais du Chef auguste de l'Église me manque ; mais il y a quelque chose qui ne me manquera pas : c'est l'intercession de Notre-Dame « Majeure », de Notre-Dame du Trastévéré, de Notre-Dame *in via lata*, de Notre-Dame des Anges, etc.; l'intercession de saint Pierre, saint Paul, sainte Agnès, sainte Cécile, sainte Eugénie, saint Clément, saint Marcel, saint Sébastien, sainte Françoise, saint Côme et saint Damien, et de tant et tant d'autres à qui j'ai rendu, dans la grande et bien-aimée ville, de fervents hommages.

« Voilà comment je me console.

« Hier a été un bon jour, passé le matin à Saint-Pierre, le soir à Sainte-Cécile. J'aurais pu retourner aujourd'hui à Sainte-Cécile, grande fête à coup sûr ! aller même aux Catacombes, illuminées en l'honneur de l'illustre Sainte. Demain, illumination du même genre à Saint-Clément, où des fouilles intelligentes ont fait découvrir naguère la plus ancienne basilique de Rome, devenue, elle aussi, souterraine par le travail des siècles. Il faut se borner. Rome offrirait tous les jours quelque attrait nouveau à qui l'étudierait, comme certes je l'ai étudiée, avec amour. J'ai fait mes adieux à Rome. Que la grâce de ses Saints, de ses Apôtres, de ses Martyrs, de ses Pontifes, de ses Apôtres, me suive ! Et que son parfum ne s'évapore jamais en mon cœur ! »

Quatrième Partie

L'ITALIE

APRÈS ROME

CHAPITRE VINGT-DEUXIÈME

Napoli. — Monte Cassino

« . . . . . Vous vous demandez, mon cher ami, chaque jour où je suis, et combien de temps encore s'écoulera avant que je ne rentre, c'est le cas de le dire, *dans mes foyers* : les foyers, en effet, joueront un grand rôle à l'époque où je me retrouverai de nouveau en France. Pour le moment, je suis encore en Italie ; mais je commence pourtant à compter les jours ; je calcule même presque au juste l'époque où finira mon long voyage. Savez-vous que j'aurai été plus de trois mois ! C'est une vacance dont peuvent jouir peu de curés. Jules Ferry ne se doute pas, assurément, que c'est là un des fruits de sa politique, et qu'il m'a fait, en mettant les Franciscains sur le pavé, et en les tenant ainsi à ma disposition pour me remplacer, des loisirs non moins précieux que prolongés. Mes « loisirs » sont complets, car j'ai mis de côté les préoccupations politiques : il est extrêmement rare que je jette les yeux sur un journal. Oh ! que je voudrais pouvoir continuer toujours suivant ce système ! Il n'y a guère que par les conversation que je rentre, çà et là, dans les pénibles idées du présent français ;... par la prière aussi, bien entendu.

« Je devrais continuer à votre intention ces notes de voyage ; à votre intention, dis-je, et à l'intention de ceux à qui vous les communiquez, comme vous-même recevez communication. Je vous dirai que je ne sais plus trop où j'en suis. J'ai écrit au jour le jour, une idée, sans doute, en amenant une autre, mais bien souvent en chassant une autre aussi. Je finis, je vous l'assure, par ne plus savoir qu'imparfaitement et ce qui a été amené, et ce qui a été chassé.

« Ce que je puis vous dire, ou vous redire, c'est que je ne cesse d'admirer la beauté de ce climat italien. Je n'écris pas précisément la beauté *du ciel* : en cette saison, il passe, même sur le ciel de l'Italie, bien des nuages. Mais, jusqu'à présent, la température est toujours douce, agréable. J'en jouissais hier encore, en revenant du Mont-Cassin, et je me disais qu'elle est bien privilégiée, la terre sur laquelle, au 20 novembre, on voyage les fenêtres des wagons ouvertes à sept heures du soir.

« Il y a, si je ne me trompe, précisément un an aujourd'hui, je revenais d'Angleterre ; la neige avait fait son apparition, une gelée intense l'avait suivie : c'était le début du terrible hiver que vous savez. Cela me glace encore de souvenir ! Heureusement, le soleil d'Italie me réchauffe aussitôt. Hier, je faisais assez naturellement la comparaison ; elle était toute en faveur de l'Italie, cela va sans dire. Je me rappelais vaguement quelques vers de Byron cités dans le « Récit d'une sœur » : « Italy, fair Italy ! etc. » Et je disais moi-même : « Italy, fair Italy ! »

« Pourtant, comme parle notre vieille grammaire, *errat qui putat* : ce serait vous tromper que de croire que tout soit rose, même en Italie. L'Italie a ses petites et ses grandes misères, elle a ses côtés désagréables ; et si vous voulez que je vous les signale, je vais essayer de le faire.

« D'abord, il y a... les Italiens. Je ne les aime pas, je vous le déclare, à parler en général, comme il faut parler en un cas de cette espèce. Savez-vous que si le voyageur qui, comme moi, passe assez rapidement n'en croyait que sa première impression, celle qui résulte naturellement de ce qui se présente devant ses pas, il n'aurait besoin que de trois mots pour faire le procès de ce peuple ; et ce serait : sale, mendiant, voleur ! Oui, voilà le triple éloge qui vient sans cesse de lui-même à la pensée, sinon aux lèvres du touriste.

« Sale ! Il y a sur ce point peu d'exceptions. Les uns sont sordides, les autres se soignent un peu plus ; mais quelle est la demeure où l'on sait ce que c'est que la propreté ?

« Si on n'en croyait que le langage des Italiens eux-mêmes, on les regarderait tous comme voleurs. Vous ne vous figurez pas à quel point il est fréquent de les entendre signaler le danger d'être volé ; les précautions de la Poste, ceux du chemin de fer, contre les voleurs sont quelque chose de phénoménal. Quelqu'un s'étonnait à Naples, et je dirai presque s'effrayait de me voir aller seul dans les rues : « *sunt latrones* », me disait-il (car nous causions en latin), « il y a des voleurs à Naples » !

« Je l'ai déjà indiqué, l'Italien me fait l'effet de vivre sous la crainte perpétuelle d'être volé. Et c'est cela même qui corrige la première impression ; car évidemment ceux qui craignent tant d'être volés ne sont pas voleurs eux-mêmes. Le malheur est que l'étranger n'a presque affaire, le plus souvent, qu'à ceux qui volent : ce sont des cochers, des cicerones, des marchands plus ou moins honorablement établis, des hôteliers de probité suspecte ; tout ce monde tire sur lui, ou plutôt de lui, comme à l'envi. S'il ne regardait un peu au-delà de ce qu'il voit, et ailleurs que par où il est touché, il penserait volontiers, et le penserait sérieusement : tous voleurs !

« On serait tenté de les croire aussi tous mendiants, tant le nombre est grand de ceux qui vous tendent la main.

« Au rang des premiers et plus désagréables

mendiants, il faut placer les cochers de fiacre. Passe encore à Rome, pourtant, où ils se contentent de lever leur fouet d'aussi loin qu'ils vous aperçoivent ; ou, s'ils passent à côté de vous, de vous dire : « Volé ? Monsieu, volé ? » (en leur jargon je suppose que cela signifie : Voulez-vous de mes services ?) ; ou bien : « Vettoure, Monsieu l'Abbé, la vettoure ? » C'est bien pis à Naples, où le cocher de fiacre pousse son cheval vers vous dès qu'il vous entrevoit quelque part, vous suit dans sa voiture, vous, pauvre piéton, pendant cinq minutes au moins, vous adressant des supplications à fendre l'âme pour que vous fassiez l'ascension de ce véhicule ; ou quelquefois même, et de peur sans doute que vous ne soyez pas suffisamment averti de sa présence, pousse son équipage juste en travers de votre chemin, en sorte que vous avez assez de peine à passer. Tous ces divers manèges sont absolument insupportables dans les rues où manquent les moyens de retraite : à cause de cela, je bénissais, à Naples, et tout particulièrement, les rues enrichies de trottoirs.

« Il y a des moments où c'est comique : j'ai vu quinze à vingt cochers de fiacre, stationnant sur une place quelconque, lever simultanément leurs fouets, semblables à un régiment d'un nouveau genre, parce que j'avais eu la malchance de débûcher juste en face d'eux. Je me hâtais de détourner les yeux, car j'eusse éclaté de rire à leur nez, et je doute s'ils l'eussent pris du bon côté.

« Quant à la mendicité proprement dite, elle est

partout, à la ville et à la campagne. Ce qui m'exaspère, ce n'est pas qu'il y ait des mendiants : il y en a dans tous les pays, et je n'ai là nul sujet d'étonnement. Je n'oublie point, d'ailleurs, les bénédictions évangéliques promises à la pauvreté. Ce qui m'exaspère, dis-je, c'est que la main vous soit tendue et des sollicitations adressées par des gens qui n'en ont pas l'habitude, qui, si vous voulez, n'en font pas le métier, et qui n'en éprouvent pas le douloureux besoin. Je dis douloureux ; mais cela n'a pas du tout l'air d'être douloureux pour l'Italien. Que d'hommes j'ai rencontrés, dont les habits et tout l'extérieur n'avaient rien d'un mendiant, et qui me demandaient! C'est qu'ils avaient flairé l'*étranger*, et ils espéraient avoir, peut-être, une bonne aubaine. C'est par centaines qu'il faut nombrer les femmes qui, en vaquant à leurs occupations, en faisant leurs courses, s'arrêtaient ou se détournaient, très-visiblement pour la même raison, pour cette raison unique et sans en avoir d'autre. C'est cela que je ne puis souffrir, cette mendicité de rencontre, cette platitude d'occasion. Cela me paraît dix fois plus contraire à la noblesse des sentiments que la mendicité habituelle, pour peu que celle ci, d'ailleurs, soit justifiée par l'indigence.

« Je sais pourtant bien que sur ce sujet encore, il faut faire usage de sa raison, et constater que tout le monde ne mendie pas; mais on est tant importuné, que l'on serait tenté de n'en pas faire la réflexion.

« Il y a en second lieu, comme fléau de l'Italie, sa

vermine. Oh! je ne prends pas mon parti de cela! Qu'est-ce donc que ce peuple, qui vit là-dedans, qui se laisse dévorer, qui n'a pas l'air de le sentir, et qui, dans tous les cas, ne me semble rien faire pour l'empêcher? Pour moi, si je pouvais prendre ce beau pays en horreur, ce serait à cause de ces parasites que je ne saurais assez exécrer quand ils font ainsi leur pâture de mon corps. Je crois bien que, rentré en France, replongé dans les misères du temps politique et dans les frimas de la température atmosphérique, ce souvenir sera l'un de ceux qui contribueront à me consoler.

« Passons! Il y a en troisième lieu la cuisine italienne. Non pas que je l'aie beaucoup pratiquée : je ne resterais pas si longuement en Italie, si j'en étais réduit là. Ne voyageant guère que par les grandes villes, et ne mangeant, ou à peu près, que dans les hôtels, je retrouve, peu s'en faut, partout la cuisine française. J'en puis pourtant parler un peu, de la cuisine italienne, et pour ce que j'en ai goûté, et pour ce que j'en vois.

« Ce que j'en vois n'est pas beau. Rien que de contempler le macaroni pendant de la bouche des gens attablés me rassasie de macaroni. Leur façon d'être à table aussi n'a rien de très-agréable : j'ai dû, dans mes lettres expédiées à droite ou à gauche, signaler déjà plus d'une fois cette particularité des dames et des jeunes demoiselles italiennes, qu'elles ne savent pas se tenir à table. Ce n'est peut-être pas tout à fait de leur faute; les tables sont, en général, très-hautes, en sorte qu'il devient difficile d'y manger autrement que les coudes appuyés. Il reste seulement ce problème à résoudre, de savoir si cette habitude de s'appuyer est venue de ce que les tables sont hautes; ou si l'on a exhaussé les tables parce que l'on s'appuyait et pour que l'on s'appuie. Je livre cela à votre grande sagacité. »

J'ai hésité un peu à transcrire ici ce réquisitoire assez vigoureux. Je m'y suis enfin déterminé en raison des réserves qu'il exprime, et pour conserver les tableaux de mœurs qui y sont contenus, lesquels en valent peut-être la peine. Du moins c'est écrit sur place et *de visu* : la sincérité de l'impression, à défaut de tout autre mérite, ne saurait être contestée.

« Samedi 13 novembre, soir.

« Mes chers Parents, cette fois, c'est de Naples que je vous écris, et je suis au plus loin de mon voyage. Je suis parti de Rome hier à neuf heures, et arrivé à Naples le soir. C'est une très-belle ville, qui doit être extrêmement agréable à habiter, mais qui n'offre qu'assez peu de chose de curieux au voyageur qui, comme moi, ne veut que passer. Dites cela à L., qui s'intéressera à ce que j'ai pu penser de cette ville. Ici, c'est tout le contraire de Rome : il y a à Rome tant à voir, que l'on ne se reconnaît pas sans peine, du premier abord, dans cette foule de curiosités; mais la première impression produite par Naples, c'est qu'il n'y a rien là, que son beau climat.

« Le plus curieux en ce moment, c'est le Vésuve, le volcan, qui est en légère éruption, et qui lance toute la journée de la fumée blanche, à la manière des locomotives. Le soir, cette fumée prend par intervalles la couleur du feu, et c'est alors très-intéressant de regarder le Vésuve, plus intéressant et surtout plus grandiose, plus varié aussi, que nos illuminations du 14 juillet. Cela seul vaudrait la peine de venir à Naples pour le voir.

« Mais comme c'est à peu près tout, je pense que je partirai bientôt, peut-être dès lundi. Au retour, je me propose de m'arrêter un peu au Mont-Cassin, chez les Bénédictins qui sont là dans les montagnes. J'y resterai plus ou moins longtemps selon la façon dont j'y serai reçu. Puis, je repasserai encore une fois à Rome.

« .... Je suis toujours en bonne santé, et aussi j'ai toujours du beau temps : il tombait quelques gouttes hier soir quand je suis arrivé à Naples, et le temps était encore couvert ce matin ; mais il s'est éclairci peu à peu, et il a fait une après-midi splendide. Je me suis promené, et j'ai regardé les autres se promener ; on est très-fort pour les promenades, à Naples : il n'y a guère que cela, autant que j'en puis juger jusqu'à présent, qu'on y sache bien faire.

« J'ai aussi écouté la musique, comme à Rome et à Venise. Mais c'est la première fois que je vois des musiciens jouer assis : cela peint bien ce peuple napolitain, énervé par son beau ciel et son climat chaud. »

La lettre suivante, écrite au Mont-Cassin, n'a point été expédiée. Je m'arrêtai, je crois, à l'idée de faire cette communication de vive voix, et, en effet, je l'essayai à Florence ; mais je ne pus réussir à rencontrer le Président du Club de cette ville.

« A Monsieur le Président du Club Alpin,
à Rome.

« Naples, le 15 novembre 1880.

« Monsieur le Président,

« On m'assure de divers côtés que le Club Alpin cherche à faciliter aux touristes l'accès des contrées intérieures de l'Italie. A ce titre, il vous intéressera peut-être d'apprendre ce qui m'est arrivé hier dans une de mes excursions.

« J'étais à Naples, et je suis monté aux Camaldules. J'y suis allé seul, dirigé par les indications très-précises de mon « Guide », et sans me rendre à aucune des sollicitations sans nombre dont j'étais assailli, comme on l'est partout en Italie, d'une façon si importune : je n'accepte le concours d'un « cicerone » qu'à la dernière extrémité, ne serait-ce que parce que leur façon mendiante d'offrir leurs services me déplaît au plus haut point.

« Du haut des Camaldules, j'avais étudié mon chemin pour le retour, et constaté la possibilité de rentrer à Naples par un autre quartier. Après avoir joui à mon aise du splendide panorama, je suis donc descendu de la montagne dans la direction d'un village que je crois être Soccavo. J'ai traversé le village, puis une sorte de hameau qui se rencontre un peu après en allant vers Fuorigrotta. Je marchais bon pas, car l'après-midi était déjà avancée, portant mon pardessus sur un bras, mais n'ayant, en somme, qu'un costume en tout semblable à ceux qu'on voit à chaque instant en Italie.

« Comme j'arrivais au hameau dont je viens de parler, j'ai bien vu, mais sans y faire autrement attention, des enfants courir et se grouper. Pendant que je traversais le hameau, aussi, j'entendais derrière moi les clameurs de ces enfants ; mais ne sachant pas l'italien, je n'en saisissais pas le sens, et n'en avais nulle préoccupation. Je trouvais seulement qu'on était bruyant dans ce pays. Quand, vers la sortie de ce groupe d'habitations, des pierres qui commençaient à voler autour de moi me firent comprendre, à ma très-grande surprise, que c'était à moi qu'on en voulait.

« Ils étaient là une quinzaine de gamins déguenillés, à peine vêtus, qui s'escrimaient à qui mieux mieux, tout en vociférant dans leur jargon, à me laisser, à coups de pierres, un témoignage sensible de l'inhospitalité italienne.

« Deux fois interrompue par une volte-face de ma part, cette chasse à l'homme s'est prolongée jusqu'à un tournant de la route, ayant duré une demi-heure, peut-être, tant que la nuit tombante et le changement de direction ne m'ont pas eu dérobé aux regards de mes persécuteurs.

« Ainsi, Monsieur le Président, il demeure avéré qu'un voyageur, un étranger, ne peut se regarder comme en sécurité à une lieue de Naples, aux portes d'une cité d'un demi-million d'habitants, comptant parmi les plus civilisées de l'Europe. L'Italie est bien belle ! Mais que faut-il penser, alors, de ses habitants ?

« Le fait, je crois, mériterait d'être publié, et la connaissance qui en serait répandue serait un pas de plus vers le but que se propose votre société. Je vous autorise, en tous cas, à faire de ma lettre tel usage que vous jugerez convenable. Mais je réserve la signature, que je vous prie de garder pour vous seul. Mon voyage d'Italie n'est pas entièrement terminé ; je puis, d'ailleurs, revenir à Naples quelque jour. Je n'aimerais pas à être signalé d'avance à la vengeance des gamins de Soccavo ou de ses environs.

« Agréez, Monsieur le Président, l'assurance de ma haute considération. »

Passer immédiatement à la lettre qui va suivre, laissant, du moins pour le début, Naples aussi promptement et brusquement, ce sera établir non sans crudité, mais en vérité aussi, et d'action comme de paroles, l'impression essentielle que j'ai rencontrée à Naples, que j'en ai emportée, impression de fatigue et de vide.

Je pense, au reste, maintenant, que peut-être étais-je *trop* fatigué. J'en avais assez, je crois, des pays méridionaux, de leur vivacité, de leur bruit, de leur importunité surtout.

Peut-être est-ce le moment de dire que, dans les contrées méridionales, cette importunité se mélange d'une sorte de familiarité ; et cela m'était plus antipathique que tout le reste. C'est de Rimini qu'en date mon premier souvenir.

Même à mon passage de retour par Rome, cet état d'énervement subsistait, en sorte que j'ai fort bien pu quitter, sous cette influence, la chère ville deux jours trop tôt. En y pensant en ce moment, je suis étonné d'avoir pu reprendre vie comme je l'ai fait dans les belles villes de la Toscane.

« Mardi, 16 novembre 1880.

« ..... Il ne tiendrait qu'à moi de me croire encore en Suisse, car je suis à la fois, comme en Suisse, et sous le toit hospitalier d'une maison religieuse, et en pleines montagnes. La différence est que, sans nul doute, les montagnes suisses sont presque toutes ensevelies sous la neige, ou en tous cas bien refroidies par la bise, tandis qu'ici la montagne demeure tout ensoleillée. Bref, c'est au Mont-Cassin que je me suis installé, chez les Bénédictins, que le gouvernement italien y laisse encore par grâce.

« ... Je suis arrivé ici hier dans l'après-midi, ayant quitté Naples le matin. Mon séjour dans cette ville n'a pas été long, comme vous voyez. Ah ! certes, Naples serait bien agréable à habiter. C'est en cela le contraire de Venise, sans doute. Mais quand on ne peut pas l'habiter, après tout, ce qui est mon cas, ce que l'on a de mieux à faire, il me semble, est de le quitter dès qu'on l'a vu. Avoir senti la chaleur de son brillant soleil, avoir constaté la pureté et la profondeur de son ciel, avoir respiré le parfum de ses plantes, avoir été témoin de la vie un peu molle de ses habitants, avoir admiré son Vésuve, en avoir longtemps contemplé la splendide illumination nocturne et avoir mesuré du regard sa haute colonne de fumée pendant un jour calme ; s'être rendu compte, enfin, du panorama merveilleux que forme ce golfe de Naples, avec sa ville, ses montagnes, sa mer tranquille et ses îles bizarrement découpées : voilà, je pense, tout ce que peut ambitionner un voyageur au temps limité, ce qui doit suffire à qui ne peut faire rien de plus que passer.

« Je n'ai donc guère fait autre chose. Et même, si vous voulez que je vous dise un peu brutalement ma véritable impression première, après mon arrivée à Naples, elle a été que j'étais venu là dans une ville où je n'avais rien à voir. Il n'y a rien, en effet, à Naples ; rien que son beau climat ; en sorte qu'il semble que quand on y vient, ce doit être pour jouir, non pour voir : j'entends, vous me comprenez bien, pour voir ce qui s'offre ailleurs, dans Rome si particulièrement, non pas aux yeux seulement, mais à l'esprit et au cœur.

« Enfin, j'ai *joui* de mon mieux, du moins pendant les deux jours que j'y ai passés. Samedi, la matinée était assez sombre, il pleuvait par intervalles. J'ai couru quand même, me rendant compte de la configuration de la ville, et contemplant les divers points de vue. Puis, le temps s'est éclairci et est devenu très-beau. Il était splendide dimanche toute la journée, fait exprès à ce qu'il semble, pour que je pusse voir la Naples de mes rêves.

« Mais je n'anticiperai point ; et je vous dirai tout d'abord comment, dans l'après-midi du samedi, je suis allé à l'immense *Villa Nazionale*, sur ces quais de la Chiaja que vous avez des raisons de connaître. J'ai écouté la musique, j'ai vu défiler les innombrables calèches. A ce point de vue, c'est la même chose qu'à Rome ; mais il y a cette différence que la rue qui porte ici le nom de cette ville, ancienne rue de Tolède, « già Toledo », laquelle est le Corso napolitain, est beaucoup plus large ; et aussi, que la grande affluence des équipages est plutôt à la Chiaja. A Naples, non plus, il n'y a pas le même danger pour les malheureux piétons de se faire écraser. De beaux trottoirs s'étendent tout le long de la rue de Rome ; et quant à la promenade de la *Villa*, elle est triple : une large rue pour les voitures, qui y passent huit ou dix à la fois avec un bruit de tonnerre et une rapidité de foudre ; deuxièmement, une petite contre-allée où caracolent les cavaliers, voire même les amazones ; en troisième lieu, cette « Villa Nazionale », immense plaine de terrains pris sur la mer, plantée d'arbres, où l'on se promène à l'abri de tout péril, un peu en solitude peut-être, vu l'espace, et où l'on peut, à une assez grande distance du bruit des voitures, écouter les musiciens que le climat de Naples, sans doute, à quelque peu efféminés, car ils jouent assis.

« J'ai aussi dévisagé les gens. Ne vous étonnez pas de ce dernier point : je veux dire que, comme à Rome, j'ai cherché à me rendre compte, par l'inspection des figures, des résultats qu'ont donnés les habitants.

« Le résultat, pour Naples, est tout négatif. Je songeais à cette grande ville, la plus populeuse de l'Italie, une des grandes cités de l'Europe, à cette Naples qui n'a jamais rien fait, qui n'a pas un monument, pas un souvenir, pas un nom ; à cette Naples qui me paraît n'avoir jamais bien connu qu'une chose : la jouissance. Quelle différence avec Rome ! Et comme je trouvais le contraste étrange, en étant passé de l'une à l'autre si brusquement ; en ayant vécu à Rome pendant quinze jours des plus élevés souvenirs, sans les avoir épuisés encore, tant s'en faut ! et en me trouvant jeté tout à coup au milieu du rien !

« Il y a d'ailleurs des contrastes à divers points de vue : j'en avais trouvé un, avant même d'arriver à la ville, dans l'aspect de ses alentours. J'ai déjà écrit que ce qu'on appelle la Campagne de Rome, c'est-à-dire les immenses plaines avoisinant la ville et qui la séparent de la mer, sont à peu près désertes et presque complètement incultes. En quittant Rome, le matin de mon départ, surtout le quartier si vivant où j'habitais, et passant ensuite avec la rapidité de la vapeur dans ces plaines désolées qui commencent immédiatement aux murs de la ville, c'était comme si j'avais vu un immense corps dont la vie s'est toute concentrée au cœur, mais a abandonné les extrémités.

« A Naples, c'est tout le contraire : la campagne de Naples, fertile à donner trois récoltes par an, est d'une richesse inouïe. Il est déjà tard, malgré le midi, pour bien apprécier cela ; mais on voit pourtant encore que ses champs, ses vignes, ses citronniers, ses orangers, en doivent faire, dans la belle saison, un paradis véritable. Il n'y a plus guère que les orangers, chargés à rompre de leurs pommes jaunissantes, qui s'offrent encore aux regards dans toute leur beauté.

« J'ai donc regardé, puisqu'il n'y a rien de mieux à faire à Naples ; et certes, c'est le beau Vésuve que j'ai admiré le plus longuement. Lui, je l'aurais, je crois, regardé toujours. C'est que toujours et sans cesse l'aspect en est varié, semblable en cela à la mer.

« Le premier soir, après mon dîner fait au restaurant, et mon installation faite aussi, c'est le Vésuve que j'ai cherché. Je n'ai pas tardé à le voir, avec sa crête étincelante. En vérité, j'ai regretté qu'il fît un si beau clair de lune : quand la nuit est bien sombre (si la nuit, toutefois, est jamais bien sombre sous ce ciel enchanté), et que les feux du volcan se montrent, en conséquence, dans toute leur vivacité, ce doit être magnifique.

« C'était bien beau déjà tel que c'était. Dimanche, surtout, le ciel était si pur, le temps si calme, la soirée si douce ! Je suis resté jusqu'à neuf heures et demie sur la principale place de Naples (j'avais pris mon gîte tout près), sous de beaux arbres dont elle est plantée, à jouir du grand spectacle. Le peuple napolitain était répandu tout autour, gai et animé, mais pas aussi bruyant que d'habitude.

« Les cris des marchands, adoucis à cette heure, les sons divers et passagers de musiques plus ou moins lointaines, formaient l'accompagnement terrestre. Le cadre, au ciel, était fait d'une lune claire et d'étoiles brillantes. On voyait assez pour distinguer la haute colonne de fumée, ou plutôt de blanche vapeur lancée par le Vésuve. Quelle distance des œuvres de Dieu à celle des hommes ! Quand je pense aux quelques centimètres de gaz plus ou moins foncés dont se couronne, sous l'action des plus puissants ventilateurs, une pauvre petite cheminée d'usine, qu'est-ce que cela devant le Vésuve à l'énorme hauteur, et devant son puissant panache montant et si haut et si droit ! Toutes les deux ou trois minutes, la base de cette colonne rougissait, s'enflammait : c'était le volcan qui exhalait alors plus de flammes, plus de scories ardentes, et on les voyait retomber tout autour du sommet conique. Elles s'éteignaient dès qu'elles étaient sorties du cratère ; mais il y a en ce moment comme une crevasse sur un côté, et là jamais la lueur ardente ne cessait de briller. Je trouvais, moi novice, et quelque peu naïf peut-être, ce spectacle fascinant.

« J'incline pourtant à penser que ma naïveté n'est peut-être pas si complète ; car je n'étais pas seul à contempler le Vésuve : bien des promeneurs arrêtaient leurs pas, bien des gens affairés interrompaient leur course, pour lui donner un regard. Je m'imagine que d'observer les différents aspects du Vésuve est un grand attrait pour le Napolitain.

« Dans cette journée de Dimanche, j'avais fait une longue promenade aux Camaldules, un couvent situé sur une hauteur, et renommé pour la vue dont on y jouit. C'est aussi un ancien couvent ; et c'était triste de me promener dans ces jardins déserts où l'herbe pousse partout. Ici, au Mont-Cassin, c'est très-beau, et bien au-dessus comme architecture des Camaldules, qui ont dû être un couvent assez pauvre. En jetant hier un premier coup-d'œil sur l'abbaye du grand saint Benoît, je pensais avec tristesse que si ses habitants n'ont pas encore subi le sort des Camaldules, cependant ils y sont exposés ; et pour que cette belle Basilique, ces beaux cloîtres, ces rangées de cellules leur soient enlevés, il suffit qu'un matin vienne un gendarme qui dise aux religieux : Allez-vous-en ! C'est une injustice sans nom ; et il y a, rien qu'à y penser, de quoi maudire les persécuteurs !

« Et pourtant le mieux est de demeurer calme et de se maintenir paisible. Ce qui est injustice flagrante dans les hommes est en Dieu justice suprême et flagrante équité. Ce sera l'une des joies du Paradis d'y voir clairement, par la connaissance des motifs divins, avec quelle exacte et entière rectitude toutes choses ont été ordonnées sur la terre. Vivons seulement de manière à mériter que luise pour nous ce jour de la Lumière éternelle. Se rendre compte de ces choses à la clarté divine sera plus beau encore que de contempler cette Naples, après la vue de laquelle, suivant le dicton populaire, il n'y a plus qu'à mourir !

« Vous me demandez sans doute si c'est là tout ce que j'ai à vous raconter de Naples, si je n'ai point fait l'ascension du Vésuve, et si je ne suis pas allé à Pompéi?

« Non, je n'ai fait ni l'une ni l'autre de ces deux excursions. J'ai bien essayé de prendre quelques informations sur la manière de gravir le Vésuve, où l'on va, je pense, en chemin de fer. Est-ce fatigue des importunités italiennes, particulièrement nombreuses, et par conséquent à charge, dans les endroits très-fréquentés ? Je n'ai pas réussi à très-bien comprendre ce qu'on a pu me me dire ; et finalement je suis resté en bas. Je trouvais cela déjà bien assez beau d'en bas ; et, au fond, sauf la petite gloriole de pouvoir dire : je suis monté au Vésuve ! je reste convaincu qu'il y a peu de chose à gagner à aller voir de près.

« Quant à Pompéi, j'ai bien examiné la question, j'ai lu bien attentivement mon livre ; et j'ai conclu, d'une part, que ce que Pompéi pourrait offrir de plus intéressant est au musée de Naples ; d'autre part, que les fouilles ne seraient guère différentes comme aspect de celles de Rome, au Palatin surtout, et auraient la grandeur des souvenirs en moins. C'est pourquoi je suis demeuré là encore. Nombre de gens me blâmeront et ne pourront comprendre mon abstention ; mais chacun a son goût et ses préférences : les miennes n'ont jamais été beaucoup à Pompéi.

« J'ai visité le Musée de Naples, si riche des souvenirs de Pompéi, précisément. Et j'y ai eu, pour le dire en passant, dans l'aspect des regards enflammés d'un naturel, l'occasion de constater, en moraliste, que certaines peintures n'ont pas l'innocuité prétendue dont on voudrait les gratifier. Hélas ! le tableau était du Titien, peint par lui à l'âge de quatre-vingts ans. Le Titien eût mieux fait de préparer son cercueil si rapproché.

« Dans ma promenade légèrement pluvieuse faite le samedi matin, j'avais gravi, sortant tout de suite de la ville, le chemin neuf décoré (toujours !) du nom de Victor-Emmanuel, qui, serpentant à mi-flanc des hauteurs, donne un peu de partout sur la ville, la mer, et les contours du golfe de splendides coups-d'œil.

« Je suis entré dans les principales églises ; et, entre autres, j'ai dit la messe à Saint-Janvier, la cathédrale, le dimanche matin ; mais rien ne vaut la peine d'une mention. Entre la messe et le Musée, j'ai fait une course à *Capo di Monte*, château royal qui ne mérite pas non plus une visite, mais j'y avais affaire. A Naples, au surplus, il est toujours agréable de parcourir de beaux jardins, de se promener sous d'épais ombrages : Capo di Monte offre tout cela. J'ai, nécessairement, circulé pas mal dans les rues, les dix-neuf vingtièmes extrêmement étroites, presque des couloirs aussi, et que surtout la hauteur des maisons fait paraître telles. J'ai vu plus d'une fois les Napolitaines se... comment dirai-je ? s'éplucher sans vergogne, surtout se rendre mutuellement ce service. J'ai eu affaire dans la rue à un bon frère franciscain, ou vêtu en franciscain, qui m'a offert une image, et quand je l'ai eu acceptée m'a demandé deux sous. J'ai alors rendu l'image, car je n'aime point ce genre de commerce. J'ai regardé sans l'ombre d'un tressaillement certaines colonnes baroques et rococo, affreuses, qui sont censées orner diverses places de Naples, pour un souvenir ou un autre. Et voilà, en effet, tout ce que j'ai à dire de Naples.

« Je suis donc venu au Mont-Cassin, quittant

Naples rapidement, puisqu'il ne m'est pas donné d'y rester, et je vais séjourner un peu dans la célèbre abbaye. Comme paysage c'est bien beau aussi ! Tout un amphithéâtre de montagnes ! En bas, la plaine coupée de routes, plantée d'arbres et semée de villages. Parmi les montagnes, les unes, les moins élevées, sont couvertes d'arbres, d'oliviers et de chênes (comme le Mont-Cassin lui-même) ; les autres élèvent vers le ciel, on dirait avec un air de menace, leurs cimes arides et nues. A un certain endroit, c'est un vrai chaos de pics entassés. Je vais contempler cela bien à loisir, et il me semble que c'est un bon endroit pour y réfléchir et prier. »

Je n'ai pas seulement prié au Mont-Cassin, je m'y suis aussi promené, soit sur les sentiers pavés de la montagne, parmi les bosquets de chênes-verts, soit en montant et descendant la route carrossable, encore inachevée et restée interrompue, que l'on a travaillé à établir, en ces derniers temps, sur les flancs de travertin du Mont. Pourvu que ce ne soit pas en vue surtout de la « laïcisation » future du monastère !

L'abbaye est tout au sommet, vaste et solidement assise. Dans ma semaine de séjour, je ne suis point parvenu à me démêler complètement dans tous ses longs corridors ; cela forme une grande promenade. Mais il manque là ce qui manquait aussi un peu à Solesmes, un jardin.

En somme, c'est aride, en raison de la hauteur, à cause aussi sans doute de la forme conique, sur laquelle glissent les terres ; et il faut tout monter là à dos de mulet. J'y fus conduit par l'un des très-rares guides que j'aie employés, au fait, peut-être le seul, puisque celui de Lorette *s'imposa*, un petit gamin éveillé, plus courageux réellement que je ne l'eusse cru à porter mon sac jusqu'en haut, et que je payai bien.

On boit, je pense, peu de liqueurs fortes dans ces contrées : en déjeûnant à l'hôtel, avant mon ascension, j'avais demandé du rhum pour mon café, mais on ne put rien me servir de ce genre.

Là aussi, tout en mangeant, j'eus conversation avec un inconnu parlant très-bien français ; ces rencontres ne laissent pas que d'étonner toujours un peu, dans un pays si complètement étranger. Au monastère même, j'étais très-recherché par un avocat de Capoue, qui parlait également fort bien. Décidément la langue française est d'un grand usage en Italie ! En d'autres temps, on s'en réjouirait sans doute davantage.

L'hospitalité est de tradition au Mont-Cassin, mais on n'y fait pas la cérémonie solennelle d'arrivée comme à Solesmes. A Solesmes, le Père Abbé vient, que dis-je ? venait (et j'espère qu'il viendra encore), au réfectoire, présenter à laver à l'hôte arrivant.

Je n'ai pas vu non plus qu'on fît au Mont-Cassin les offices, messe et récitation du bréviaire, soignés, que j'avais tant aimés à Solesmes. L'Italien, sans doute, est l'Italien partout.

Il l'est de toutes façons ; car il y eut, parmi l'hospitalité même, un petit trait d'inhospitalité; en ce que, un jour, le Père français auquel j'étais adressé et confié, tout aimable et bien sérieux moine, allant un matin dire la messe dans la plaine, à l'oratoire, je crois, de sainte Scholastique, et proposant de m'emmener, son compagnon ne le voulut pas. J'eusse pourtant bien aimé faire cette course à toute sorte de points de vue ! Et je n'y aurais pas éprouvé, il y a lieu de le penser, les mésaventures de Soccavo.

L'excellent Père Anselme, le religieux à peu près de mon âge, originaire de la Basse-Normandie, qui s'occupait de moi, travaillait à déchiffrer et copier d'anciennes chartes, dont la Bibliothèque de l'abbaye est abondamment pourvue. Encore un pionnier obscur et méconnu de l'érudition !

J'aurai tout dit, il me semble, sur le Mont-Cassin, quand j'aurai signalé qu'il y eut là, pendant mon séjour, un tremblement de terre. « Tout a tremblé, racontais-je plus tard, pendant une demi-seconde, à peu près le même temps et la même chose que par un fort coup de canon tiré tout près ; seulement, il n'y avait pas eu de bruit. Bien entendu, je ne savais pas ce que c'était. Il y avait alors dans ma chambre deux domestiques du monastère, dont l'un me rasait. Il est heureux qu'il ait eu la main ferme ! Ou plutôt il est heureux qu'il fût accoutumé à ce phénomène. Ils m'expliquèrent ce que c'était, me disant qu'il y en avait encore eu un quinze jours avant, et que ce n'était pas rare ; ce qui me fut ensuite confirmé par le Père. »

Bon Père Anselme, mon ange du Mont-Cassin, je vous quitte là. Au revoir au ciel, car rien n'est moins probable qu'une seconde rencontre sur la terre. Que Dieu vous bénisse, et soit toujours avec vous !

CHAPITRE VINGT-TROISIÈME

Toscana.

J'ai relaté précédemment mon passage à Rome après le séjour du Mont-Cassin. J'ai même, pour laisser au récit de mes impressions sa couleur primitive, dépassé Rome et parlé déjà d'Orbetello. Je n'ajouterai presque rien au sujet de cette petite ville. Le lendemain du jour où j'en ai écrit, j'ai fait une promenade sur la chaussée qui coupe l'espèce de lac au bord duquel la ville est bâtie ; mais je n'ai pas osé m'aventurer sur la montagne qui s'élève au-delà du lac, bien que j'en eusse, d'après mon « Guide », grande envie.

C'est tout.

« 24 Novembre 1880.

« ....Je ne suis pas encore arrivé à Florence, c'est de Pistoie que je vous écris. Encore une localité presque inconnue, pas tant qu'Orbetello, cependant. Vous devez vous demander si c'est que j'ai une préférence pour les petites bourgades.

Croire à la préférence serait exagéré ; je pense seulement que la visite d'une contrée est, sans cela, nécessairement incomplète. J'ai d'ailleurs, comme pour Rimini, une raison péremptoire, la marche des trains. On est ici comme au printemps quant à la douceur de la température, c'est vrai ; mais les jours sont courts aussi bien que chez vous. Comme je veux voir, et comme aussi, il faut bien le dire, les trains vont lentement, je suis forcé de combiner mes arrêts de façon à ce qu'ils n'aient rien que de favorable à ma curiosité.

« En vérité, ç'eût été dommage de passer pendant la nuit par le chemin que j'ai suivi aujourd'hui. Je suis allé le matin de Pise à Lucques (mon billet circulaire me conduit à Pise deux fois, en sorte que pour arriver plus vite à Florence, j'ai remis la visite détaillée de cette première ville). Puis, après quelques heures données à la visite de Lucques, je suis parti pour Pistoie. C'est surtout ce dernier trajet que j'ai trouvé beau.

« Mais que je vous dise d'abord combien je suis émerveillé de la douceur de la température. Quand je pense au temps habituel de la Sainte-Catherine dans ma paroisse, j'apprécie selon tout son mérite celui que nous avons ici. On voyage toutes fenêtres ouvertes. Les femmes et les fillettes vont et viennent dans les campagnes pieds et jambes nus.

« Ce soir, à Pistoie, toute la société pistoienne, masculine et féminine, était en promenade dans les larges et très-agréables rues de la ville. C'est un autre monde !

« De Lucques à Pistoie, le chemin de fer traverse une des plus agréables contrées que j'aie jamais vues, et je trouve cette Toscane bien belle ! A Pistoie, on est un peu, je ne dirai pas dans les montagnes, mais sur les hauteurs : en en approchant, ce sont partout champs de vignes en terrasse, plantations d'oliviers en amphithéâtre, jolies maisonnettes et villas. Les oliviers sont tout verdoyants. Ils sont si nombreux par ici et si touffus, que les habitations s'étageant du haut en bas des monts sont à demi ou même aux trois quarts enfouies dans leur feuillage. Rien ne donne tant l'idée du repos, de la paix, du calme et du bonheur ! On voudrait habiter une de ces maisonnettes, et y vivre à l'ombre pour le physique comme pour le moral.

« Toutefois, j'ajoute que c'est là le point de vue poétique. Quand je pense que, dans ces jolis nids humains, l'on est probablement dévoré par les puces, j'avoue que cela me refroidit. Je ne me sens aucune espèce de vocation pour le genre de sainteté du Bienheureux Benoît Labre.

« Je trouve, en outre, d'une richesse agriculturale extrême la contrée parcourue aujourd'hui: je me demande ce qu'elle doit paraître deux ou trois mois plus tôt, quand les vignes, actuellement dépouillées, ont encore toutes leurs feuilles et offrent aux regards les trésors brunissants de leurs grappes. Cela doit être un peu comme le Paradis terrestre. — Particularité que je veux noter ici : on cultive beaucoup le maïs sur ce coin de terre privilégiée ; les paysans en suspendent les épis jaunes d'une certaine façon qui tapisse, souvent en entier, le mur extérieur de leur chaumière ; on réserve seulement les ouvertures des portes et des fenêtres ; et ainsi, nombre de villages apparaissent presque complètement jaunes : c'est original et pittoresque.

« Les villes toscanes aussi me plaisent : je ne sais ce que va m'offrir Florence, mais je trouve curieux et remarquable le genre d'architecture de Pise, Lucques et Pistoie. C'est quelque chose de particulier, une manière à part, quoique je ne veuille pourtant pas dire une manière que je regarde comme la meilleure : jusqu'à présent, je n'ai rien rencontré qui me convienne plus que le gothique. Non ! ce n'est ni Saint-Pierre, ni aucune basilique romaine, ni Saint-Marc de Venise ou le Dôme Pisan qui peuvent l'emporter pour la majesté, la grandeur, la poussée de l'âme vers Dieu, sur les cathédrales de Milan ou d'Amiens ! Mais, à cette réserve près, le mode toscan est original et curieux à voir. Comme il est singulier qu'une petite cité telle que Pistoie offre incomparablement plus de choses dignes de remarque que Naples, l'une des grandes villes de l'Europe !

« Par exemple, ce en quoi Pistoie, et Lucques, et Pise ressemblent à toute l'Italie, c'est par l'importunité de leurs cicerones. Je pense même que Pise dépasse sous ce rapport tout ce que j'avais vu, subi et éprouvé jusqu'ici. Je me demande comment il peut se trouver dans ce beau pays tant de gens qui n'ont rien à faire. Car enfin, ce n'est pas un métier que d'attendre à la gare les voyageurs, ou surtout de les guetter au passage, de courir après eux et de les harceler d'inutiles offres de service !

« Il y a donc des naïfs qui acceptent ces offres; car, sans cela, l'habitude de les faire n'aurait pas été conservée. J'en ai vu quelquefois qui, la bouche ouverte, écoutaient niaisement ce que leur jargonnait l'un de ces importuns ! Ah ! ce n'est point mon goût ! Il faut un livre, sans doute ; car on se perdrait sans lui dans ce dédale de merveilles, et on en laisserait passer beaucoup sans les remarquer ; mais que j'aime mieux, des millions et des millions de fois mieux, lire l'indication sommaire de mon auteur, et puis regarder, critiquer, admirer à mon aise, *seul* !

« Cela me rappelle, c'est un souvenir bien rétrospectif déjà, que pour monter aux galeries de Saint-Marc de Venise, il fallut me faire ouvrir une porte ; et, au lieu de m'abandonner ensuite à moi-même, comme cela se fait souvent, le gardien vint avec moi. Nous passâmes comme l'éclair devant les superbes mosaïques, sans compter les poutres de fer que nous eûmes à enjamber ; et tout fut dit. Il me parut que mon guide se plaignait (je comprenais peu l'italien alors) du peu que je lui donnai ; mais, en vérité, il ne méritait pas davantage, à moins que l'aubaine ne lui fût attribuée comme prix de vélocité. Ces cicerones sont donc un fléau à tous les points de vue : fléau pour ceux qui ne veulent pas les utiliser, et fléau même pour ceux qui les emploient, qu'ils sont pressés d'expédier vite et de laisser, après paiement, s'entend ! pour courir à un autre profit.

« Combien il faut que l'Italie soit belle, pour

que cette engeance des importuns ne la fasse point prendre en haine ! Ce matin, à la Cathédrale de Pise, j'étais loin d'être encore entré, qu'un homme dans la force de l'âge, très-capable de travailler, courait après moi (et il a couru longtemps, je l'ai fait exprès !) pour me demander si je voulais « voir la Cathédrale ». La Cathédrale est ouverte, et je n'ai nul besoin de cette compagnie pour la « voir ». J'ai répondu sèchement que je voulais y dire la messe, ce qui n'a point fait l'affaire de mon homme. Il voulait me montrer le chemin : je me suis dirigé du côté opposé. Malgré cela, il était à la porte quand j'y suis arrivé, *pour me l'ouvrir*. Il s'est précipité à la sacristie pour y faire connaître que je venais célébrer la messe. Inutile de dire si sa recommandation a été de mince effet près des chanoines. Il a assisté à ma messe (il y a au moins cela de bon, si seulement il a pensé à Dieu autant qu'à son très-problématique pourboire). Puis, mes prières terminées, voyant que je jetais un rapide coup-d'œil sur l'imposante basilique, il est venu encore me supplier de le laisser « m'expliquer les peintures ».

« A-t-on l'idée de chose pareille ? Et quel métier est-ce que ces façons de chien couchant, aussi plat que désagréable ? Voilà la portion du peuple italien avec laquelle le voyageur a affaire. Faut-il s'étonner que, moi du moins, je n'aime pas les Italiens ? Et n'y a-t-il pas un peu d'excuse à l'injustice de cette animosité, si elle englobe, peut-être, nombre de gens qui ne la méritent pas ? »

Il est, je crois, admissible de ramener à deux

points essentiels les éléments qui constituent, dans les édifices de Lucques et de Pistoie, cette « manière à part » que je signalais : ce sont les nombreuses colonnettes de style roman ; et le mélange, principalement sur les façades, des marbres de diverses couleurs.

Cette dernière disposition fait une ornementation riche. Dans la Toscane plus visiblement encore qu'ailleurs, on se reconnaît au pays du marbre.

A Pistoie, il faut peut-être signaler les bas-reliefs en terre cuite qui décorent la frise de l'hôpital, bas-reliefs des *della Robbia,* représentant surtout les sept œuvres de charité, et souvent reproduits.

CHAPITRE VINGT-QUATRIÈME

Firenze.

Je me demande, en abordant le souvenir de la belle Florence, si je saurai rendre ce souvenir comme il le mériterait : j'ai peur de n'avoir point assez écrit de Florence, et de ne plus retrouver dans ma mémoire tout ce qu'il y en aurait à dire. Ce n'est pas que le nombre des monuments n'y soit assez restreint ; mais on éprouve à Florence des impressions de toute sorte : on y voit des *œuvres* comme à Rome, et l'on y jouit du panorama splendide comme à Naples.

Puis, à Florence se rattache pour moi comme une sorte d'illumination intellectuelle : c'est un éveil du goût artistique qui s'est opéré là, il me semble, dans mon être moral. Je ne crois pas qu'on puisse visiter Florence avec un peu de loisir et en détail, sans qu'une émotion spéciale vienne faire tressaillir le voyageur, celle que donne la vue des chefs-d'œuvre. Si je refaisais un voyage d'Italie, je n'aurais peut-être pas un grand besoin de revenir à l'étude de Florence, je reverrais seulement avec plaisir la belle ville et ses trésors d'art ; mais mon passage de 1880 à Florence serait cause que j'accorderais plus d'importance à la visite et à l'étude des divers musées des autres villes. Je reconnais maintenant que je les ai par trop négligés ou vus trop superficiellement dans mes pérégrinations.

J'ai été fort heureux à Florence ; j'y étais à l'aise, et j'y avais confiance plus que nulle part ailleurs jusque-là, Rome exceptée. Les indications d'un Prêtre rencontré dans la rue m'avaient aidé à m'installer, chose rare, à bon compte et proprement. Mes impressions de Florence, à coup sûr, ne valent pas celles de Rome ; en fait, elles ne sont pas du même genre, car il y a manqué presque totalement le cachet religieux ; mais, somme toute, il me semble que, à recueillir mes souvenirs de la capitale toscane, je n'en retrouverai que de bons.

« Florence, le 25 Novembre 1880.

« ....Je vous écris d'un café de Florence, parce qu'on m'a dit à la Poste que le courrier pour la France va partir bientôt. Je suis arrivé dans cette ville tantôt vers deux heures ; cela fait depuis Naples peut-être deux cents lieues dont je me suis rapproché de vous.

« Florence est encore une grande et très-belle ville, où il y a toute sorte de choses à voir. Je compte y rester jusqu'aux premiers jours de la semaine prochaine, peut-être même jusqu'à jeudi

(2 Décembre). Cela dépendra de ce que je verrai avec le temps.

« Depuis que je suis repassé par Rome, je n'ai guère été que dans des petites villes ; sur le chemin conduisant jusqu'ici.

« Je me porte toujours bien, et je continue de trouver très-agréable de voyager ainsi. Ce n'est pas qu'il n'y ait, par-ci, par-là, quelques petits inconvénients : on mange plus ou moins proprement, et on est plus ou moins bien couché ; mais je me tire toujours d'affaire, mangeant et dormant partout. Vous pouvez être tranquilles...

« Si je puis m'arranger pour cela, il ne faudrait compter sur mon retour que pour le lundi ou mardi avant Noël. Je ne puis cependant l'affirmer tout à fait, car je ne sais pas si j'aurai de quoi occuper mon temps jusqu'à cette époque.

« Dans ce pays, ce qu'il y a de très-bon, c'est qu'il fait beau et doux. Les jours sont courts ; mais du moins on a un temps agréable. On voyage les portières des wagons ouvertes, on se promène le soir, c'est à peu près le temps que nous avons en France au mois de septembre. Je trouve cela fort commode et bien à mon goût : je ne donne aucun regret, je vous assure, aux tempêtes, aux brumes et aux frimas de nos contrées. »

L'homme est fait pour le soleil, que Dieu a créé avant lui, en vue de lui. J'aimais le soleil, évidemment, dans mon voyage d'Italie ! Réchauffez-moi, réchauffez-nous, adorable Soleil de justice, dont le soleil terrestre n'est qu'une pâle image ; et que votre Lumière brille sur nous éternellement! Cela vaudra encore mieux que d'être à Florence, à Naples, ou même à Rome....

« .... Me voilà à Florence, dont, pour vous le dire de suite, j'ai été dès l'abord enchanté. Les rues larges et bien pavées des villes toscanes s'y retrouvent, ce qui convient pleinement à un piéton comme moi. Et quant aux monuments, le Dôme, par exemple, je les trouve magnifiques. Ils me font penser à vous, car je me rappelle vous avoir entendu dire votre déception à Milan, quand vous avez vu qu'un monument en marbre n'offrait pas, après tout, une différence d'aspect avec ceux en pierre. Cela est vrai pour Milan, où le Dôme est tout en blanc; mais dans la Toscane, où l'on a mélangé les couleurs, l'effet produit ne laisse plus rien à désirer. A mon avis, le sens, tout à fait fortuit, dans lequel je fais le voyage est le vrai sens : on y va de plus beau en plus beau. Ceux qui passent par Florence d'abord doivent se désenchanter en chemin.

« Florence me paraît réunir deux éléments que, à Rome et à Naples, j'ai trouvés séparés : elle a des monuments et de la beauté. Elle a même aussi des souvenirs ; mais il va sans dire que ces souvenirs ni ne remontent aussi haut que ceux de Rome, ni n'ont une grandeur comparable. Mon premier soin quand j'y suis arrivé a été d'aller à la Poste : vous reconnaîtrez bien là le voyageur parti de chez lui depuis deux mois passés, et se trouvant si loin de tout ce dont il est occupé ou chargé. Cela, de la gare centrale, me faisait passer par la *Piazza della Signoria*, que domine et embellit si bien le Palais-Vieux. Assurément, je ne compare pas cette place au Forumromain ; mais pourtant je n'ai pu oublier en la traversant qu'elle a vu bien des agitations pendant le moyen-âge. Là, les Guelfes et les Gibelins ont soutenu leurs discussions et quelquefois leurs combats ; là les Médicis ont étalé leur faste ; là aussi, il faut bien le dire, les échos répétèrent bien des fois les paroles enflammées de Savonarole, et c'est la même vieille place qui devait le voir finir sur le bûcher. C'est assez en dire pour montrer que Florence sort du cadre banal habituel ; pour établir aussi que par l'intelligence, la volonté, l'activité, l'esprit sérieux, elle n'est pas restée trop indigne de la grande Rome.

« Je n'éprouve donc point ici les impressions vides, le sentiment de nullité auquel je me heurtais à Naples. Michel-Ange, Raphaël, Léonard de Vinci, Giotto, frà Angelico sont des noms d'artistes qui se rattachent au nom de Florence.

« Dante est la gloire de la ville, dont il a été l'enfant. Laurent le Magnifique a gouverné Florence et l'a enrichie de chefs-d'œuvre. Léon X en était originaire. On pourrait citer d'autres noms encore : Brunelleschi, l'architecte du Dôme, Boccace, Pic de la Mirandole, Galilée l'astronome, et même Machiavel. Si Florence était un personnage humain, il faudrait dire d'elle : « C'est quelqu'un ».

« Le Dôme, dont je viens d'écrire le nom, est l'une des premières belles choses que j'ai vues à

Florence. Il était sur mon chemin pour aller à la Place, m'offrant à la fois un sujet de vive admiration, et une occasion d'entrer me mettre, par une prière, sous la protection de la Sainte Vierge, à qui il est consacré. Je ne manque, au reste, jamais cela, de pénétrer dans la première église venue, à la sortie des gares, et d'offrir au Maître divin mes premiers hommages dans toute ville que j'aborde.

« Ce que j'admire surtout dans le Dôme, c'est le magnifique campanile. Il faudrait dire à côté du Dôme, car il en est séparé, comme la tour penchée de Pise, et comme le clocher de Saint-Marc à Venise ; il n'y a d'ailleurs aucun autre point de comparaison à établir entre ces édifices et lui. Il est carré, et s'élève dans les airs avec une suprême élégance, y portant à la fois les délicatesses architecturales qu'on retrouve ailleurs, et le mélange harmonieux, savamment combiné, des diverses couleurs de marbres que l'on ne voit que par ici. Toutes les fois que je passe à portée de ce beau monument, je ne me lasse ni de le regarder, ni de l'admirer. Heureusement, j'y passe souvent, et pour ainsi dire à chaque instant, car le Dôme est tout au centre de la ville ; ce n'est point comme à Pise, où l'on a bâti dans une si extraordinaire solitude.

« Quant au Dôme lui-même, dois-je en dire toute ma pensée ? En y pénétrant, j'ai été quelque peu désappointé, et bien des visites successives n'ont pas modifié cette impression. Mon « Guide », cependant, déclare cet intérieur noble et beau ; mais ce n'est point absolument mon goût. Le

Dôme, à l'extérieur, fait l'effet d'être immense, je dirais presque sans limites : une sorte de mer de marbre. Vous entrez, et vous vous heurtez, il vous semble, contre les piliers et les parois. J'ai cherché à démêler quel agencement des chapelles a amené cet effet, et je ne suis pas sûr d'avoir trouvé. C'est bien nu aussi à l'intérieur, et c'est froid, par conséquent. Il y a sur le Dôme une énorme et immense coupole : on est fort sur les coupoles, en Italie. Par contre, la cathédrale n'a point de façade, ou plutôt on travaille en ce moment à lui en faire une. Mais l'échafaudage est arrangé de telle sorte que je n'en ai rien vu jusqu'ici. Je souhaite que notre siècle peu grandiose sache faire cela d'une façon qui soit digne de tout l'édifice. Assurément, le colossal monument en vaut la peine.

« Je viens de voir une église qui, sans avoir l'importance du Dôme, ni pouvoir lui être aucunement comparée, donne beaucoup plus que lui une impression d'immensité. C'est Sainte-Croix, église tenue par les Franciscains, avec leur couvent y attenant. A celle-là, qui était restée aussi sans façade, on a achevé assez récemment d'en donner une : c'est le genre de par ici, simple revêtement de marbre noir et blanc. Cela a son mérite, mais ne vaut pas les portails sculptés, fouillés, ornementés, et parmi tout grandioses de nos cathédrales du Nord.

« L'église de Sainte-Croix offre une particularité en ce qu'elle renferme un grand nombre de monuments d'hommes célèbres. On se croirait presque au Westminster ou au Saint-Paul protestants. Mais ceci soit dit sans l'ombre d'une intention critique, je ne trouve aucun mal en cela, et j'ai bien aimé mon église *Santa-Croce*, où je suis allé vénérer tout particulièrement le souvenir de saint François.

« Je pouvais faire ce pèlerinage ; car d'ailleurs je n'en connais pas à faire à Florence. Tout au plus pourrais-je regarder comme telle ma messe dite ce matin à la *Santissima Annunziata* (cela doit vouloir dire, je suppose, quelque chose comme église ou temple de l'Annonciation), où l'on m'a conduit, pour la célébration, à l'autel d'une Vierge miraculeuse, autel extraordinairement riche, plaqué de bas-reliefs en argent, entouré de mille lumières, et devant lequel une foule pieuse se prosterne constamment.

« Ce ne sont peut-être pas les grands monuments, en général, qui offrent les apparences les plus pieuses : il semble que la piété soit plus à l'aise dans ce qui est plutôt oratoire ; on fait en ce moment l'Adoration perpétuelle, un triduum, dans le vaste Dôme, mais on est obligé de concentrer un peu la fête, en établissant la décoration à un autel secondaire. A l'Annunziata, on m'a paru bien pieux.

« Les prêtres de la sacristie m'ont fait là une gracieuseté que j'ai peu rencontrée en Italie : ils m'ont décerné l'honneur d'aller donner la communion, sans messe, à un groupe de fidèles qui se présentaient. On voit bien que nous sommes à Florence, non ailleurs ! Pour tout dire, je me suis senti assez empêtré dans leur habillement différent du nôtre ; il faut à tout un peu d'habitude (1).

« Je ne partirai d'ailleurs point sans avoir fait un vrai pèlerinage avec une intention expresse. Je vois par mon « Guide » qu'il y a à Florence une église du Saint-Esprit : c'est chose rare, trop rare, à mon goût ; et j'irai là invoquer l'Esprit de lumière et d'amour. Vous savez ma pensée, qu'il est trop négligé dans notre société semi-chrétienne. A se passer du Saint-Esprit, de ses lumières et de son ardeur, on ne s'en trouve pas mieux pour cela. Il paraît que cette église d'ailleurs est grande et belle ; elle est seulement un peu loin, dans le quartier de la rive gauche de l'Arno, quelque chose qui me fait penser, comme position tout au moins, à Saint-Sever de Rouen.

« Pour le dire à cette occasion, Rome est entrée dans mes idées, et n'a point oublié le Saint-Esprit. Il y a une église de ce nom tout près de Saint-Pierre ; et, ce qui est de nature à être plus remarqué encore, l'une des rues, grande et belle, suivie par les omnibus, par où l'on accède et à Saint-Pierre et au Vatican, tient le langage de la foi à qui veut le comprendre : elle s'appelle *Borgo di San-Spirito*.

---

(1) J'ai noté que, à Saint-Pierre, les offices de la Toussaint s'étaient faits dans une chapelle latérale. Ce que je dis ici de l'adoration du Dome peut suggérer les mêmes réflexions concernant le manque de solennité.

En général, j'ai vu partout les chanoines officier ainsi dans d'étroits locaux. Le beau soleil d'Italie ne les empêche pas d'être frileux, sans doute ; c'est plutôt le contraire, car, dans plus d'une cathédrale, leur chapelle est soigneusement vitrée, en sorte qu'ils y sont véritablement sous cloche.

« Savez-vous que le Palais-Vieux, déjà mentionné, offre lui aussi à la foi quelque chose de transportant? Devinez ce qui est inscrit au-dessus de la porte : *Jesus Christus, Rex regum et Dominus dominantium*, Jésus, le Christ, Roi des rois et Maître des maîtres. Cela, hélas! n'est pas de notre siècle, car Jésus n'y est le Roi que des cœurs pris isolément, pas celui des sociétés dans leur masse, pas surtout celui de leurs gouvernements. Et encore, cette inscription a été modifiée et altérée ; elle était bien plus significative autrefois : elle disait quelque chose comme : « Jésus-Christ, Roi du peuple Florentin, élu par la volonté du sénat et du peuple ». Voilà qui était beau ! Et qui pourrait, oserait dire que ce n'est pas là un idéal ? Non, il n'est pas un homme de bonne foi, sincère et réfléchi, qui ne fût forcé de convenir que si vraiment Jésus, par son Évangile, était notre Roi, Roi dans les sociétés comme chez les individus, ce serait la perfection sur la terre. Ni juifs, ni francs-maçons, ni libres-penseurs ne pourraient nier cela.

« Un Médicis prit ombrage de la rivalité divine, et modifia l'inscription comme elle apparaît encore aujourd'hui.

« Moi qui aime les Florentins, et qui admire leurs œuvres en tout genre, je ne trouve pas qu'ils aient rien perdu à se donner ainsi au Maître adoré. Et maintenant encore, j'ose l'affirmer, ils ne perdraient rien, ni en vitalité, ni en liberté, s'ils se redonnaient de nouveau. Ils ont préféré dégringoler au rang de cité de trente-sixième ordre sous la férule du roi usurpateur de Rome !

« Il est beau, ce *Palazzo Vecchio*, avec ses hautes murailles, sa belle corniche surplombant, ses meurtrières et ses créneaux, et son singulier beffroi portant une sorte de lanterne plus large que lui. Dans le même genre, j'ai aimé aussi, à quelque distance de là, l'antique *Palazzo Pretorio*, palais du podestat, plus majestueux peut-être encore, quoique moins pittoresque.

« Il y a d'autres palais à Florence, cela va sans dire ; mais quoique quelques-uns soient plus ou moins anciens, ils n'ont point cette grandeur du moyen-âge. Cela se rapproche plutôt de nos casernes, soit dit pourtant sous toutes réserves, car je ne voudrais pas être par trop irrévérencieux. Le Palais-Vieux à Florence et le palais des doges à Venise donnent, cela est certain, une majestueuse idée de la grandeur des républiques au moyen-âge. Il me semble que notre siècle n'atteint plus à cette hauteur, pas plus dans les palais que dans les cathédrales.

« Au reste, c'est là à peu près tout ce qu'il y a de monuments à Florence, à condition toutefois d'y comprendre les superbes « loggias », qui sont l'une près du Dôme, l'autre près du Palais-Vieux. Je ne vous ai pas non plus, je crois, parlé du Baptistère aux célèbres portes de bronze : c'est que, dans ma pensée, il fait comme partie intégrante du Dôme, bien qu'il en soit séparé par une rue. En somme, j'avais cru tout d'abord le nombre des monuments beaucoup plus considérable : c'est que, en allant de la gare à la Poste, je m'étais trouvé rencontrer sur le chemin tout ce qu'il y a de remarquable, ou peu s'en faut. Tout est là groupé sur un espace assez restreint. Mais, après tout, je ne trouve pas que ce soit si peu ; et c'est tout à fait mon avis que la gloire architecturale de Florence est grande avec le Dôme, son Baptistère et son beau Campanile ; avec l'*Or san Michele*, l'église des corporations ; avec les Palais et les Loggias. Que les villes plus riches que Florence en ce genre lui jettent la première pierre !

« Je viens de nommer les corporations. J'en ai quelquefois rencontré, à Florence et à Rome, se déployant dans les rues sous la forme de convois funéraires. Les membres sont enveloppés des pieds à la tête dans une sorte de sac gris où l'on n'aperçoit d'autres ouvertures que deux trous pour les yeux. C'est assurément lugubre.

« J'aurai passé huit jours à Florence, car j'en partirai jeudi : je trouve qu'elle vaut cette bonne part de mon temps. C'est dire toute l'estime que m'inspire la belle ville, car je calcule maintenant beaucoup le temps qui me reste. Il faut que j'arrive à Turin pour l'expiration de mon billet.

« Et mon papier pour la messe, qui sera, lui, à sa fin le 6 décembre ! Quant à celui-là, il lui faudra, c'est bien certain, une prolongation ! »

Je viens de suite à une autre lettre, où Florence est considérée sous d'autres aspects, par lesquels elle ne m'a pas moins intéressé que par celui déjà décrit.

« 27 Novembre.
« ..... Il y a trois choses à Florence : les Monu-

ments, les Musées, et les Promenades. Ou plutôt j'oserai presque dire que ces deux derniers points n'en constituent qu'un seul ; car la visite des Uffizi, par exemple, prolongée jusqu'au Palais Pitti par la longue galerie du Vieux-Pont, constitue pour mes jambes une vraie promenade, toute digne de ce nom par sa longueur (quoique entièrement à couvert, bien entendu), et presque un voyage. Songe donc ! On part du centre de Florence, de la *Piazza della Signoria*, sur la rive droite du beau fleuve ; et quand on sort, on se trouve à belle distance sur la rive gauche ! Et on ne s'est même pas aperçu que l'on passait l'eau.

« Mais procédons par ordre. Ce n'est justement pas cela que je voulais te dire aujourd'hui, du moins en commençant. Je voulais te faire remarquer d'abord combien est intéressante cette partie de l'Italie que je visite là. Pise la savante, Luc-l'industrieuse, Florence la belle, Gênes la superbe, voilà, n'est-il pas vrai ? des noms qui ne se rencontrent pas partout.

« Je te dirai plus tard, Dieu aidant, si l'épithète de Gênes est méritée ; en attendant, je déclare vraie celle de Florence. C'est la plus agréable ville que j'aie vue en Italie. Elle n'a point le cachet particulier et original de Venise ; bien que riche en monuments et œuvres d'art, elle reste à ce point de vue inférieure à Rome ; et son ciel, surtout dans cette saison avancée, est loin d'avoir l'éclat de celui de Naples ; de Naples qui, en plus, a encore et la mer et son Vésuve pour l'emporter. Mais je déclare Florence une belle ville, cependant, mieux bâtie que Rome, moins bruyante que

Naples, plus aérée que Venise. Les rues, du moins beaucoup d'entre elles, y sont larges, bien pavées de grandes dalles. C'est un plaisir de les parcourir.

« La ville m'a paru aussi tout d'abord, comment dirai-je? moins « italienne » que tout ce que j'ai vu jusqu'ici, au moins depuis Milan. Elle a pourtant sa part d'italianisme, et tu sais que j'entends par là la mendicité plate, la rapacité importune, le vol effronté; mais, malgré tout, j'ai plus de confiance à faire mes emplettes, à échanger mon parapluie ou à donner ma montre au raccommodage, pourvu, toutefois, que j'aie affaire à un magasin des bonnes rues, j'ai plus de confiance, dis-je, ici que je n'en avais à Rome même, à bien plus forte raison ailleurs.

« Sais-tu ce que me disait tantôt le marchand à qui j'ai acheté un parapluie neuf? Que la soie de Florence est la meilleure du monde. Il faisait l'article, et je n'ai cru de son dire que ce que j'ai voulu; mais cela, bien qu'un peu hâbleur, ne dépasse pas, il me semble, les bornes permises. On en entend bien d'autres sur la Cannebière! Bref, je me trouve ici comme avec les coudées plus franches. Si cette confiance est vraiment méritée, il faudrait pour le savoir un plus long séjour.

« Ce qui m'a frappé aujourd'hui, et je dirai presque enthousiasmé, c'est une promenade que j'ai faite, non dans Florence même, mais à ses portes. Mon « Guide », très-exact et consciencieux, disait que c'est une des plus belles promenades de l'Italie; vérification faite, je le pense aussi.

C'est une route, une sorte de boulevard, qui serpente, en dehors de Florence, sur les hauteurs voisines ; car Florence a cet avantage, partagé avec Naples, un peu avec Rome, mais dont Milan, par exemple, est entièrement privé, d'être entourée de hauteurs, qui même mériteraient le nom de montagnes. Sur la rive gauche de l'Arno, donc, a été établie une promenade, qui part d'un coin de la ville pour revenir aboutir à un autre coin : cela s'appelle *Viale dei colli*. Le « viale » gravit les collines les plus rapprochées, parmi les vignes et les oliviers, à travers les villas innombrables qui s'y étagent à tous les degrés. Il est très-beau en lui-même, large partout de dix-huit mètres, bien planté d'arbres et d'arbrisseaux artistement mélangés. Mais ce que rien ne surpasse, c'est la vue dont on jouit par endroits. Il y a surtout un point, dont on a eu bien soin d'ailleurs de faire une terrasse et un lieu de repos, où c'est tout à fait splendide. On domine la ville de Florence tout entière : le panorama est plus riche en monuments à Rome, mais ici on a la vue du fleuve, le large Arno, aux eaux rapides. On en a même plus que la vue : l'Arno, dans sa course à travers Florence, rencontre deux ou trois barrages qui lui font faire un peu cascade ; la terrasse Michel-Ange, c'est le nom de la magnifique place, est justement en face de l'un d'eux, en sorte que l'on entend parfaitement ce bruit de l'eau qui est toujours agréable. Puis, ce que n'ont ni Rome, ni Naples vue de la terre, on découvre au-delà de Florence les collines et les montagnes qui se superposent les unes aux autres, l'Arno qui s'enfuit et se fraie à droite et à gauche son passage parmi elles; et ces diverses hauteurs enfin, sont couvertes, à l'exception seule des sommets de l'arrière-plan, de fraîches villas enfouies dans la verdure.

« Je serais resté là volontiers longtemps, et je me suis promis d'y retourner. En vérité, en contemplant ce beau pays, j'avais peine à comprendre qu'on pût être malheureux dans ces jolies habitations. Il me fallait, dans mes méditations philosophiques, toute la force de ma raison, toute ma connaissance du monde, pour me rappeler que les soucis, les douleurs de toute sorte et les angoisses cruelles les fréquentent aussi bien que les chaumières des climats déshérités.

« La Société florentine n'a garde de négliger cette ravissante promenade ; les calèches aux vigoureux coursiers, aux laquais correctement habillés, la sillonnent comme le Corso à Rome et la Chiaja à Naples. Mon « Guide » indique ailleurs une autre promenade encore qu'il dit fréquentée en ce genre à Florence, et je la verrai demain; mais, en attendant, je le proclame de suite, je donnerais le Corso, ses magasins et ses flâneurs ; je donnerais la Chiaja, le tonnerre de ses brillants équipages et la grâce de ses amazones, pour la promenade que j'ai vue aujourd'hui, pour le boulevard conduisant au *Piazzale Michelangelo* et à *San-Miniato*.

« A San-Miniato, il y a un cimetière ; et, en le visitant tantôt, pendant que j'examinais les beaux mausolées, et lisais çà et là les emphatiques inscriptions familières aux Italiens, je considérais comment, en définitive, tout aboutit là. Toi-même, tu ne feras pas mal, peut-être, de mêler cette pensée à mes descriptions de l'Italie enchantée.

« Mais c'est égal ! je le pensais aussi dans cette course, les œuvres de notre Dieu sont bien belles ! Qui pourrait voir ces beaux environs de Florence, admirer cette splendide et ravissante nature, contempler même ces monuments des hommes qu'il a créés et dotés d'intelligence, et ne pas élever vers lui, notre Dieu si grand à la fois et si bon, un cœur reconnnissant ?

« Il y a d'ailleurs autre chose que le cimetière à San-Miniato : le nom même de cette hauteur lui vient d'une riche et belle église qui renferme le tombeau de san Miniato, église illustrée, en outre, par le miracle célèbre du crucifix qui inclina la tête vers saint Jean Gualbert venant de pardonner au meurtrier de son frère. Je n'ai pas bien compris la situation de cette église au point de vue moral et administratif : on sonne à une porte de fortifications, on entre dans une cour, et une jeune fille vient vous ouvrir l'église, qui m'a parue abandonnée. Est-ce encore une spoliation ? Je n'ai pu me le faire expliquer. C'est grand dommage, en tous cas, qu'une telle profusion d'ornements architecturaux et de marbres précieux ne soit pas davantage utilisée.

« A propos de San-Miniato et du tombeau que l'église abrite, c'est peut-être le moment de fixer par un mot le souvenir de la disposition intérieure si souvent rencontrée dans les temples italiens. Il est extrêmement fréquent d'y voir des cryptes, auxquelles on descend par un escalier ouvrant au milieu du chœur, ou plus généralement par un double escalier prenant à droite et à gauche. Le sanctuaire est élevé au-dessus de cette crypte d'un nombre plus ou moins considérable de marches, et sous le maître-autel de l'église supérieure se trouve, en général, un autel souterrain, où le prêtre voyageur est admis à célébrer, et qui recouvre les reliques qui ont donné à l'église leur nom.

« Dimanche 28. — Le dimanche est jour de repos, et j'aime à observer cette loi de mon mieux parmi mes courses. Je me suis reposé aujourd'hui, les offices entendus, de deux façons : en écrivant et en me promenant ; mais j'entends, alors, par des promenades exemptes de toute fatigue et même de tout empressement.

« D'abord, je suis allé dire la messe à Saint-Marc : il y a une église de ce nom ici aussi, mais dont je n'ai rien à faire remarquer. Ce n'est point l'église qui m'attirait, c'était le couvent voisin, le couvent de Saint-Marc, dont elle dépendait autrefois. Toujours ce temps passé dans mes verbes, et cet adverbe rétrospectif ! Mais que vas-tu dire ? Il me semble que, pour une fois, je n'ai ni ma tristesse, ni mon indignation habituelles devant la « sécularisation » (tu connais cette expression adoucie pour certains actes gouvernementaux et révolutionnaires). Et celui qui est cause de cet apaisement exceptionnel en mon cœur, c'est un moine que pourtant j'ai en grande estime, que je trouve d'après ses œuvres tout digne de son nom : c'est *Frà Angelico*.

« Je m'explique. Frà Angelico est un peintre distingué entre tous, pauvre humble moine qui s'est mis, sans l'ombre de prétention, je le crois bien, sur la ligne des Raphaël et des Michel-Ange, seulement en obéissant à son instinct artistique et en s'inspirant de la religieuse tendresse de son âme d'ange. Il a déposé ses inspirations, devine où ? sur les murs de son couvent, de ce couvent de Saint-Marc que je viens de nommer. Je ne parle pas ici, tu le comprends, de ses tableaux, toujours dans le même genre, que l'on peut voir un peu partout dans les musées. Donc, Frà Angelico a peint çà et là, sur les murs des longs corridors de Saint-Marc et dans toutes ou presque toutes les cellules des religieux, des scènes de l'Évangile, traits rapides où chaque coup de pinceau dit la foi et l'amour. Les connaisseurs signalent dans ces peintures éparses ce qu'ils appellent une adorable gaucherie ; et tous, connaisseurs ou non, tous ceux qui voient quelque chose d'Angelico, sont forcés de le trouver céleste. « Sentiments extatiques, grâce innocente, compositions charmantes, » sont les termes laudatifs par lesquels mon « Guide », qui pourtant n'est pas tendre, et qui, par contre, est, je crois bien, hérétique, s'escrime à marquer son admiration.

« Pour moi, je ne sache pas de représentations de la Sainte Vierge qui m'aillent plus au cœur que celles qu'on voit à Saint-Marc. J'ignore si le frère Jean Angélique était un saint ; mais ce qui est visible, tangible, dirais-je presque, c'est qu'il peignait la Reine du ciel selon le divin idéal qu'il s'en était formé dans son cœur plus encore que dans son esprit.

« Ce sont ces peintures qui m'empêchent de regretter que le couvent ait été enlevé aux moines. Ces moines desservent encore l'église, et si seulement on leur avait donné la compensation requise, en les installant autre part, je n'aurais qu'à applaudir à l'idée qu'on a eue de mettre ces belles compositions sous les yeux du public. Tant que le couvent était occupé, les cellules habitées, c'étaient des trésors un peu perdus, ces chefs-d'œuvre d'Angelico.

« Par malheur, il y a dans le sentiment, que tout cela est devenu musée gouvernemental, je ne sais quoi qui contraint et dessèche. Aux mains de l'Église de Jésus et de Marie, et montrées de même aux peuples respectueux, ces peintures susciteraient bien des prières.

« Ce couvent, était celui de Savonarole, qui en fut prieur. On y montre les cellules qu'il occupait, c'est-à-dire que des inscriptions les désignent à l'attention du visiteur, car d'ailleurs on circule librement et sans guide imposé. Le célèbre tribun m'a paru être honoré là plus qu'il ne le mérite. Je ne démêle pas si cette glorification est le fait des anciens religieux ou celui du gouvernement actuel.

« Revenu chez moi, j'ai mis mes écritures en ordre : il ne faut pas que je néglige cela, car j'ai eu dès mon départ l'intention de rédiger mes récits de voyage. On ne fait pas un voyage d'Italie tous les jours, ni même tous les ans, et je veux retrouver plus tard mes souvenirs. Dès maintenant, je te réclame mes lettres, pour quand nous nous retrouverons; et j'en ferai de même avec mes autres correspondants.

« Je me suis reposé d'écrire, en profitant de la gratuité du dimanche, pour retourner aux Uffizi et à la galerie Pitti. Décidément Florence me fait prendre goût aux musées.

« Je te parlerai un autre jour de ces musées que je t'ai déjà signalés comme une des grandes attractions de Florence. Il est vrai que je viens de t'introduire tout à l'heure au couvent de Saint-Marc, musée qui en vaut bien d'autres. Pour aujourd'hui, j'achèverai avec toi le chapitre promenades. Adjacent au palais Pitti, le Jardin Boboli m'a offert de beaux ombrages dont j'ai joui de mon mieux. J'ai ensuite cherché une autre promenade, celle dont je te parlais hier, les *Cascine*, que mon « Guide » appelle le Bois de Boulogne de Florence. Je t'avoue que je ne m'attendais pas à la foule de voitures, de cavaliers et de promeneurs que j'ai, en effet, rencontrée là. On se promène le long de l'Arno, dans une large allée bordée de haies, une contre-allée pour les piétons, une autre pour les cavaliers. Les aristocratiques Florentines étalent là tout le luxe de leur toilette, de leur livrée, de leurs chevaux fringants, aux yeux de la foule qui va et vient paisiblement, il m'a semblé, et jouit sans arrière-pensée de cette belle nature.

« Que penseras-tu du costume féminin que j'ai vu là, et qu'il faut que je te décrive en quelques traits ? Robe de couleur unique toute rouge, à peu près le même rouge que nos soutanes d'enfants de chœur ; rien de particulier d'ailleurs dans la coupe du vêtement, tournure de nos paysannes ordinaires. Sur la tête, une profusion d'ornements dorés. Par derrière pendait une longue ceinture, d'environ quatre doigts de large, les deux bouts bordés de filets or brillant. Par dessus le tout, mais principalement sur le devant, était jetée une espèce d'écharpe de mousseline claire ou dentelle, de couleur blanche. J'ai cru apercevoir plus tard la même femme dans une calèche : ce doit être quelque nourrice en son costume local le plus flambant.

« Il va sans dire qu'il y a musique aux *Cascine*, mais l'emplacement où elle se fait entendre m'a paru moins agréable que la promenade proprement dite. Je m'étais, du reste, attardé en chemin, à regarder et à jouir, moi aussi, et je suis arrivé un peu tard pour en bien juger.

« Je t'aurai dit, après cela, toute ma journée, si j'ajoute que, revenu des *Cascine* en en suivant les allées intérieures et ombragées, je suis rentré dans la ville par le Lungarno, quai du fleuve le remontant sur la rive droite ; et j'ai fait, en passant, une dernière visite au Maître divin dans l'église *della Santa Trinità*.

A propos d'églises, le triduum d'adoration du Dôme va être remplacé maintenant par celui de la grande basilique Saint-Laurent. C'est sous cette basilique, dans ce qu'on appelle la Sacristie Neuve, une espèce de crypte, que se voient les célèbres groupes de Michel-Ange, représentant le Jour et la Nuit. Une reproduction de ces statues orne aus le carrefour Michel-Ange, dont je t'ai tant parlé, sur le *Viale dei colli*.

« 1ᵉʳ décembre. — ... Il me reste donc, ai-je dit, à te parler des musées de Florence, l'artistique non moins, peut-être, que « la belle ». Sais-tu que je viens de visiter pour la troisième fois la galerie Pitti? Et croiras-tu qu'aujourd'hui, pour la première fois de tout mon voyage, je n'ai point passé ma journée seul?

« Hier, j'ai fait la rencontre, à mon restaurant préféré, d'un jeune Breton qui vient de faire sa visite au comte de Chambord : une idée que j'avais eue aussi un peu en partant; et, de ma part, cette démarche, si j'avais pu l'exécuter, eût été bien platonique, rien de plus qu'un hommage à un caractère, car je déclare toujours que le comte de Chambord ne sera jamais roi. Mais sans avoir à insister ici là-dessus, le fait est que je me suis lié volontiers avec mon Nantais. Il est pressé : je lui fais gagner du temps en lui servant de cicérone dans ma Florence, que je connais désormais si bien.

« Nous sommes donc allés à la Galerie. Je me sers de ce terme même en y comprenant les Uffizi par où j'entre d'habitude. Je t'ai dit, je crois, que la galerie Pitti est reliée aux Uffizi par des corridors sans fin qui passent l'Arno. Je ne sais pas si l'on ne fait pas une demi-lieue entre deux murs.

« Tu n'ignores pas sans doute que Florence, comme collection d'œuvres artistiques, n'a pour ainsi dire pas de rivale au monde. Je parle surtout au point de vue de la peinture. Les Uffizi sont un musée qui, comme notre Louvre, renferme peinture et sculpture : le palais Pitti n'est consacré qu'aux tableaux, et c'est là où se trouve la vraie merveille de la ville. Le Vatican lui-même, quoique si riche comme qualité dans sa galerie de peinture, est incomparablement au-dessous comme nombre. Je suis assez réfractaire à l'art, tu as pu en juger par plus d'une chose que je t'ai écrite ; mais j'ai trouvé que, au palais Pitti, l'art vous empoigne, et qu'il est difficile de rester froid, de demeurer indifférent, devant cette accumulation de toiles de premier ordre.

« Le choix y est assez bon de toutes façons, et il n'y a guère de tableaux qui ne soient pas *regardables*. Cela prouve que l'art est facilement d'accord avec la décence, comme avec la vérité. Aux Uffizi, où il règne un goût artistique moins exclusivement pur, il faut plus souvent ou détourner les yeux ou passer vite.

« Au reste, l'impossibilité de tout dévisager est encore plus manifeste dans la sculpture. Il y en a une raison, qui est que les pièces sculptées sont, en général, plutôt antiques et païennes. Mais que d'artistes chrétiens ont suivi ce courant, et se sont inspirés de cet esprit ! Dans la belle *Loggia* qui se présente à l'entrée des Uffizi, sont réunis plusieurs morceaux de sculpture que l'on dit de grand mérite, dont le principal et le plus apparent est reproduit en copies un peu partout, à Paris et ailleurs. Cela s'appelle l'Enlèvement des Sabines, par Jean de Bologne, travail qui date de 1500 et tant. Cette œuvre a été pour Jean de Bologne tout simplement l'occasion de faire du nu. Quand Romulus et ses guerriers sauvages enlevèrent les Sabines au milieu d'une fête et parmi les jeux, ils n'étaient point nus, ni les Sabines non plus. On ne me fera jamais accepter, sous prétexte d'art, ces travestissements de la vérité historique, ni trouver ou dire que cela est beau.

« Dans mon amour naissant pour les musées, j'ai encore visité à Florence l'Académie des beaux-arts, sorte de musée d'œuvres locales, et comprenant aussi les modernes, voire même les contemporains. Un musée de ce genre est forcément très-inférieur; car il y a tant d'amours-propres qu'il faut contenter! Le mérite épars çà et là s'y trouve noyé dans la foule des médiocrités.

« Je reviens à mon Breton. Je l'ai fait monter, pour lui donner une idée de ma belle promenade, à la place Michel-Ange; puis, nous allâmes aux *Cascine*, où il admira en connaisseur les brillants équipages (1) Il n'y a qu'une chose que je n'ai pu lui faire voir suivant son désir, c'est la Sacristie Nouvelle avec les statues fameuses. Quand nous arrivâmes à la porte vitrée, l'heure de la fermeture était arrivée. Mon compagnon comptait sur le reflet brillant des pièces d'argent, et il en montra au gardien à travers la porte; mais la consigne demeura maintenue inexorablement. J'en suis resté surpris. Je me dis qu'on voit bien que nous sommes à Florence, et je ne crois pas que cette

---

(1) Je ne l'abandonnai que le soir pour le laisser aller au théâtre, dont il m'a dit ensuite avoir été peu satisfait.

fermeté contre la tentation se fût rencontrée dans aucune des autres villes que j'ai vues.

« Peut-être aussi n'y a-t-il là, au fond, que cet esprit d'inhospitalité que j'ai tant de fois signalé. Un Français, peut-être médiocrement influencé par l'amour de l'argent, eût ouvert, il me semble, par complaisance et esprit d'expansion.

« Je quitte Florence demain, comme mon Breton lui-même, mais nous ne prenons pas le même chemin, en sorte que notre connaissance sera courte. Je croyais l'autre jour en avoir fini de te dire des promenades; mais je ne puis me dispenser de te parler d'une course (la promenade est assez étendue pour justifier ce nom) dont je me suis payé le plaisir encore. Je suis monté à ces hauteurs qui dominent Florence, du moins à l'une d'elles, et ai visité Fiésole. Tu peux voir que ma quasi lapidation de Soccavo ne me décourage pas. Mais il faut dire que l'on se sent ici dans un monde différent. Je n'ai eu, en errant un peu au hasard parmi les monts déserts, affaire qu'à des chiens; et il était heureux, en fait, que j'eusse ma fameuse canne pour les tenir en respect.

« A Fiésole, je n'ai pas pu visiter la cathédrale : on y fait des travaux importants, et avec l'inhospitalité habituelle, un contre-maître est venu me signifier de me retirer. J'ai seulement vu les vieux murs cyclopéens de la ville, encore debout sur un certain espace, en pierres superposées sans ciment.

« Mais ce que j'ai contemplé et admiré, là aussi, c'est le panorama. A l'entrée d'une église et d'un couvent de franciscains se trouve le plus beau point de vue, répétition agrandie, avec Florence plus perdue dans le lointain, de ce que j'ai déjà décrit pour le *Piazzale dei colli*. D'autres que moi ont trouvé superbe cette vue de la ville et de la vallée : il y a là un banc commode, sur lequel on se repose tout à l'aise et on admire de même ; et devine quelle inscription il porte en italien ? « A mes frères, les voyageurs de tous les pays. Un anglais ». C'est original, comme tu vois ; et ce n'est pas du tout une mauvaise pensée. Oui, cette Florence a le don d'enthousiasmer même les flegmatiques fils d'Albion!

« Au retour, j'ai cueilli des roses qui pendent des jardins et s'offrent aux voyageurs le long de la route. J'en ai encore cueilli aujourd'hui en allant au *Bello Sguardo*, quelque chose comme « Beauregard » ou « Bellevue », je suppose ; et, pour aujourd'hui, je l'ai fait complètement exprès, car je voulais pouvoir dire que j'ai accompli cette odoriférante opération en Décembre. J'admire toujours ce beau climat, où les roses fleurissent sur les promenades et le long des murs de clôture, à cette époque de l'année.

« Florence, au reste, mérite son nom français, comme elle mérite son épithète : elle est belle, et elle est la ville des fleurs. On y vend des fleurs partout, et il en pousse partout aux environs.

« Ces environs sont peut-être encore tout ce qu'il y a de plus beau à Florence. Je ne connais pas de sites plus ravissants ; Naples lui-même ne l'emporte pas à ce point de vue, selon mon goût.

C'est de toute justice, après tout, et il convient ici pleinement que le cadre soit supérieur au tableau : Florence, son Dôme, ses Palais et ses Musées sont œuvres des hommes ; le site dans son ensemble, les fleurs et les environs sont l'œuvre de Dieu ! »

CHAPITRE VINGT-CINQUIÈME

Siena

« Jeudi, 2 Décembre 1880.

« Me voici à Sienne, la ville de la célèbre sainte Catherine, la gloire des Dominicains, qui préparaient une grande fête pour son cinquième centenaire quand je suis passé à Bologne. Je pourrais tout aussi bien me croire à Londres : sauf peut-être qu'on y est moins glacé, c'est un brouillard absolument comparable. Brouillard de montagne ; ce matin, à Florence, brouillard de vallée : on voit tout de même, bien qu'en Italie, que le mois de Décembre est arrivé. Il n'y a que entre deux, dans la montée vers Sienne, qu'il y avait un peu de clarté.

« C'est toujours le même genre de ville, comme Lucques, Pise et voire même Orbetello, une population qui se répand dans la rue principale pour y faire sa promenade du soir. Après la rude ascension de nos deux locomotives, j'étais, je dirais presque étonné, de trouver encore sur cette montagne toute la civilisation habituelle, musique militaire comprise. Celle-ci a joué de six heures à sept et demie, à l'abri d'une très-belle galerie que j'ai encore pu entrevoir à mon arrivée. Pendant ce temps, on se promenait parmi l'épais brouillard ; mais, en vérité, il fallait en avoir le goût ; c'est à peine si les becs de gaz percent quelque peu la nébulosité.

« D'après tout ce que je peux savoir jusqu'ici, et par mon livre, et par des renseignements locaux, il y aurait bien des choses à voir à Sienne, et du temps à y passer. Mes heures sont comptées désormais, je partirai samedi.

« J'éprouve ici une impression dont j'étais comme désaccoutumé : Sienne est, depuis longtemps déjà, il me semble, la première étape où je me suis arrêté en pèlerin. Cela m'a manqué depuis que j'ai quitté Rome, et de suite en allant à Naples. Tout au plus ai-je pu dire, à Naples, la sainte messe dans la cathédrale (fort laide) qu'illustre le sang de saint Janvier ; il n'y avait rien d'autre sur mon chemin ; et c'était une privation après Einsiedeln, Milan, Lorette, Assise, et surtout la grande Rome bienaimée.

« Vendredi soir. — J'ai cessé hier de vous écrire, vous ne devinerez peut-être pas pourquoi : c'est parce que j'avais froid. Nous sommes en Décembre, c'est vrai ; mais enfin je sais maintenant qu'on peut avoir froid même en Italie. Et ce matin, donc ! En vérité, c'était pire que la veille. Je me suis levé tard, supposant bien cela ; et j'ai passé ma matinée... à frissonner. J'ai fait autre chose aussi, je me hâte de le dire ; mais il est de fait que le brouillard était tellement intense, tellement pénétrant, tellement glacial, que, pour un moment, je me suis demandé si je ne ferais pas bien de reprendre le train sans plus de retard. La raison l'a emporté et je suis resté.

« J'ai dit la sainte messe à la Cathédrale, Dôme, ou Eglise métropolitaine, comme on l'appelle ici. Et j'ai consacré presque toute ma courte matinée à la visiter ; car dans l'église, du moins, il n'y avait pas de brouillard. A l'heure qu'il est, ma visite de Sienne est faite, j'en pars demain avant huit heures. Je déclare qu'il ne s'y trouve pas, quoi qu'en disent les « Guides », d'autre curiosité qui en vaille la peine ; mais je déclare aussi que la cathédrale, à elle seule, mérite le voyage.

« C'est splendide d'architecture, d'ornementation, de richesse. J'en reviens toujours à mes étonnements que ces Italiens, peu élevés, en général, dans mes petites (mais peut-être fausses) appréciations, aient pu faire d'aussi belles choses !

« Ici, c'est tout le contraire du Dôme de Florence. Du dehors de l'église, et sauf de très-jolies sculptures à la façade (j'allais dire au portail ; mais ces façades italiennes, toscanes plutôt, n'ont pas du tout la majesté des portails septentrionaux), il semble que ce ne soit presque rien. Il faut dire que la cathédrale actuelle n'aurait été, suivant un plan demeuré inachevé, à peine entrepris, que le transept ou les bras de croix d'une vaste basilique projetée d'abord. Il reste quelques colonnes de ce plan primitif, debout près de la cathédrale ; c'est une sorte de demi-ruine. Enfin, vous entrez dans le superbe édifice, et vous êtes saisi par la grandeur, par la beauté, par la forêt de colonnes, par la série des sculptures, par la richesse du pavé, par la hauteur de la voûte, que sais-je encore? par un ensemble tout rempli de grâce à la fois et de majesté. C'est, du reste le genre gothique, celui que j'aime.

« J'ai seulement regretté qu'une bonne partie de ce beau pavé en mosaïque soit, sous prétexte de conservation, recouverte par des planches. Je trouve cela une singulière idée : alors, ce n'est pas la peine de faire de si belles choses, du moment où leur beauté même devient une raison de les cacher! Cela, c'est un peu le système des avares, qui n'utilisent pas leur or, de peur de finir par en manquer. — J'ai peur aussi que ce ne soit en même temps une trop belle occasion pour le sacristain, qui m'a paru très-avide, de soutirer quelques sous aux voyageurs.

« J'ai, après cela, parcouru la ville et visité d'autres églises, puisque, en Italie comme en France, ce sont les monuments religieux qui forment partout le fond des belles choses. Je me demande souvent ce que deviendraient les Guides, hommes ou livres, s'ils n'avaient pas à parler des églises et de leurs œuvres d'art. Et vraiment il n'y a que l'influence et l'habileté du diable (un grand seigneur en ce temps-ci, j'aurais dû lui mettre une majuscule), pour expliquer l'idée de gens tels que ce gérant d'un journal rouge avec qui mon Breton de Florence s'est trouvé en chemin, qui prétend que le clergé mérite sa haine, parce qu'il a toujours été hostile à tout ce qu'il y a de beau. Il voyage pourtant aussi, ce gérant. Il a, par conséquent, des yeux pour ne pas voir. Quelle terrible réalisation de la parole divine : « Ils regarderont, et ne verront pas ; ils entendront, et ne comprendront point » !

« Je passe ; car c'est folie de se refuser à baisser la tête quand la tempête fait rage. Vers une heure ou deux, par bonheur, le brouillard a eu l'extrême obligeance de se laisser pomper par le soleil, et il a fait un demi-quart de jour du plus beau temps du monde. Je me suis empressé d'en profiter pour escalader la plus haute tour de Sienne, et prendre de là une idée visuelle des environs. C'est certainement très-beau, mais moins riche qu'à Florence : on voit bien qu'on est dans les montagnes. Quant à la tour dont je parle, celle du Palais du Gouvernement, au bord d'une singulière place en entonnoir, elle n'est pas sans ressemblance avec celle du Palais-Vieux de la dite Florence ; mais le palais de Sienne est d'un style moins pur, et d'un moins majestueux effet, après tout.

« Ce climat d'Italie est toujours le même : le brouillard dissipé, il y a eu un instant où il faisait presque trop chaud. Fatigué de ma promenade, je suis entré dans un café ; et, comme on n'avait pas le vin blanc, stimulant préféré, que je demandais, j'ai pris, contre mon habitude, une tasse dudit café. La tasse, sucre, un verre de quelque chose que l'on a appelé du rhum (et je dois déclarer que le café, tout au moins, était bon), tout réuni, trois sous ! J'en ai été absolument stupéfait. On voit bien que nous ne sommes pas à Paris, ni à Lyon, ni à... Trouville.

« Il y a, outre la superbe cathédrale, dans la ville de Sienne, trois choses remarquables — outre le café aussi. La première que j'aie remarquée, c'est l'extraordinaire inégalité de niveau des rues siennoises. Même à Assise, les pentes ne vont pas aussi haut et aussi bas. Il paraît que Sienne est bâtie sur trois collines ; et elle l'est aussi, évidemment, sur les vallées qui les séparent : là est l'explication. Vous demanderiez peut-être : « Mais pourquoi, puisque vous étiez fatigué, ne preniez-vous pas une voiture ? » A Sienne, ce serait, non pas impossible : il s'y trouve des fiacres ; peu, il est vrai ; mais ce serait bien inutile, car le plus souvent ils ne pourraient ni monter, ni surtout descendre, là où l'on va.

« La seconde particularité, c'est l'immensité, devinez ! des cornes des bœufs. J'avais bien vu à Bologne, et puis un peu partout dans l'Italie, des bœufs à la forte armure ; mais ceux qui gravissent ou dégringolent les rues de Sienne l'emportent sur tout ce qui a passé jusqu'à présent devant mes yeux. J'en ai rencontré un surtout dont je suis sûr qu'il mesure au moins un mètre vingt-cinq du bout d'une corne au bout de l'autre, par le travers ; et je pourrais garantir que cette envergure est communément d'un mètre en moyenne. Il y a loin de là aux pauvres petites flûtes rabougries de nos vaches. Il va sans dire que la grosseur est en proportion. Les paysans siennois sont là-dedans comme chez eux ; moi j'avoue, paysan comme je suis, qu'il me faudrait d'abord me familiariser avec ces formidables défenses.

« Et la troisième merveille, ce sont les chapeaux des femmes. Il faut s'entendre : je dis de certaines femmes, et même de très-peu d'entre elles ; mais enfin on en rencontre dont la coiffure est conforme à la description que je vais vous faire. C'est un immense chapeau en paille couleur naturelle ; les bords ont de vingt à vingt-cinq centimètres tout autour ; cela fait donc une vraie poêle à frire d'au moins soixante centimètres de diamètre. Il n'y a rien pour roidir ou soutenir ces bords interminables, et le résultat est qu'ils prennent toutes les formes possibles, restant droits quand le temps est sec, se pliant et contournant quand il est humide, etc., etc. Hier soir, sur la promenade où se faisait entendre la musique, et, s'il vous plaît, parmi cet agréable brouillard, j'ai fait ma première rencontre de ce genre. C'était une grosse dame qui venait de mon côté ; son chapeau laissait languissamment se recourber en arrière son bord supérieur ; je le déclare très-sérieusement, j'ai cru d'abord que cette forme semi-plate, semi-arrondie, qu'elle me semblait porter sur le dos était un sac de farine. Pour aller écouter la musique, cela eût été au moins drôle ! Aujourd'hui, il m'a été donné de contempler à la lumière du soleil plusieurs autres spécimens de cet objet de toilette, et je me suis mieux rendu compte de la chose. C'est égal ! il faut qu'il fasse un fameux soleil à certains jours, en Italie ! Et les belles Siennoises doivent, là-dessous, se conserver un teint bien frais !

« Et votre pèlerinage, me direz-vous ? Je ne l'oublie pas autant que je vous donne, dans mon récit, peut-être à le croire. Je suis allé à Saint-François vénérer le souvenir de saint Bernardin. Et quant à sainte Catherine, sa tête est gardée dans une chapelle de l'église, que j'ai également visitée, de Saint-Dominique.

« Mais c'est demain, avant mon départ, que je complète mon pèlerinage à la grande Sainte. Je suis allé, descendu, ce soir, à la maison de sainte Catherine, maison transformée en chapelle, ou plutôt en série d'oratoires ; maison aussi qui, au point de vue pittoresque, est bien dans le genre de Sienne. Vous jugerez de ce dernier point si je vous dis que l'on y accède par deux rues dont l'une est, par rapport à l'autre, à la hauteur du second étage ; et vous noterez que pour arriver du centre de la ville à cette rue comparativement si haute, il a fallu descendre déjà considérablement.

« J'ai trouvé là un chapelain très-aimable ; un de ces hommes qui me reconcilieraient avec les Italiens ; et il n'est pas le seul qui le pût faire, car je sais bien moi-même que mes sentiments sous ce rapport sont exagérés, mais ce n'est pas ma faute, c'est celle des importuns avides à qui l'on se heurte en passant ainsi. A Milan, à Venise, à Bologne, à Rome, à Naples, au Mont-Cassin, à Florence, j'avais fait de même la rencontre de prêtres ou de laïcs dont je conserve un excellent souvenir.

« J'ai beaucoup causé avec mon chapelain d'aujourd'hui : il est convenu que je dirai la messe à la maison de sainte Catherine demain à six heures ; et j'en emporte de plus, présent de mon aimable confrère, une petite image dénommée portrait authentique de la Sainte, image d'un genre et d'un cachet tout particuliers, que je conserverai ».

CHAPITRE VINGT-SIXIÈME

Pisa (1) — Genova,

Mon billet circulaire, je l'ai dit déjà, me faisait revenir à Pise, en sorte que je passai dans cette ville le dimanche 5 Décembre. Je transcris d'abord ce fragment de lettre.

« Samedi, 4 décembre 1880.

« Mes chers Parents, je suis à Pise pour la seconde fois : je vais y passer tranquillement mon dimanche, et j'aurai, je l'espère, la possibilité de monter en haut de sa fameuse tour, qui n'est pas bâtie d'aplomb et qui penche tellement qu'on a peine à comprendre comment elle ne tombe pas. C'est une tour en marbre, s'il vous plaît ; comme d'ailleurs il y a tant de choses en marbre dans ce pays-ci.

« Je suis allé chercher vos lettres en arrivant ce matin à 11 heures 1/2. Je vois qu'il n'y a rien qui

---

(1) Prononcez l's dur.

me rappelle plus tôt que je ne voudrais rentrer : ainsi, mon idée est de ne revenir que pour Noël. Je finirai avec l'Italie, à mon grand regret, cette semaine ; mais je pense faire ensuite divers pèlerinages dans la traversée de la France, à Annecy, à Ars, à Nevers, à Paray-le-Monial, et à Paris. Dans cette dernière ville, il y a trois points qui m'attirent : Notre-Dame-des-Victoires, le Sacré-Cœur de Montmartre, et la Cathédrale, Notre-Dame, où j'ai reçu l'ordination de prêtrise.....

« ... La semaine qui vient, je serai à Turin, au moins pour quelques jours. Il fait beau ici ; mais il commence à faire froid tout de même. Ce matin, à Sienne, il avait gelé ; il est vrai que c'est dans les montagnes. A Pise, le soleil est clair, et c'est à peu près notre temps du mois de mars. Je vais, du reste, remonter maintenant toujours vers le Nord, je me réhabituerai au froid petit à petit. A Turin, je retrouverai ma malle, qui est restée à Rome, mais que l'on m'expédiera quand je la demanderai : je ne serai pas fâché de me mettre en habits d'hiver. En France, ma malle ne me quittera plus que pour passer les nuits en consigne...

« A bientôt donc, mes chers Parents ! Dans quinze jours, on pensera à se revoir ; et ce n'aura pas été une petite absence cette fois. »

J'ai déjà donné plus d'un détail se rapportant à la ville de Pise. Pise est un de ces endroits où il faut aller ; car le groupe de monuments formé par son dôme, son baptistère et son campanile ou tour penchée est unique. Le Campo-Santo vient encore s'ajouter à tout cela avec ses artistiques merveilles.

J'ai donc contemplé encore une fois le Dôme aux colonnettes innombrables et aux puissantes assises ; j'ai gravi les degrés inégaux de la tour étrange, inégaux suivant l'inclinaison ; j'ai entendu, non sans un sentiment quelque peu mélangé de surprise pour l'irrévérence du cri, l'écho du Baptistère ; j'ai bataillé, si cette expression peut s'appliquer à ma manière froide et dédaigneuse, avec les importuns mendiants, notamment avec le gardien du Campo-Santo, qui, pour avoir eu simplement la peine de m'ouvrir la porte, élevait des prétentions que j'ai trouvées exagérées ; j'ai admiré la courbe majestueuse que décrit l'Arno dans l'intérieur de la ville, et j'ai apprécié la beauté, surtout aux lumières, du quai de la rive gauche, le *Lungarno regio* ; j'ai entendu dans une très-petite église je ne sais quelle messe pour les morts, qu'agrémentait une très-bruyante musique de cinq violons dirigés par un chef d'orchestre enfant : c'est presque le seul spécimen de musique populaire que j'ai eu en Italie ; j'ai enfin suivi assez longtemps, dans l'après-midi de ce dimanche, le chemin conduisant, d'après mon « Guide », à la basilique de Saint-Pierre, laquelle marque l'endroit où saint Pierre aborda en venant en Italie, puis, trouvant le chemin long, j'ai abandonné ce projet. Je pense avoir tout dit de Pise, en ayant dit cela.

« Gênes, 8 décembre 1880

« ... Il faut que je tâche de résumer à ton intention mes impressions de Gênes. Oh! elles sont bien bonnes! Elles le sont de toutes façons. Je trouve cette ville à la fois si belle et si pieuse !

« Quant à ce dernier point, je ne l'eusse jamais soupçonné ; car, sans être beaucoup au courant, parmi mes pérégrinations, de la politique du jour, j'ai pourtant eu occasion de savoir que Garibaldi était ici il y a deux mois, pendant que je visitais Milan, et qu'il y a été reçu, si je ne me trompe, plus qu'en roi.

« Mais procédons par ordre. Et pour suivre l'ordre, je te dirai d'abord que, en arrivant ici avant-hier soir (la ville, malgré sa beauté, ne vaut peut-être pas ces deux jours pleins que je lui donne; mais j'ai appris que la fête de la Sainte Vierge, aujourd'hui, est d'obligation en Italie, et je suis resté en repos, voulant, si je le puis, ne pas donner le mauvais exemple aux Italiens), en arrivant, dis-je, à Gênes, je poussais un « ouf ! » du fond de l'âme. Sais-tu que j'ai passé dans mon après-midi quatre-vingt-cinq tunnels ! Je suis même convaincu d'avoir mal compté, et qu'on en retrouverait d'oubliés. Tout mon amour pour les chemins de fer, et pourtant il est grand ! ne va pas jusqu'à me faire trouver agréables ni cette vue sans cesse coupée, ni ce constant bruit de ferraille.

« C'est dommage : je crois que la vue serait charmante si l'on était moins sous terre. Ce qui est sûr, c'est que les échappées sont délicieuses.

« D'abord, on bâtit très-bien par ici : pas en forme de villas précisément, plutôt par manière de palais telle qu'on l'entend en Italie, c'est-à-dire toujours un peu caserne ; mais néanmoins, je trouve cela beau, ces immenses maisons aux innombrables fenêtres et aux étages presque aussi nombreux.

« Puis, on a l'habitude venue de Gênes, la capitale, de peinturlurer les maisons. C'est du rouge, du jaune, du blanc ; ce sont des encadrements de fenêtres ; ce sont des décors de toutes formes, et quelquefois même des sujets remplissant les parties planes des parois. Cela a son charme ; et, au sein de cette riche verdure (note la date de ces lignes), sous cette éclatante lumière, c'est tout brillant et riant.

« Je pensais, de l'un à l'autre de mes tunnels, que le voyageur, dans cette incomparable Italie, quand il va dans le sens que j'ai suivi, marche de merveilles en merveilles. Celui qui commencerait par la superbe Gênes, puis verrait cette admirable Toscane, et passerait ensuite par la Vénétie et la Lombardie, courrait au-devant des désenchantements. Ni la campagne de Milan, à coup sûr, ni celle de Padoue ou Bologne, malgré sa fertilité, ni la route de Rome à Naples, ne valent ce qu'on voit de ce côté.

« Et Gênes elle-même est toute digne de ces agréables abords. Que te dire de la charmante, quoique petite, promenade publique de la *Villa Negro*, où l'on n'a qu'à étendre la main pour cueillir les oranges, — et pour être cueilli aussi, car les sergents de ville ouvrent l'œil, à ce qu'il m'a semblé ? La promenade est beaucoup en montant ; à son point le plus élevé, on découvre, d'une cinquantaine de lieues loin, un coin de la chaîne des Alpes, les montagnes aux cimes neigeuses. Si la France n'était pas mon pays, j'aimerais autant, il me semble, ne pas trop aller dans la direction de ces neiges.

« Il y a encore un autre endroit d'où l'on voit les montagnes : c'est de *Santa-Maria-in-Carignano*, où je suis allé dire la messe ce matin. On m'avait demandé de rendre ce service hier, lors d'une ascension que j'ai faite à la coupole. Cette coupole est le meilleur endroit pour voir et admirer à l'aise le panorama de Gênes, qui s'étage sur les hauteurs, en forme de demi-cercle, sous une ceinture de végétation luxuriante. C'est là que l'on se sent surtout disposé à acquiescer à la dénomination attribuée à la ville, « Gênes la superbe. »

« Je trouve donc Gênes bien belle, - et bien chaude. Elle a de plus un charme que je ne dédaigne aucunement : on n'y est pas, comme ailleurs dans cette Italie, harcelé par les mendiants ni même les officieux. Juge du soulagement que cela donne au sortir de Pise, qui, pour la mendicité plus ou moins directe, l'emporte même peut-être sur Venise, et c'est tout dire ! Ici, c'est à peu près comme en France : on peut bien vous offrir n'importe quoi, véhicule ou marchandise ; mais dès que vous avez fait un signe négatif, c'est fini, et on ne vous poursuit pas en vous suppliant bassement.

« C'est au travail, je crois, qu'il faut attribuer cet effet moralisateur. Je suis très-frappé de l'activité extrême qui règne ici Naples est plus bruyante, mais n'est rien comme travail en comparaison. J'ai bien admiré hier cette activité de fourmilière, sensible surtout dans le port, et qu'on a toute facilité de constater en se promenant à loisir sur la

« terrasse de marbre », une terrasse en arcades qui domine la partie centrale du port.

« Aujourd'hui, la fourmilière se repose. J'ai été surpris de voir le chômage, même officiel, que suscite l'Immaculée Conception. La Poste, par exemple, était fermée quand je m'y suis présenté. Cela m'amène à ce que je voulais te montrer, le côté pieux de cette belle et active Gênes.

« Sans même parler d'aujourd'hui, où les ciboires, en quelque sorte, ont été trop petits, combien de communions, hier, ai-je données à ma messe, qui pourtant, comme toujours, était supplémentaire et inattendue ? Je ne le sais pas. Je me demandais si nous étions au jour de la fête de la Sainte Vierge, ou bien à la veille seulement !

« Que venait donc faire ici Garibaldi ? L'œuvre du diable, qui rage d'autant plus ouvertement qu'il voit Dieu servi et adoré. Il n'y a point d'autre explication.

« Avec Padoue, c'est Gênes certainement qui me laissera, à ce point de vue pieux, le meilleur souvenir. Je ne parle pas de Rome, difficile à juger sous ce rapport par un passant, parce que les églises y sont tellement les unes à côté des autres, quand ce n'est pas les unes sur les autres, que la population pieuse s'y trouve forcément éparpillée.

« Que je suis heureux, tu le comprends bien, toi surtout, quand je constate ainsi que Jésus est aimé ! Il n'y a rien qui me mette à si près de pleurer ! Je n'avais pas trouvé grands sujets d'édification à Pise, malgré une belle assistance à une messe où la musique, sans doute, attirait quelque peu. Gênes répare cela.

« Il faut dire que, hier soir, en revenant du cimetière aux corps étagés, comme dans les Catacombes, les uns au-dessus des autres le long des galeries en briques, et où, pour l'ajouter de suite, la vanité peut-être s'étale non moins que la foi, j'ai été frappé de voir au-dessus de la *Porta Romana*, à l'extérieur, la vieille inscription toujours subsistante : *Genova, città di Maria santissima.*

« Sauras-tu assez de latin pour comprendre cela ? Rapproche ce fait, plus grand en lui-même qu'il n'en a l'air, de ce que je t'ai raconté du Palais-Vieux à Florence. Contemple dans le passé cette superbe Gênes, riche, affairée, travailleuse, déclarant à tout étranger qui approche de ses murs qu'il trouvera en elle la ville de Marie, et cette belle Florence inscrivant sur son principal monument civil le nom de Jésus comme celui de son Roi ; pense au rôle que ces villes ont joué, à la place qu'elles ont tenue, à l'essor viril et grandiose dont elles ont donné au monde le spectacle, à la noble et fière indépendance dont elles ont joui dans leur vitalité personnelle d'autrefois ; — et pense aussi combien c'est tomber de haut que de passer obscurément sous la férule sectaire et plate de maîtres hostiles à Dieu !

« C'est toujours comme du temps des Juifs, quand ils criaient : « Pas celui-ci : donnez-nous Barabbas ! » Je voudrais pour les Génois et les Florentins qu'ils eussent su ne jamais demander ni accepter Barabbas ; qu'ils fussent demeurés sous le sceptre, si fécond pour eux en grandes choses, de Jésus et de Marie !

« Mais, quoi qu'il en soit, je trouve encore Gênes bien pieuse. Le règne de Jésus-Christ disparait de plus en plus dans les institutions publiques; probablement c'est providentiel autant qu'incontestable; mais il subsiste dans les cœurs particuliers, et c'est à chacun d'opérer pour son compte l'œuvre de son propre salut. A Florence, dans l'immense dôme et dans le grand *San-Lorenzo*, j'ai vu les Quarante-Heures (que l'on fait, en Italie, constamment, chaque église à son tour) suivies de façon très-édifiante. Mais il me semble que Gênes l'emporte ; et c'est peut-être plus frappant dans ce grand port, l'un des principaux de l'Europe, et au sein de cette si remarquable activité.

« En tous cas, je puis te dire, et d'un cœur bien joyeux, l'une de mes pensées générales comme résultat de mes courses ; c'est la constatation que fait forcément le voyageur du culte rendu à la Très-Sainte Vierge dans tous les temps. C'est le lieu, sans doute, d'écrire cela, dans cette ville qui se proclame si hautement, si fièrement, la ville de Marie. Oh ! qu'il a fallu que Marie répandît de grâces et semât de bienfaits, pour être ainsi toujours et partout honorée !

« Certainement l'Italie actuelle peut très-bien être considérée par le touriste comme la terre de la dévotion à Marie, du moins elle me fait, à moi, cet effet; mais il n'en a pas été autrement dans les temps antérieurs. Rappelle-toi le Dôme de Milan portant sur son fronton l'inscription : *Mariæ nascenti*, d'où il résulte que cette « huitième merveille du monde », comme disent les Milanais, rend gloire à la Nativité. Rappelle-toi Bologne, avec ses arcades peut-être uniques. A Venise même, après Saint-Marc, la seule église dont les recueils de photographies, ces *Ricordi* que l'on vous offre en chaque ville, donnent la vue, est l'église de Notre-Dame-du-Salut, dominant sur le Grand-Canal et la mer. Rappelle-toi Lorette et Sainte-Marie-Majeure. Quant à Florence, son dôme marmoréen a un joli nom : il s'appelle Notre-Dame-de-la-Fleur (à cause du lys que portent les armes de la ville). Et la belle cathédrale de Sienne est consacrée à l'Assomption, *Santa Maria Assunta*.

« Tout cela est à joindre, en ce qui concerne l'Italie, au fait que tu as déjà remarqué, par rapport à nos cathédrales du nord, que la plupart d'entre elles, et les plus magnifiques, ont été construites en l'honneur de Marie : Notre-Dame d'Amiens, Notre-Dame de Paris, Notre-Dame de Chartres, etc., etc.

« Les Musées ne sont pas, à ce point de vue, moins éloquents que les églises : ils offrent à la fois aux regards et au cœur la manifestation aussi éclatante qu'authentique de leurs œuvres d'art créées en l'honneur de notre céleste Mère. Le nombre d'Annonciations que l'on voit sur son chemin est comme infini. Les Noëls, les Adorations, les Présentations, les Assomptions, les *Pietà*, comme on dit ici, se présentent de même partout dans les tableaux, les fresques, les mosaïques.

« Il y aurait un beau livre à faire là-dessus.

Peut-être est-il fait, mais sans être assez connu ; car cette preuve de la gloire terrestre de Marie et de son règne sur le monde chrétien en même temps que celui de Jésus me paraît n'être pas toujours assez développée.

« *Beatam me dicent omnes generationes!* Gloire à Marie, notre Mère ! A vous aussi, Mère chérie, en pensant à ces choses, nous pouvons redire la belle parole du *Gloria* : « Nous vous offrons nos actions de grâces à cause de votre grande gloire » !

CONCLUSION

C'est ici, par le fait, que doivent se terminer mes récits ; car je n'ai rien à dire de Turin. J'ai trouvé cette ville un type de la ville telle qu'on l'entend dans nos idées modernes, pas un pli de terrain, toutes rues tracées au cordeau, se coupant régulièrement à angles droits : c'est absolument dénué de pittoresque. Je n'y ai vu aucun monument qui valût bien la peine d'une visite. Aussi mon temps a-t-il été consacré surtout aux établissements de don Bosco: à mes yeux, cette merveille de la charité était bien la plus étonnante merveille de Turin.

Et pour tout dire enfin, il faisait à Turin aussi froid qu'il avait fait chaud à Gênes. Une température glaciale n'est pas favorable au métier de touriste. Je quittai donc Turin dès que j'y eus été rejoint par mon petit bagage.

Quel dommage que ce fût seulement aux abords du Mont-Cenis que j'entrevis un français et une française qui, eux, me connaissaient pour m'avoir vu un peu partout sur le chemin ! C'étaient encore des Bretons, un frère et une sœur, qui avaient suivi le même itinéraire que moi, seulement un peu plus étendu dans le Midi, d'où ils avaient rapporté, disait la jeune Bretonne, « tous les insectes de la création ». Mon costume m'avait signalé à leur attention, tandis que pour moi ils étaient passés inaperçus. Si chère que me soit, en général, ma solitude, il me semble que j'aurais aimé échanger çà et là, avec ces compagnons, mes impressions de voyage.

« De Turin, le 10 Décembre, vendredi.

« ..... Je suis cette fois, mes chers Parents, à ma dernière étape d'Italie. Le billet circulaire que j'ai pris à Milan le 10 octobre, pour soixante jours, expirait hier à minuit ; vous voyez que j'ai bien employé le temps accordé.

« Cette Italie est variable à cause des montagnes : à Turin il fait froid ; et mercredi à Gênes, il faisait très-chaud. Aussi, dans cette ville de Gênes, les orangers sont-ils partout chargés de leurs oranges, comme, en Normandie, les pommiers de leurs pommes, dans les bonnes années.

« Ici, j'ai à faire raccommoder mes souliers. Je vous avais bien dit que le pavé des villes les userait autant que les routes de la Suisse. Ce sont les établissements de don Bosco qui accomplissent cette réparation. Puis demain je partirai de Turin, pour traverser encore les montagnes ; mais, cette fois, en passant par-dessous, et non par-dessus comme en Suisse... Je puis vous fixer le jour au juste de mon retour, je mets cela au mercredi d'avant Noël, le 22. Vous voyez que je ne me sens pas fatigué, puisque j'attends si près de la fête.

« ... J'écrivais hier à ma sœur, et je lui disais combien c'était un beau voyage. Je le trouve un beau voyage, en effet ; et maintenant que le voilà fini, je ne risque rien à le dire, puisqu'il aura été tel du commencement jusqu'à la fin. . . .
. . . .
. . . . »

Le voyage fut vraiment beau jusqu'au bout. Je tiens à consigner ici la surprise qui me fut faite par mes enfants du catéchisme, venus me chercher en voiture, et remplissant la gare. Ils me ramenèrent triomphalement aux cris de « Vive Monsieur le Curé ! » Je ne m'attendais guère à cela !

Dieu soit loué de tout !

Vive JÉSUS !!

FIN DE L'ITALIE

TABLE

PREMIÈRE PARTIE : LA SUISSE

CHAPITRE PREMIER. — Départ. — Mon goût d'être seul. — Les merveilles de Laon. — De Reims à Belfort. — La Frontière. — La Suisse gracieuse. — Nargue de la politique ! — Une avalanche 7

CHAPITRE DEUXIÈME. — La Suisse en été. — Une maladresse à réparer. — Euphonie allemande. — De l'eau partout. — Pâturages et parcs anglais. — Au travers d'une montagne. — De l'infériorité de la vapeur. — Fleurs et Fenêtres. — Le nihilisme en religion.. 23

CHAPITRE TROISIÈME. — Un squelette. — Les vraies montagnes. — A Lucerne. — Offices et Promenades. — Des Orgues muettes. — Un autographe. — Les inquiétudes de nos chemins de fer. — Une « Séminariste ». — Les œuvres des hommes devant les œuvres de Dieu... 39

CHAPITRE QUATRIÈME. — Notre-Dame des Neiges. — Un hôtel dans un lac. — A travers les nuages. — Le Rigi Kulm. — Amélie Balsamo, de Constantinople... 53

CHAPITRE CINQUIÈME. — Le Tonnerre. — Toujours à pied. — Maisons haut perchées. — La nostalgie du montagnard. — D'où viennent les jambes au vrai touriste. — Considérations sur les lacets. — De la suppression des kilomètres.................................. 60

CHAPITRE SIXIÈME. — La Vallée bruyante. — Un paradis relatif. — Pélion sur Ossa. — Dans la région des neiges éternelles. — Un bleu-vert qui ne me dit rien qui vaille. — Routes et chevaux suisses. — Brrrr ! — — Ce qui pourrait couronner utilement les montagnes. 69

CHAPITRE SEPTIÈME. — Des poissons fort élevés. — La prononciation allemande. — Un regret. — Comme en Italie. — Reuss et Tessin : un point géographique éclairci. — Syllabes italiennes. — Ce que Dieu garde est bien gardé. — Dernières remarques............ 82

DEUXIÈME PARTIE : L'ITALIE.
EN CHEMIN POUR ROME

CHAPITRE HUITIÈME. — Lago maggiore	95
CHAPITRE NEUVIÈME. — Milano	99
CHAPITRE DIXIÈME. — Verona. — Mantova	113
CHAPITRE ONZIÈME. — Venezia	121
CHAPITRE DOUZIÈME. — Padova. — Bologna. — Ancona.	144
CHAPITRE TREIZIÈME. — Loreto	156
CHAPITRE QUATORZIÈME. — Assisi	169

TROISIÈME PARTIE : L'ITALIE. ROME

CHAPITRE QUINZIÈME. — Roma! — L'arrivée. — Vive Léon XIII! — Saint-Pierre	179
CHAPITRE SEIZIÈME. — Rome habitée. — Mouvement. — Inscriptions. — Fontaines. — Le Corso. — Le Pincio. — Alentours de Rome. — Les Catacombes	196
CHAPITRE DIX-SEPTIÈME. — Suite du précédent. — Rome déserte. — Des vignes sur les décombres. — Thermes antiques. — Forum et Palatin	209
CHAPITRE DIX-HUITIÈME. — Prison Mamertine. — Colisée.	221
CHAPITRE DIX-NEUVIÈME. — Quelques églises. — Pèlerinages divers	231
CHAPITRE VINGTIÈME — Le Vatican	243
CHAPITRE VINGT-ET-UNIÈME. — Mes adieux	253

QUATRIÈME PARTIE : L'ITALIE. APRÈS ROME

CHAPITRE VINGT-DEUXIÈME. — Napoli. — Monte Cassino.	259
CHAPITRE VINGT-TROISIÈME. — Toscana	284
CHAPITRE VINGT-QUATRIÈME. — Firenze	291
CHAPITRE VINGT-CINQUIÈME. — Siena	319
CHAPITRE VINGT-SIXIÈME. — Pisa. — Genova	328
CONCLUSION	339

FIN DE LA TABLE.

Amiens. — Imp. Rousseau-Leroy, 40, rue des Jacobins.

IMPRIMERIE GÉNÉRALE

ROUSSEAU-LEROY

IMPRIMEUR-ÉDITEUR

AMIENS. — Rue des Jacobins, 40. — AMIENS.

LITHOGRAPHIE — STÉRÉOTYPIE — TYPOGRAPHIE

JOURNAUX — REVUES

Spécialité de Labeurs

TRAVAUX SCIENTIFIQUES

CARACTÈRES EN GREC, HÉBREU, ALLEMAND, ESPAGNOL

DU MÊME AUTEUR :

CHŒURS D'ESTHER ET D'ATHALIE

MUSIQUE

Prix net : 2 fr. 50.

POUR PARAITRE PROCHAINEMENT :

LE SAINT ÉVANGILE

DE NOTRE-SEIGNEUR

JÉSUS-CHRIST

TRADUCTION LITTÉRALE ET COMPLÈTE DES QUATRE ÉVANGÉLISTES

Publiée avec approbation de Monseigneur l'Évêque d'Amiens.

www.ingramcontent.com/pod-product-compliance
Lightning Source LLC
Chambersburg PA
CBHW060507170426
43199CB00011B/1353